Kohlhammer

Die Autorin

Univ.-Prof. Dr. Anke König ist Erziehungswissenschaftlerin und Professorin für Allgemeine Pädagogik/Frühpädagogik an der Universität Vechta. Davor war sie Projektleitung der »Weiterbildungsinitiative Frühpädagogische Fachkräfte« (WiFF) am Deutschen Jugendinstitut e. V. in München (2013–2019). Sie ist Mitglied in unterschiedlichen wissenschaftlichen Gesellschaften (u. a. DGfE) und Beiräten, u. a. Vorstandsmitglied des Pestalozzi-Fröbel-Verbands e. V. Ihre Arbeits- und Forschungsschwerpunkte sind: (Internationale) Diskurse in der Erziehung und Bildung in der frühen Kindheit, Inklusion, Pädagogikethik und sozialer Wandel sowie Interaktions-, Professionalisierungs- und Arbeitsfeldforschung.

Anke König

Pädagogik der frühen Kindheit

Erziehung und Bildung im soziokulturellen Wandel

Verlag W. Kohlhammer

Dieses Werk einschließlich aller seiner Teile ist urheberrechtlich geschützt. Jede Verwendung außerhalb der engen Grenzen des Urheberrechts ist ohne Zustimmung des Verlags unzulässig und strafbar. Das gilt insbesondere für Vervielfältigungen, Übersetzungen, Mikroverfilmungen und für die Einspeicherung und Verarbeitung in elektronischen Systemen.

Die Wiedergabe von Warenbezeichnungen, Handelsnamen und sonstigen Kennzeichen in diesem Buch berechtigt nicht zu der Annahme, dass diese von jedermann frei benutzt werden dürfen. Vielmehr kann es sich auch dann um eingetragene Warenzeichen oder sonstige geschützte Kennzeichen handeln, wenn sie nicht eigens als solche gekennzeichnet sind.

Es konnten nicht alle Rechtsinhaber von Abbildungen ermittelt werden. Sollte dem Verlag gegenüber der Nachweis der Rechtsinhaberschaft geführt werden, wird das branchenübliche Honorar nachträglich gezahlt.

Dieses Werk enthält Hinweise/Links zu externen Websites Dritter, auf deren Inhalt der Verlag keinen Einfluss hat und die der Haftung der jeweiligen Seitenanbieter oder -betreiber unterliegen. Zum Zeitpunkt der Verlinkung wurden die externen Websites auf mögliche Rechtsverstöße überprüft und dabei keine Rechtsverletzung festgestellt. Ohne konkrete Hinweise auf eine solche Rechtsverletzung ist eine permanente inhaltliche Kontrolle der verlinkten Seiten nicht zumutbar. Sollten jedoch Rechtsverletzungen bekannt werden, werden die betroffenen externen Links soweit möglich unverzüglich entfernt.

1. Auflage 2025

Alle Rechte vorbehalten
© W. Kohlhammer GmbH, Stuttgart
Gesamtherstellung: W. Kohlhammer GmbH, Heßbrühlstr. 69, 70565 Stuttgart
produktsicherheit@kohlhammer.de

Print:
ISBN 978-3-17-039226-7

E-Book-Formate:
pdf: ISBN 978-3-17-039227-4
epub: ISBN 978-3-17-039228-1

Vorwort

Seit über zwanzig Jahren beobachte ich die Reformprozesse in der frühen Bildung vor dem Hintergrund der sogenannten Post-PISA-Debatten bzw. der zweiten großen Bildungsreform nach den 1960/70er Jahren in Deutschland. Kindertageseinrichtungen als erste Stufe des Bildungssystems zu stärken, war hierbei – wie schon in den 1960/70er Jahren – eines der zentralen Ziele. Trotz versuchter Teilakademisierung und intensiver Forschung bleibt die Pädagogik der frühen Kindheit als gesellschaftlich anerkannter professioneller Bildungsbereich nach wie vor unterschätzt, und das nicht nur in Politik und Gesellschaft, sondern auch in der Praxis. Vor dem Hintergrund des sozialen Wandels wird der Mangel an Agilität des Systems offensichtlich. Beharrungskräfte wirken stärker als der politische Wille zur Reform. Zugleich zeigt sich auch in diesem Bereich eine zunehmende Geschichtsvergessenheit und damit eine mangelnde Einsicht, um aus historischen Entwicklungslinien lernen zu können.

Mit diesem Buch versuche ich, Ansätze zu einer Bottom-up-Perspektive zu eröffnen, d. h. von der Erziehung im Alltag zur kritisch-reflexiven Pädagogik. Deren Grundlage bilden soziokulturelle Theorien, welche die Bedeutung von Kindheit als sozialem Phänomen und die Gestaltung des Generationenverhältnisses als verantwortungsvoller Praxis hervorheben. Kultur, verstanden als Praxis, die im gemeinsamen Handeln und in gefestigten Mustern dieses Handelns zum Ausdruck kommt, rahmt die Bedingungen des jeweiligen Aufwachsens. Untersucht werden die Einflüsse, die dazu geführt haben, intuitive Erziehungspraxen mit einer bewussten Pädagogik zu verknüpfen. Unter dieser Betrachtungsweise werden Ambivalenzen im Projekt der Erziehung und Bildung deutlich und dominante – auch verhängnisvolle – Entwicklungspfade bis in die Gegenwart sichtbar.

Vorwort

Mit dem Beitrag möchte ich einen Perspektivenwechsel anregen, um die Diskussion in der Pädagogik der frühen Kindheit von den engen institutionellen Bezügen zu lösen und diese in den Mittelpunkt des soziokulturellen Wandels zu stellen. Das Buch lädt dazu ein, tradierte Konzepte hinter sich zu lassen und progressiv neue Wege zu beschreiten, die in erster Linie die Perspektiven der Kinder stärken.

Kapitel 1, »Einleitung«, führt in das Buch und dessen zugrundeliegende Argumentation ein. Der Blick auf den sozialen Wandel und die Herausbildung einer verantwortungsvollen Pädagogik der frühen Kindheit vor dem Hintergrund soziokultureller Entwicklungen ist das Ziel. Kapitel 2 beschreibt und definiert die Begriffe »Kind/Kindheit, Familie und Gesellschaft«. Erziehung bestimmt sich aus dem Kontext dieser wechselseitigen Dynamiken und macht auch Spannungsfelder in der Pädagogik der frühen Kindheit sichtbar. In Kapitel 3, »Kindheits- und Erziehungsgeschichte«, wird die historische Basis für eine kritisch-konstruktive Pädagogik der frühen Kindheit gelegt. Im Zeitverlauf werden Ambivalenzen in der Erziehung und Bildung deutlich. Dafür gilt die kritische Selbstreflexion der Pädagogik der frühen Kindheit als Prämisse. Kapitel 4 fokussiert auf »institutionelle Entwicklungen« in der jüngeren Geschichte. Im Mittelpunkt stehen die erste und zweite Bildungsreform. Reflektiert wird die Entstehung einer modernen institutionellen Pädagogik der frühen Kindheit im Kontext bildungspolitischer Diskussionen. Dabei werden zugleich nachteilige Entwicklungslinien offensichtlich und zentrale Erkenntnisse der letzten Reformjahre herausgestellt. Kapitel 5, »*Going Beyond*«, hebt hervor, welche Bedeutung Kindheit und die Gestaltung des Generationenverhältnisses heute in unterschiedlichen Wissenschaften hat. Entlang der Perspektiven der Kinder wird die Notwendigkeit einer kritisch-konstruktiven Praxis offenbar. Pädagogik der frühen Kindheit ist mehr als Intuition, sie bedarf der Bewusstheit und Reflexion im pädagogischen Prozess.

Dortmund, Oktober 2024

Inhalt

Vorwort 5

1 Einleitung 9

2 Kinder, Familien, Gesellschaft 16
   2.1 Kind und Kindheit 17
   2.2 Familie 23
   2.3 Gesellschaft 31

3 Kindheits- und Erziehungsgeschichte 38
   3.1 Antike 42
   3.2 Mittelalter 48
   3.3 Neuzeit 51
   3.4 Aufklärung und Romantik 65
   3.5 Kindergartenbewegung 86
   3.6 Reformpädagogiken 104
      3.6.1 Ellen Key 109
      3.6.2 Maria Montessori 113
      3.6.3 Fröbel-Montessori-Streit 119
      3.6.4 Pragmatismus 122
      3.6.5 Neuordnung der Kindergärten 125
   3.7 Faschismus 130
   3.8 Resümee 138

4 Institutionelle Entwicklungen 144
   4.1 Entwicklungen 1945–1970 146

4.2	Erste Bildungsreform (1970)	158
4.2.1	Curriculumsdiskussion	167
4.3	Zweite Bildungsreform (2000)	178
4.3.1	Rechtsanspruch und Qualitätsdiskussion	181
4.3.2	Bildungs- und Orientierungspläne	183
4.3.3	Inklusion	190
4.3.4	Professionalisierungsdiskussion	193
4.4	Resümee	195

5 Going Beyond **199**
5.1 Perspektiven der Kinder 199
5.2 Kritsch-reflexive Pädagogik der frühen Kindheit ... 201
5.3 Pädagogikethik 207

6 Literaturverzeichnis **214**

7 Abbildungsverzeichnis **240**

8 Personenregister **242**

1 Einleitung

»Weil jeder Mensch auf Grund des Geborenseins ein *initium*, ein Anfang und Neuankömmling in der Welt ist, können Menschen Initiative ergreifen, Anfänger werden und Neues in Bewegung setzen.«
Hannah Arendt (2018, S. 215)

Hannah Arendt verdeutlicht mit diesem Zitat, welche Kraft in Menschen liegt und dass Menschsein Möglichkeit bedeutet. Um dieses »Anfänger:innen«-Sein zu entfalten, kommt Erziehung, Bildung und Sozialisation eine entscheidende Rolle zu. Daher ist die Befassung mit der Pädagogik der frühen Kindheit so zentral.

Wer sich mit der Pädagogik der frühen Kindheit auseinandersetzt, muss zunächst verstehen, dass Pädagogik Praxis und Theorie umschließt. Beide Perspektiven sind für den Erkenntnisgewinn in der Pädagogik essenziell. Handlungs- und Forschungsfelder müssen hierbei eng ineinander verschränkt sein, denn Erkenntnis wird durch Praxis und Theorie gleichermaßen befördert. Die Pädagogik der frühen Kindheit ist dabei stärker als andere Pädagogiken darauf angewiesen, die intuitive Praxis zu durchdringen. Sie orientiert sich an familienähnlichem »Alltag«, vermeintlichen Selbstverständlichkeiten und »Routinen« (wie Anziehen, Begrüßen, Essen, Singen, Spielen, Streiten, Zeigen, Kommentieren, Vorlesen etc.). Diese Routinen gelten zum Teil gar als hoch bedeutsam, um den jungen Kindern in ihrem Aufwachsen Wiederholbarkeit, aber auch Vertrautheit und Sicherheit zu gewähren (La Paro und Gloeckler 2016; Bonello 2023). Eben diese Alltagsnähe macht die Pädagogik aber auch besonders anspruchsvoll. Denn es kommt darauf an, die Pädagogik nicht alltäglich, gewöhnlich oder gar banal umzusetzen oder überkommene Handlungsmuster fortzuführen, sondern den tiefergreifenden Sinn zu verstehen, um offen zu bleiben für individuelle und situative Herausforderungen, darin erst liegt ihre

Stärke. Die Pädagogik der frühen Kindheit ist daher eine der anspruchsvollsten Pädagogiken überhaupt (Helsper 2021). Werner Helsper erkennt in ihr insbesondere die professionelle Handlungs- und Interaktionsstruktur, die professionelle Tätigkeiten auszeichnet (ebd., S. 192). Denn die Interaktion darf eben nicht auf ein planmäßiges, starres Handeln gründen, sie braucht vielmehr Bewusstheit, um sensibel und responsiv auf die Bedürfnisse der Kinder einzugehen und Lernen und Entwicklung zu ermöglichen. Professionelle Pädagogik ist eine gekonnte Koordinationsleistung.[1]

Pädagogik ist nicht gleichzusetzen mit Erziehung:

> »Die Geschichte der Erziehung ist nicht die Geschichte der Pädagogik, so wie sich die Praxis der Erziehung von den zahlreichen Konzepten unterscheidet. Konzepte und Praxis sind nicht zwingend aufeinander bezogen, das gilt auch dann, wenn eine Pädagogik den Plan für die Praxis liefert und versucht, die Entwicklung im Sinne dieses Plans zu steuern.« (Oelkers 2013, S. 3)

Erziehung ist eine Form sozialer Praktik. Sie kann sich durch bewusste Reflexionen auszeichnen, ist aber in hohem Grad insbesondere durch ihre Unmittelbarkeit im Interaktionsprozess von spontanen und emotionalen Momenten geprägt. Das Drama, das sich morgens in fast allen Familien abspielt – unter Zeitdruck aufstehen, frühstücken, sich anziehen und sich zurechtmachen, dabei Kindergarten, Schule und Arbeitsalltag unter einen Hut bringen –, zeigt dies besonders deutlich:

> Sina (Mutter) steht an der Kinderzimmertür. Nina wirft die blaue Strumpfhose in die Luft und kommentiert ihr Handeln: »Die zieh ich nicht an!«
> »Was ist denn damit los? Du wolltest doch das Kleid anziehen und wir hatten doch schon beschlossen, dass das nur mit Strumpfhose bei den Temperaturen möglich ist.«

---

1 Hier wird bewusst der Begriff der Koordination verwendet, wohl wissend, dass Kooperation eigentlich der korrekte Begriff für das Zusammenarbeiten von Subjekten ist. Mit Koordination wird aber auf das Interaktionsvermögen der professionellen Pädagog:innen und ihre Fähigkeit fokussiert, mit komplexen Situationen koordiniert umzugehen.

1 Einleitung

»Ja, aber nicht die doofe blaue!«, schreit Nina und ist den Tränen nahe. Aus der Küche drängt Leo (Vater) zur Eile, während der elfjährige Jo am Esstisch mit seinem älteren Bruder um die letzten Reste in der Milchflasche streitet. »Jetzt macht endlich!«

Die hier genannten Interaktionen, immer bezogen auf den fixen Zeitplan, der vom Beginn der Schulstunden, der Kindergartenbringzeiten und den Terminen am elterlichen Arbeitsplatz vorgegeben ist, befördern affektives Handeln. Es wird deutlich, wie wechselseitige Handlungen mit den Bedingungen des Alltags verknüpft sind. Dieser Zusammenhang prägt die Praktik zwischenmenschlichen Handelns. Auch erzieherisches Handeln lässt sich daher nicht isoliert, sondern nur in einem raumzeitlichen Gesamtgefüge verstehen:

> »›Praxis‹ muss anders verstanden werden, nämlich grundlegend als gesellschaftlich-kulturelle Reaktion auf das, was Siegfried Bernfeld (1892–1953) die ›Entwicklungstatsache‹ genannt hat.« (Bernfeld 1973; Oelkers 2013, S. 3)

Das bloße Zusammenleben in sozialen Gruppen im Allgemeinen und eine implizit geforderte Anpassungsbereitschaft wirken bereits als Erziehung. In dem Roman »Streulicht« von Deniz Ohde reflektiert die Erzählerin ihre Kindheitserfahrungen. Als Erwachsene kehrt sie an den Ort ihrer Kindheit zurück und wird hierbei mit vergangenen Erziehungsmustern konfrontiert. Nach kurzem Befremden ruft der Besuch der Familie die Erinnerung an entsprechende Anpassungsleistungen wach:

> »Die Luft verändert sich, wenn man über die Schwelle des Ortes tritt. Eine feine Säure liegt darin, etwas dicker ist sie, als könne man den Mund öffnen und sie kauen wie Watte. Niemandem hier fällt das mehr auf, und auch mir wird es nach ein paar Stunden wieder vorkommen wie die einzig mögliche Konsistenz, die Luft haben kann. Jede andere wäre eine fremde. Auch mein Gesicht verändert sich am Ortsschild, versteinert zu dem Ausdruck, dem mein Vater mir beigebracht hat und mit dem er noch immer selbst durch die Straßen geht. Eine ängstliche Teilnahmslosigkeit, die bewirken soll, dass man mich übersieht.« (Ohde 2021, S. 7)

Das Zitat verdeutlicht die impliziten Effekte von Erziehung, in diesem Kontext der sozialen Unterordnung, »[e]ine ängstliche Teilnahmslosigkeit, die bewirken soll, dass man mich übersieht« (ebd.).

Erziehung ist also keine Praktik, die auf pädagogische Institutionen, Organisationen oder Gruppen beschränkt ist bzw. nur von ausgebildeten Pädagog:innen »angewandt« wird. Sie weist auf ein grundlegendes menschliches Potenzial. Die Erziehungsmuster wirken von Generation zu Generation implizit, wenn sie nicht bewusst wahrgenommen und hinterfragt werden. Erziehung stellt sich nicht universell als einheitlich dar, sondern zeichnet sich durch Mannigfaltigkeit und Abhängigkeit vom Kontext aus. Erziehung ist moralisch, d. h. darauf ausgerichtet, was als richtig in sozialen Gemeinschaften empfunden wird.

Emile Durkheim (1858–1917), einer der großen Soziologen am Beginn des 20. Jahrhunderts, bringt das wie folgt auf den Punkt:

> »Statt daß die Erziehung das Individuum und sein Interesse als einziges und hauptsächliches Ziel hat, ist sie vor allem das Mittel, mit dem die Gesellschaft immer wieder die Bedingungen ihrer eigenen Existenz erneuert. Die Gesellschaft kann nur leben, wenn unter ihren Mitgliedern ein genügender Zusammenhalt besteht. Die Erziehung erhält und verstärkt diesen Zusammenhalt, indem sie von vornherein in der Seele des Kindes die wesentlichen Ähnlichkeiten fixiert, die das gesellschaftliche Leben voraussetzt. Aber ohne eine gewisse Vielfalt wäre andererseits jede Zusammenarbeit unmöglich. Die Erziehung sichert die Fortdauer dieser notwendigen Vielfalt, indem sie sich selbst vervielfältigt und spezialisiert. Sie besteht also unter der einen wie der anderen Ansicht aus einer methodischen Sozialisierung der jungen Generation.« (Durkheim 1902/1984, S. 45 f.; zit. nach Koller 2008, S. 124)

Die Pädagogik der frühen Kindheit hat ihren Ursprung in den genuinen erzieherischen Praktiken im Generationenverhältnis, die divers und vielfältig sind, aber auch für Fortbestand und »Zusammenhalt« sorgen und nicht unabhängig von gesellschaftlichen Zwängen bestehen. Zur Pädagogik wird Erziehung aber erst durch Reflexion, d. h. die theoretische Durchdringung von erzieherischer Praxis. Der Erziehungswissenschaftler Werner Helsper beschreibt den pädagogischen Habitus entsprechend anhand von zwei Dimensionen: pädagogisch-praktisch und wissenschaftlich-reflexiv (Helsper 2021).

Kindheit ist dabei nicht isoliert von gesellschaftlichen Konstitutionen und Wandlungen zu betrachten, ist nicht generalisierbar oder auf institutionelle Räume zu begrenzen. Diese Erkenntnis nimmt Einfluss auf die pädagogische Theorie und Praxis. Sie verändert vor dem Hintergrund eines dynamischen sozialen Wandels und der weltweiten Polykrisen das vorherrschende »Mindset« (Højholt 2018; National Scientific Council on the Developing Child 2024).

Die Vielfalt der erzieherischen Praktiken ist eingebettet in alltägliche Routinen, die in der Kindheit insbesondere durch Spiele, Lieder, Bilder, Märchen, Reime, Erzählungen etc. zum Ausdruck kommen. Eine geschlechtergerechte Sprache, kultur- und natursensibles Verhalten und eine vorurteilsbewusste Pädagogik ermöglichen u. a., die blinden Flecken zu beleuchten, wie in dem Lied »Alle Kinder lernen lesen«, das über Jahrzehnte am Anfangsunterricht in der Grundschule eingesetzt wurde:

Alle Kinder lernen lesen
In***ner und Chinesen.
Selbst am Nordpol lesen alle Es***os
Hallo Kinder jetzt geht's los![2]

Ohne Reflexion fungieren diese Praktiken im Laufe der Zeit als Tradition und verfestigen sich mit unreflektierten, aus der Zeit gefallenen Moralvorstellungen bzw. Werten, Normen und Regeln.

Die den Interaktionen eingeschriebenen Muster sind aber auch Basis für Teilhabe und Partizipation. Die Wiederholbarkeit der Routinen führt zu einer kollaborativen Zusammenarbeit (Rogoff 2003). Die Pädagogik der frühen Kindheit basiert auf diesen unterschiedlichen Dimensionen soziokultureller Praktiken. Nur so kann die Vielfalt des Aufwachsens in einer pluralen Welt aus erziehungswissenschaftlicher Perspektive (kritisch-konstruktiv) angemessen reflektiert und zum Ausgangspunkt für das professionelle pädagogische Handeln gemacht werden. Wenn hier auf den Kulturbegriff rekurriert wird, wird weder angeknüpft an die Annahmen zu einer Hochkultur noch werden damit spezifische Zuschreibungen verbunden. Im Fokus stehen vielmehr die vielschichtigen, dynamischen Interaktionen zwischen den Individuen, die auch von historischen, sozialen, institutionellen und interpersonellen Dimensionen beeinflusst sind. Mit Verweis auf den sozioökonomischen Ansatz von Uri Bronfenbrenner formulieren Sanders und Farago diese Zusammenhänge hinsichtlich der Entwicklung des Subjekts wie folgt (Sanders und Farago 2018):

---

2 In***ner und Esk***os sind Fremd- und keine Eigenbezeichnungen. Sie sind hier nicht ausgeschrieben, um eine »blinde« Reproduktion zu vermeiden.

»the individual is situated within a web of concentric circles in which historical events, societal changes, institutions, and interpersonal interactions interact to influence development of the individual.« (ebd., S. 1385)

Die Pädagogik der frühen Kindheit als Wissenschaft beschäftigt sich im Kern mit diesen interaktiven Wechselverhältnissen und ist daher wie Pädagogik im Allgemeinen genuin kulturell bezogen (Marsico und Dazzani 2022). Sie fragt nach den Möglichkeiten von Erziehung und Bildung für die Persönlichkeitsentwicklung sowie von Verbundenheit und Teilhabe junger Kinder in einer pluralen Welt. Denn Erziehung weist mindestens auf zwei Seinsweisen – das persönliche und das soziale Sein (Durkheim 2012). Bildung wird klassisch mit »Selbstbildung« und Eigenaktivität des Menschen verbunden. Auch wenn der Bildungsbegriff als unverzichtbar gilt, um über Legitimation, Zielsetzung und Kritik des pädagogischen Handels zu reflektieren, ist noch nicht ausgelotet, inwiefern dieser im 18. Jahrhundert entwickelte Begriff heute noch genügend Orientierung bietet (Koller 2018). In der frühen Bildung heißt Weltaneignung – so legt es eine Vielzahl an Studien nahe –, die frühen Kommunikationsangebote der jungen Kinder zu erwidern (Ahnert 2011; National Scientific Council on the Developing Child 2024), Beziehungen aufzubauen (Funk et al. 2023) und Interessen zu unterstützen (National Scientific Council on the Developing Child 2024), die für junge Kinder Welt »begreifbar« machen.

Für die Diskussion in diesem Buch wird eine Bottom-up-Perspektive eingenommen, welche die Pädagogik der frühen Kindheit über die intuitiven, sozialen Interaktionen im Generationenverhältnis reflektiert und die Frage nach einer bewussten pädagogischen Praxis stellt. Damit rückt auch die Differenz zwischen früher und mittlerer Kindheit in den Fokus:

»In den Augen vieler Kulturinstitutionen und Traditionen über viele Jahrhunderte und Gesellschaften hinweg kündigt der sechste oder siebte Geburtstag eines Kindes seinen Eintritt ins ›Alter der Vernunft‹ an. Dem britischen Gewohnheitsrecht zufolge ist es das erste Alter, in dem ein Kind ein Verbrechen begehen kann. In der katholischen Kirche ist es das Alter, in dem ein Kind erstmals zur Kommunion gehen darf. In Kulturen, die eine formale Bildung erfordern, ist es das Alter, in dem ein Kind für einen regelrechten Schreib- und Rechenunterricht bereit ist. Und in traditionellen Gesellschaften ist dies das Alter, in dem einem Kind erstmals wichtige selbständige Aufgaben überlassen werden, wie beispielsweise eine Herde zu hüten, Brennholz zu sammeln oder eine Botschaft zu überbringen (Rogoff et al., 1975).« (Tomasello 2020, S. 17/18)

Auch wenn Kindheiten sich als soziales Phänomen prinzipiell vielfältig, divers und im Zeitverlauf unterschiedlich darstellen, zeigen sich in der frühen Kindheit im Hinblick auf die Sorgebeziehungen doch erstaunliche kultur- und zeitübergreifende Ähnlichkeiten, die in Resonanz mit genuinen Bedürfnissen der Kinder stehen. Erziehung wird in dem vorliegenden Buch als soziokulturelles Handeln betrachtet, welches der kulturellen Weitergabe, aber auch dem Aspekt von Partizipation und der Sorge in der Generationenfolge eine zentrale Rolle für die Sozialität zuschreibt.

2 Kinder, Familien, Gesellschaft

Das vorliegende Kapitel dient als Orientierungskapitel, um sich einer Pädagogik der frühen Kindheit zu nähern. Dazu werden im Folgenden die Begriffe Kinder, Familie und Gesellschaft fokussiert sowie im Kontext historischer Entwicklungslinien und zentraler Forschungsfelder betrachtet. Klassisch bestimmt sich die Erziehung über die Trias Kind(er), Familie und Gesellschaft (▶ Abb. 1). Die folgenden Beschreibungen machen auch Spannungsfelder in der Pädagogik der frühen Kindheit sichtbar.

Abb. 1: Trias der Erziehung (eigene Darstellung)

2.1 Kind und Kindheit

Kind und Kindheit sind alltagssprachliche Begriffe, die im Kontext einer fachwissenschaftlichen Diskussion einer klaren Charakterisierung bedürfen. Mit den Begriffen Kind und Kindheit wird implizit auf eine Differenzkategorie bzw. auf ein Generationenverhältnis zwischen Kindern und Erwachsenen verwiesen. Generationale Ordnungen zählen zu einer zentralen Kategorie, mit der sich Pädagogik, aber auch Soziologie – insbesondere die sogenannte Kindheitssoziologie – befassen (Kelle 2018). Kindheit gilt als ein soziales Phänomen, das innerhalb der Sozialstruktur einer Gesellschaft hergestellt wird (Qvortrup et al. 1994). Sie ist in der Gesellschaft zeitlich sowie in Bezug auf ihre Handlungsoptionen und Ressourcen begrenzt (Hungerland 2018).

In der UN-Kinderrechtskonvention Artikel 1 ist dazu zu lesen: »Im Sinne dieses Übereinkommens ist ein Kind jeder Mensch, der das achtzehnte Lebensjahr noch nicht vollendet hat, soweit die Volljährigkeit nach dem auf das Kind anzuwendenden Recht nicht früher eintritt.« Die Kategorie Kindheit beschreibt ein breites Spektrum (▶ Abb. 2).

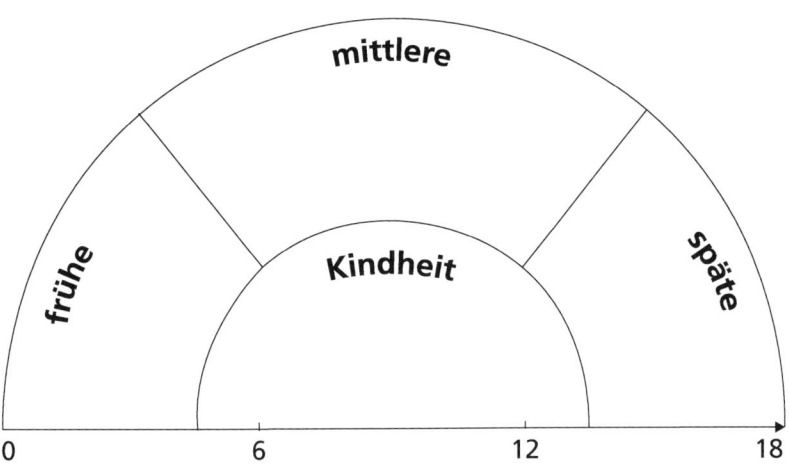

Abb. 2: Spektrum der Kindheit (eigene Darstellung)

In Deutschland findet sich über § 7 des Achten Sozialgesetzbuchs (SGB VIII; Kinder- und Jugendhilfegesetz) eine weitere Differenzierung zwischen Kindern und Jugendlichen. Ein Kind ist, »Wer noch nicht 14 Jahre alt ist [...]«. Unter Kindheit wird dagegen die Lebensphase zusammengefasst, die mit der Geburt für jede:n Einzelne:n beginnt und bis zur Geschlechtsreife andauert.

Auch wenn das Kindsein als anthropologische Konstante gelten kann, trifft Gleiches nicht auf das Erleben von Kindheiten zu. Kindheit ist nicht universell gleich oder einfach generalisierbar, sondern kann aufgrund persönlicher, sozialer und kultureller Erfahrungen ganz unterschiedlich aussehen. Aus der Innenperspektive erscheinen uns im Allgemeinen diese Erfahrungen als »normal«, erst mit Abstand offenbaren sich die Muster, die das Aufwachsen und die Handlungsoptionen bestimmt haben. In dem Roman »Populärmusik aus Vittula« (Niemi 2004) beschreibt Mikael Niemi den Erweckungsmoment des Protagonisten über sein Aufwachsen in der Kleinstadt Tornedal in Nordschweden wie folgt:

> »Ganz Tornedal schien sich vor meinen Augen zu verändern. Der Ort füllte sich mit dünnen, unsichtbaren Angelschnüren, die sich kreuz und quer unter den Menschen ausbreiten. Ein kräftiges, riesiges Spinnengewebe aus Hass, Anziehung, Angst und Erinnerung. Ein Netz, das vierdimensional war und seine klebrigen Fäden sowohl nach hinten als auch nach vorn in der Zeit ausdehnte, hinunter zu den Toten in der Erde und hinauf zu den noch Ungeborenen im Himmel, und das mich mit seinem Kraftfeld auch beeinflussen würde, ob ich es nun wollte oder nicht. Es war kräftig, es war schön, es erschreckte mich. Ich war ein Kind gewesen, und jetzt lehrte mein Vater mich zu sehen. Wurzeln, Kultur, weiß der Teufel, wie es genannt wurde, aber es war meins.« (ebd., S. 223)

Aber nur vermeintlich kann – wie der Text zeigt – die Kindheit an einem Ort erlebt zu haben als gleicher Erfahrungshintergrund gelten. Vielmehr zeigt sich die Vielschichtigkeit und Komplexität der sozialen Bezüge. Diese folgen keinem bestimmten Muster, sondern konstituieren sich stets neu, abhängig von den Interaktionen und Zugehörigkeiten zu sozialen Gruppen (Familie etc.) bzw. den sogenannten generationalen Ordnungen (Kelle 2018). Die jeweiligen Vernetzungen und Beziehungen sind besonders wirkmächtig, weil diese zu den frühesten Erfahrungen zählen, die Kinder machen, daher sind diese eng vertraut und tief mit der eigenen Persönlichkeit verwoben. Sie bilden ein sicheres Netzwerk und offenbaren sich zugleich als Spinnennetz, das uns gefangen nimmt. Intuitives Handeln auf Basis der eigenen Erfahrung ist daher in der pädagogischen Praxis der frühen Kindheit (u. a. Kindertageseinrichtungen etc.) nicht unbedingt ein guter Ratgeber, um den diversen Kindheitserfahrungen gerecht zu werden, d. h. sie auch zu durchdringen und zu verstehen.

Denn Kindheit ist nicht immer gleich und auch nicht universell. Kindheit verläuft vielmehr »divergent« und »dynamisch« (Waller et al. 2014). Wie die Kindheit erlebt wird, ist abhängig von soziokulturellen Kontexten bzw. auch den generationalen Verhältnissen, in denen Kinder aufwachsen. Demnach durchlaufen Kinder ganz unterschiedliche Kindheiten. Kindheit hat keine global einheitliche Ausprägung und unterliegt durch Krisen im Lebenslauf auch individuellen Wandlungsprozessen.

Kindheit gilt als eine strukturelle Kategorie der Gesellschaft, die sozial konstruiert wird (Corsaro 2018). Als strukturelle Kategorie ist diese fest in Gesellschaften eingeschrieben, befindet sich aber im permanenten Wandel – nicht nur über Epochen hinweg, sondern dynamisch von Kind zu Kind. Denn Kinder sind auch Betreiber:innen ihrer eigenen Kindheiten. Mit dem Begriff *Agency* wird auf diese Wirkmacht der Kinder Bezug genommen. Agency ist ein seit drei Jahrzehnten im Fokus stehendes Schlüsselkonzept der Kindheitsforschung (Winkler 2017). Im deutschsprachigen Raum wird der Begriff in der pädagogischen Praxis auch mit dem Verständnis von »Kindern als Akteur:innen« verbunden.

Dieser Wandel wird in der Kindheitsforschung gekennzeichnet als Übergang vom »OPIA«-Kind zum »CAMP«-Kind. Das Akronym OPIA wird aus den Begriffen *ontologically given*, *passively*, *idyllic* and *apolitical* zusammengesetzt. Andreas Lange hat in einem Forschungsbericht aus dem Jahr 1995 die Begriffe näher ausdifferenziert:

» • ›ontologically given‹: Definitionsfragen spielten keine wesentliche Rolle, die chronometrische Einteilung bestimmte Anfang und Ende der Kindheit.
- ›passively‹: Kinder wurden mehr oder weniger als passive Empfänger von Sozialisationsimpulsen gesehen.
- ›idyllic‹: Kindheit wurde wesentlich als gesellschaftliches Reservat angesehen.

- ›apolitical‹: Kindheitsfragen spielen keine herausragende Rolle im Zusammenhang mit Politik«. (1995: 65 f.; zit. nach Sünker und Bühler-Niederberger 2020, S. 44)

Mit dem Akronym CAMP rücken neue Leitbegriffe in den Vordergrund *discursively constructed, actively acting, modernized, politically contested*. Sie differenziert Lange wie folgt:

» • ›discursively constructed‹: Monographien haben zu einem differenzierten Einblick in die Prozesse verholfen, die dazu geführt haben, dass Kindheit heute als eine spezielle, eigenwertige Entwicklungsphase angesehen wird.
- ›actively acting‹: Kinder sind nicht mehr nur Opfer oder Erdulder von Sozialisationsprozessen, sondern sie geraten zunehmend als kompetente Akteure und Individuen, die eigene Interessen verfolgen, in den Blick der Sozialwissenschaften.
- ›modernized‹: Die Modernisierungstheorie und ihre spezifischen Varianten haben sich zu einem zentralen Bezugspunkt heutiger Kindheitsdiskurse entwickelt.
- ›politically contested‹: Kindheit ist heute ein umkämpftes politisches Terrain. In diesen Kämpfen geht es nicht allein um eine Verbesserung kindlicher Lebensbedingungen, sondern um grundsätzliche Positionsbestimmungen über den gesellschaftlichen Status des Kindes« (1995: 65 f.; Sünker und Bühler-Niederberger 2020, S. 44).

Dieses Paradigma der Kindheitsforschung ist eng mit den Namen Allison James und Alan Prout verbunden. Die beiden Sozialwissenschaftler:innen markieren mit ihrem Buch *Constructing and Reconstructing Childhood* (Erstveröffentlichung 1997; James und Prout 2015b) einen Paradigmenwechsel in den Sozialwissenschaften und erheben den Anspruch auf eine neue Forschungsdisziplin *social studies of childhood*:

> »The traditional consignment of childhood to the margins of the social sciences or its primarily location within the fields of developmental psychology and education is, then, beginning to change: it is now much more common to find acknowledgement that childhood should be regarded as a part of society and culture rather than a precursor to it; and that children should be seen as already

social actors not beings in the process of becoming such. In short, although much remains to be done and these encouraging developments need to be taken much further, a significant change has occurred« (1997: IX; vgl. 4, 8, 22).

»Kindheit«, so führen die Autor:innen aus, wird mit dem angesprochenen Paradigmenwechsel nicht nur als Interessengebiet von Pädagogik und Entwicklungspsychologie angesehen, sondern als Forschungsgebiet der Sozial- und Gesellschaftswissenschaften im Allgemeinen. Kritik wurde insbesondere daran geübt, dass in der Soziologie die Lebenswelten der Kinder bisher fast völlig ausgespart wurden (Bollig 2020). Ziel war es zum einen, die Auseinandersetzung mit Kind und Kindheit nicht mehr auf bestimmte Räume wie Kinderzimmer, Kindergärten und Schulen zu begrenzen. Zum anderen wurde damit auch die einseitige Perspektive auf Kinder als »Werdende« und Kindheit als sogenanntes »Transitionalstadium« auf dem Weg zum rational denkenden Erwachsenen versucht zu erweitern. Kinder sind zentrale soziale Akteur:innen mit eigenen Rechten. Sie werden nicht nur passiv sozialisiert, sondern wirken ein auf das gesellschaftliche Leben. Kindheit rückt damit in einen interdisziplinären Fokus. Mit der neueren soziologischen Kindheitsforschung (*social childhood studies*) wurde insbesondere in der Soziologie ein neues Forschungsfeld eröffnet, um das Aufwachsen von Kindern im Kontext sozialer Ordnungen zu beforschen (ebd., S. 22). Kindheitsforschung richtet sich am Primat der »Kinder als Akteur:innen« und Träger eigener Rechte aus. Zugleich gelten die *social childhood studies* international als inter- bzw. multidisziplinär geprägtes Forschungsfeld (Graf 2015).

Der markierte sogenannte Paradigmenwechsel (James und Prout 2015a) wurde vor allem in der Pädagogik und der Entwicklungspsychologie kritisch reflektiert. Nicht weil der Blick auf die Kindheit und der Anspruch einer Forschung, die die Perspektive der Kinder aufgreift, nicht geteilt würde, sondern vielmehr, weil es den Anschein hat, dass ein Teil der Erziehungsgeschichte in der Reflexion außer Acht gelassen wurde. Denn der Fokus auf die *Agency* der Kinder hat in der Pädagogik durchaus einen Stellenwert. Vor diesem Hintergrund kann bereits Jean-Jacques Rousseau (1712–1778) als Nestor der Kindheitspädagogik gelten. Er hob Kindheit als bedeutende Lebensphase hervor und stellte Kinder als Akteuer:innen in den Mittelpunkt. Diese Ansätze wurden auch von der Kindergartenbewegung übernommen (Oelkers 2013). Die Kritik von James und Prout ist daher nicht ganz verständlich, denn theoretisch steht in den sogenannten kindzentrierten bzw. auch handlungsorientierten Ansätzen von Erziehungswissenschaft und Entwicklungspsychologie gerade die Perspektive der Kinder im Fokus (Baader 2018; Graf 2015; Mey 2013). Die Beobachtung der Kinder ist ein wichtiges Instrument dieser Wissenschaften, die auch wichtige neue Sichtweisen auf Kinder eröffnet hat, welche jenseits der einseitig betonten Vorstellungen von Normierung und Vermessung liegen (Seichter 2023).

> **Vorläufer der soziologischen Kindheitsforschung**
>
> Zu diesen Vorläufer:innen einer Forschung aus der Perspektive der Kinder als Teil gesellschaftlicher Akteur:innen zählen u.a. John H. Chase, Martha Muchow oder auch Janusz Korczak (Kirchner et al. 2018). John H. Chase verfasste zu Beginn des 20. Jahrhunderts *Street Games of New York City* (Chase 1905). Dazu befragte er zunächst Kinder in Brooklyn und Worcester, welche Outdoor-Spiele sie am liebsten spielen. Um letztlich eine Liste der am häufigsten gespielten Outdoor-Spiele in New York zu erstellen, lief er anschließend zwei Jahre durch New York und beobachtete zu unterschiedlichen Jahreszeiten und in unterschiedlichen Stadtbezirken die Outdoor-Spiele der Kinder. In den 1920er Jahren initiierte Martha Muchow in Hamburg eine ähnliche Studie mit dem Titel »Der Lebensraum des Großstadtkindes« (Muchow und Muchow 2012). Beide Studien sind im Kontext der Urbanisierung am Anfang des 20. Jahrhunderts zu lesen und beschäftigen sich mit der Frage, wie sich Kinder in dieser veränderten Welt eigene Orte erschließen. Auch Muchows weitere Untersuchungen im Kontext der Entwicklungspsychologie und Kindergartenpädagogik (Muchow 1929) sind inspiriert durch ihre Beobachtungen, die u.a. zentrale Plätze kindlicher Akteur:innenschaft im (Fiktions-)Spiel herausstellen und im Kontext soziokulturellen Wandels hinterfragen.

Der Verdienst einer soziologischen Kindheitsforschung kann aus pädagogischer Sicht heute darin gesehen werden, dass Kinder und Kindheit nicht nur in generationalen Ordnungen, sondern im Rahmen struktureller, gesellschaftlicher Differenzkategorien (Gender, Migration, Armut etc.) stärker wahrgenommen und die Sichtweisen von Kindern explizit in der Forschung aufgegriffen werden (Honig et al. 1999; Heinzel 2012). In letzter Zeit erweitern sich darüber hinaus die Perspektiven der *social childhood studies* und wird das Konzept der *Agency* der Kinder vor dem Hintergrund des neuen Materialismus (Peeters 2023) hinterfragt, der sich an posthumanistischen Theorieentwürfen orientiert. Die Vernetzungen des Kindes mit der belebten und unbelebten Welt eröffnen dabei innovative Sichtweisen (Spyrou 2018):

> »[…] humans are no longer seen as being at the epicenter of the world and as the only privileged ones with the capacity for agency. On the contrary, for new materialists agency is distributed widely beyond humans.« (ebd., S. 133)

Kindheiten sind zeitlich begrenzt, divers und spiegeln die Besonderheiten der jeweiligen Gesellschaft. In der europäischen Geschichte etwa haben sich die Arbeits- und Lebenswelten von Erwachsenen und Kindern im Zuge der fortschreitenden Moderne zunehmend differenziert. Dazu trug auch der sogenannte Schutz- und Sonderstatus bei, der sich mit dem beginnenden 20. Jahrhundert in der wohlfahrtsstaatlichen Kindheit ausgeprägt hat (Mierendorff 2014). Diese besondere Situiertheit des Kindes in Familie und Gesellschaft hat auch dazu geführt, dass Kinder als Mitgestalter:innen von Gesellschaft bis heute von der Politik zu wenig beachtet werden.

2.2 Familie

Die Familie gilt als eine zentrale Sozialisationsinstanz. Der Begriff Sozialisation ist im Vergleich zu zentralen erziehungswissenschaftlichen Begriffen – wie z. B. Bildung und Erziehung – relativ jung (Abels und König 2016). Er taucht zum ersten Mal im Jahr 1828 in einem Wörterbuch der englischen Sprache auf. Das Verb *to socialize* wird mit »to render social, to make fit for living in society« umschrieben (Clausen 1968). Ziel der Sozialisation ist die Integration des Individuums in eine bestehende soziale Ordnung (Familie, soziale Gruppe, Gesellschaft). Erziehung in der Familie ist aber nicht nur ein passiv ablaufender Prozess, sondern ist implizit und explizit durch die wechselseitigen Praktiken in der Familie geprägt. Diese spielen für das Hineinwachsen des jungen Kindes in eine Gesellschaft bzw. das Mitglied-Werden in einer Gesellschaft eine bedeutungsvolle Rolle. Dies gilt es, unter einer Perspektive der Pädagogik der frühen Kindheit bewusst und kritisch zu reflektieren, denn Pädagogik als Praxis nimmt in den Familien ihren Ausgang. Darüber hinaus bleiben bis heute historische Entwicklungspfade und die Ausprägung traditioneller Familienideale lebendig.

Der Begriff »Familie« stammt vom lateinischen *familia*, was so viel wie »Hausgenossenschaft«, »Dienerschaft« oder »Gesinde« meint. Die Brockhaus Enzyklopädie online (Brockhaus 2024) beschreibt Familie als eine »soziale Gruppe beziehungsweise jene spezifische Lebensgemeinschaft, deren Leistungen und Verhaltensregeln ausgerichtet sind auf die Sicherung der Handlungs- und Überlebensfähigkeit ihrer Mitglieder, insbesondere der Kinder und der für sie verantwortlichen Erwachsenen, in historisch jeweils unterschiedlichen Lebensräumen und Lebenssituationen.«

Entstehung der bürgerlichen Kernfamilie

Familienideale in der Form der sogenannten Kernfamilien etablieren sich in Europa im 14./15. Jahrhundert (Neumann 1993). Wirkmächtige Diskurslinien, die diese Entwicklung festigen, etablieren sich über die Kirche, wobei Reformation und Gegenreformation später dazu führen, dass deren Einfluss auf das Individuum wieder abgemildert wird (Jacobi 2014). Durch das Sakrament der Ehe wird der Erziehungsauftrag von der Kirche in die Familien gelegt. Die Vielfalt an Gemälden zur Darstellung der vorgeblich »Heiligen Familie« sind dafür Zeitzeugnisse, sie haben wirkungsvoll den Mythos der Familie etabliert und weitergetragen (▶ Abb. 3).

2.2 Familie

Abb. 3: Hans Baldung, Markgraf Christoph I. von Baden mit seiner Familie in Anbetung vor der Heiligen Anna Selbdritt, Tannenholz/Mischtechnik, 1510, 67,4 x 219,2 cm, Kunsthalle Karlsruhe

Erziehung in Familien ist ein komplexes inter- und intragenerationales Projekt (Ecarius 2022). Das Vorbild der sogenannten bürgerlichen Familie zeichnet sich ab dem 19. Jahrhundert ab. Diese gestaltet sich als besonderer Raum des Aufwachsens. Pädagogik als Praxis bzw. häusliche Erziehung wirkt zunehmend gezielt auf das Aufwachsen der Kinder. Seit dem 16./17. Jahrhundert werden die Ideen zur Erziehung von Theolog:innen, Moralist:innen und Mediziner:innen über sogenannte Erziehungsratgeber verbreitet (Jacobi 2014; Neumann 1993). Bekannt sind dabei u.a. die Schriften von Erasmus von Rotterdam (ca. 1466–1536) *Liber Aureus. De civilitate morum puerilium* (Goldenes Büchlein. Von der Höflichkeit, Sitten und Gebärden der blühenden Jugend) (1530) oder die von Juan Vives (1492–1540) verfassten Anweisungen *De institutione feminae christianae* (Unterweisung der christlichen Frau). Vives schrieb das Werk im Jahr 1524 für die Erziehung von Katharina von Aragon, der späteren Königin von England und Gattin Heinrichs VIII. (Jacobi 2011). Die Lektüre avancierte zu einem der meistgelesenen Ratgeber für Mädchenerziehung im 16. Jahrhundert. Erziehungsratgeber gewinnen dann viel später, im 19. Jahrhundert, zunehmend an Bedeutung und wirken auf die Erziehung in Familien und damit auch auf die Kindheit ein. Die bürgerliche Familie umfasst folgende Charakteristika:

- Familiale Bindungen werden säkular vertragsrechtlich konstituiert und durch emotionale Bindungen begründet.

- Der Sozialisations- und Erziehungsprozess ist verknüpft mit bürgerlichen Ideen von Freiheit, Selbstständigkeit und Selbstverantwortlichkeit (»mündiger Bürger«).
- Familie gilt als Erlebnis- und Erfahrungsraum, in welchem in der Kindheit und im Jugendalter die grundlegenden Prozesse der Persönlichkeitsentwicklung hinsichtlich des bürgerlichen Leitbildes durch konsequentes Vorleben der Eltern organisiert werden.
- Es entstehen bürgerliche ›Geschlechtscharaktere‹ der familialen Beziehungen und Rollen, insbesondere von Mann und Frau.

Das »Ideal« der bürgerlichen Kernfamilie beherrscht bis heute den Diskurs der Familienpolitik (Ecarius 2002) und bildet entsprechend ein beharrliches Muster in den Daten der amtlichen Statistik. Im Jahr 2018 wuchsen die meisten Kinder (ca. 70 %) in Familien auf, in denen die Partner:innen verheiratet waren. 19 % der Kinder wurden von Alleinerziehenden und 11 % in sogenannten Lebensgemeinschaften erzogen. Allerdings bestehen regional große Unterschiede. So existieren in den östlichen Bundesländern und Berlin weniger traditionelle Modelle. Der Anteil der Familien mit Ehepartner:innen ist dort bedeutend geringer (ca. 50 %) und mehr Kinder wachsen in Lebensgemeinschaften (23 %) bzw. bei alleinerziehenden Elternteilen (24 %) auf. Heute erleben die meisten Kinder (52 %) die Familie als Einzelkinder, 37 % haben ein Geschwisterkind und 11 % wachsen mit mehr als einem Geschwisterkind auf (BMFSFJ 2021a).

Kinder und Jugendliche übernehmen in familialen Beziehungen grundlegende Verhaltensweisen und werden mit emotionalen und kognitiven Mustern der Familie vertraut. Diese Vertrautheit, die implizit aufgenommen wird, ist schwer zu reflektieren und tief eingeschrieben in die eigenen Praktiken und Verhaltensweisen. Der bereits zitierte Roman »Streulicht« von Deniz Ohde beschreibt rückblickend Heterogenitätserfahrungen, die die junge Akteurin in ihrer Kindheit beobachtet und zu erklären versucht hat, zugleich erkennt sie, wie tief verankert diese Muster sind (Ohde 2021):

> »Ich hatte schon früh den Verdacht, dass die Arglosigkeit ihrer Mutter auf Sophia abgefärbt hatte und dass meine Unwissenheit etwas ganz anderes war. Es lag nichts Liebenswürdiges darin, es handelte sich um eine tiefsitzende Verunsiche-

rung, die weiter ging als bei allen anderen Mädchen und etwas damit zu tun hatte, dass ich keinen Namen hatte, der in einem Lesebuch oder auf einem Schulranzen stand. Meine Unwissenheit war nichts, was weitläufig akzeptiert war und oft sogar begrüßt wurde – ein schmaler Grat, den Sophia schon als Kind zu navigieren wusste. Sie war nicht so, dass man Verständnis für ›meine Schwächen in Mathe‹ gehabt hätte, weil ›meine Stärken eben woanders‹ lägen, oder dass man über meine niedlichen Schwierigkeiten, im Sachkundeunterricht den Stromkreislauf zu verstehen, gelächelt hätte. Ich konnte am Vier-Ecken-Rechnen teilnehmen, dem Lieblingsspiel der Klasse (wer zuerst die richtige Antwort auf eine von der Lehrerin gestellte Aufgabe rief, durfte eine Ecke weiter rücken), und ich sagte die Antwort, aber ich war nicht laut genug und blieb bis zum Ende des Spiels in der Ecke stehen, in die ich zuerst gestellt worden war.

Es war eine Unwissenheit, die weit hineinreichte in meine Vergangenheit, weit über den Zeitpunkt meiner Geburt hinaus, die gekoppelt war an helle staubige Straßen an Berghängen entlang, die ich noch nie im Leben gesehen hatte, die aber meinem Aderlauf entsprachen, die Luft klar, aber in der Mittagshitze drückend; eng stehende Augen und ein flacher Hinterkopf, weil man mich als Kind zu lange auf dem Rücken hatte liegen lassen.« (ebd., S. 41)

Die Familie ist nicht nur der Ausgangspunkt für das Aufwachsen, vielmehr wirkt soziale Herkunft nachhaltig auf die Bedingungen von Erziehung. Das bessere Verständnis von intergenerationalen Beziehungen ist Gegenstand der Familienforschung. Insbesondere die Forschung zu Erziehungsstilen oder Erziehungsmustern im Generationenverhältnis ist hier aufschlussreich.

Erziehungsstilforschung ist trotz berechtigter Kritik bis heute ein wichtiges Element der Familienforschung. Kritisch zu betrachten sind die eher universalistisch gedachten Einzelbefunde, welche die unterschiedlichen Lebenslagen der Familien weitgehend unberücksichtigt lassen. Sogenannte Milieustudien geben dazu einen tieferen Einblick, indem auch Pluralisierungs- und Differenzierungsprozesse innerhalb der beschriebenen »Schichten« oder »Klassen« berücksichtig werden (Liebenwein 2008).

Langzeitstudien bzw. sogenannte Panel-Studien, wie z. B. die britische Millennium Cohort Study (MCS) (Dex 2020) oder auch das Nationale Bildungspanel (NEPS), eröffnen dagegen einen differenzierten Einblick in den Lebenslauf von Kindern bis in das Erwachsenenalter und können beharrliche Trends im Längsschnitt oder Zeitvergleich sichtbar machen. Sie zeigen, dass Ungleichheit bereits relativ früh im Leben verstärkt und durch zunehmend sich stärker herauskristallisierende Muster bestimmt wird (Bradbury 2013; Huebener et al. 2023). Frühe Ungleichheit äußert sich auf Struktur- (SES, Zugänge zu Bildungseinrichtungen) und Prozessebene (Erziehungsstile, Interaktionsverhalten).

In jüngerer Zeit ist der Wandel der Erziehungsverhältnisse zwischen den Generationen zum Thema geworden. Der 18. Shell-Jugendstudie aus dem Jahr 2019 zufolge gelten Eltern heute als wichtige Erziehungsvorbilder: 16% würden ihre Kinder genauso erziehen, wie sie selbst erzogen wurden, und 58% ungefähr so. Weniger als ein Viertel der Jugendlichen (23%) würde ihre Kinder anders oder sogar ganz anders erziehen, als sie selbst von ihren Eltern erzogen wurden (2002 äußerten dies noch 29%) (Albert et al. 2019).

Trotz dieser Ergebnisse, die eher auf ein Verharren in den Familienverhältnissen schließen lassen, betont die Familienforschung in den letzten Jahrzehnten auch einen Wandel der Familienerziehung. Längsschnittstudien bestätigen diese These. Jutta Ecarius hat Veränderungen von Erziehungsmustern in der Zeitspanne von 1908 bis 1994 über drei Generationen (Großeltern: 1908–1929, Eltern: 1939–1953 und Kinder: 1967–1975) beforscht. Vor dem Hintergrund der Sozialgeschichte von Kaiserreich, Weimarer Republik und Nationalsozialismus muss von relativ konstanten, zutiefst traditional organisierten und im Nationalsozialismus weiter gefestigten Weltanschauungs- und Weltdeutungsmustern ausgegangen werden. Modernisierung wurden zum Teil an konservative Muster gebunden – Stichwort: Frauenbildung und -berufe. Erst nach dem Zweiten Weltkrieg entwickeln sich tiefergehende demokratische Handlungsmuster – so die Studie von Jutta Ecarius –, unterstützt auch durch die sich ausbildenden Strukturen eines Wohlfahrtsstaats (Ecarius 2002). In diesem Zusammenhang stellt die Autorin einen Wandel der Erziehung vom Befehlen hin zu einer Erziehung des Verhandelns fest. Diese groben Trends sind nicht als generelle Ausprägungen zu verstehen, in jeder Zeit finden sich auch gegenläufige Erziehungsmuster. Es zeigt sich jedoch, dass Erziehung mit der Gesellschaftsform, aber auch dem sozialen Wandel korrespondiert und damit neue Formen annimmt. Seit einigen Jahren gewinnt zudem der Wandel der »Elternschaft« (Rerrich 1983) an Bedeutung. Denn unterschiedliche Anforderungen in einer komplexen Welt verändern die Bedingungen (Berufs-, Freizeit-, Familienleben), unter denen Familie verwirklicht werden kann. Die Begriffsklammer »*Doing Family*« rückt diese relationalen Beziehungen in den Fokus. Die heutigen Herausforderungen bezüglich der Gestaltung von Familienbeziehungen sind zum einen die steigenden Ansprüche aufgrund der dynamischen gesellschaftlichen Entwicklungen wie die zunehmende Digitalität, die sich durch alle Lebensbereiche zieht und auch das Familienleben bereits mit sehr jungen Kindern stark beeinflusst. Zum anderen sind die Familienhintergründe selbst heute vielfältiger und müssen in den Familien die unterschiedlichen Ansprüche ausgelotet werden. So wachsen Kinder heute in komplexen Bezügen, d. h. unterschiedlichen regionalen, kulturellen, religiösen, ethischen oder sprachlichen Hintergründen auf, die die Familien lernen müssen, auszubalancieren bzw. auch die Widersprüche auszuhalten.

Des Weiteren stehen Familien im Zentrum von Politik und Medien. So beeinflusst die stärkere Ökonomisierung von Bildung bereits junge Familien. Status und Platzierung in der Gesellschaft werden früh zu einem Thema. Die Abgrenzung durch zusätzliche und besondere Bildungsangebote/-leistungen in Sport, Sprachen, Kunst, Musik etc. wirkt sich als ein weiterer Stressfaktor im Familienleben aus. Auch stehen die Geschlechterasymmetrien deutlicher zur Diskussion als noch vor Jahrzehnten, zugleich sind damit die Familien herausgefordert, Kinderbetreuung und Berufskarriere gemeinsam zu arrangieren (Lange und Alt 2020). Um all die erweiterten Ansprüche zu erfüllen, geraten Familien zunehmend nicht nur unter Druck (Merkle und Wippermann 2008), sondern auch in Zeitnot – denn die Organisation der diversen Unternehmungen und Anliegen der Familie ist nur mittels einer guten Taktung möglich. Familienerziehung in der »Kernfamilie« wird daher mit vielfältigen Betreuungsarrangements gerahmt, neben den Großeltern (Barschkett et al. 2022) spielen die Kindertageseinrichtungen und die Tagespflege eine zentrale Rolle.

Das Institut für Demoskopie (IfD) Allensbach führte für den Neunten Familienbericht eine Umfrage darüber durch, wie Eltern heute Elternschaft erleben. Dabei geben 61 % der Eltern an, dass Elternschaft gegenüber früher höheren Anforderungen gerecht werden müsse. Die Ursachen für gestiegene Erwartungen an das »Elternsein« sehen sie insbesondere in folgenden Ansprüchen (BMFSFJ 2021b):

- organisatorischer Aufwand und hoher Bedarf an Absprachen bedingt durch die Berufstätigkeit beider Eltern (78 %),

- höhere Bildungserwartungen (68%),
- höhere Ausgaben für die Kinder (54%),
- Einfluss der Medien (52%).

Zentrale gesellschaftliche Herausforderungen für die Zukunft sind für die Sachverständigenkommission des Neunten Berichtswesens (BMFSFJ 2021b):

»• die Diversität der Familienformen mit ihren unterschiedlichen Herausforderungen bei der Gestaltung des Familienlebens und noch ungelöste Implikationen für das Familien- und Sozialrecht,
- die hartnäckigen Unterschiede der Bildungschancen von Kindern je nach ihrer sozialen Herkunft, die nicht nur das Bildungssystem vor beträchtliche Herausforderungen stellen,
- die nach wie vor beharrlichen sozialen Ungleichheiten der Lebensbedingungen von Familien und mit ihnen die ungleichen Bedingungen des Aufwachsens von Kindern,
- die trotz zahlreicher politischer Initiativen nach wie vor begrenzten Chancen von Familien, eine egalitäre Arbeitsteilung der Partner zu realisieren, mithin auch die weiterhin für Mütter und Väter bestehenden Asymmetrien der Teilhabe am Erwerbsleben und der Betreuung und Erziehung von Kindern,
- der Zuwachs an sozialer und kultureller Heterogenität durch Zuwanderung, nicht erst durch die Fluchtmigration, sondern auch durch die wachsende Mobilität innerhalb der EU-Mitgliedstaaten,
- die Chancen, aber auch Herausforderungen, mit denen (auch) Familien angesichts der Durchdringung aller Lebensbereiche mit der fortschreitenden Digitalisierung unserer Gesellschaft konfrontiert sind, und
- die veränderten Anforderungen im Sinne einer Intensivierung von Elternschaft, die aus gewandelten Leitbildern von Erziehung und Förderung der Kinder, aber auch aus der gestiegenen Bedeutung digitaler Kompetenzen im Familienleben resultieren, verbunden mit dem Risiko, dass ressourcenstarke Familien diesem Trend zunehmend engagierter Elternschaft stärker folgen, sodass soziale Spaltungen akzentuiert werden könnten« (ebd., S. 9).

2.3 Gesellschaft[3]

In diesem Kapitel soll die Bedeutung der Gesellschaft für das Aufwachsen von Kindern in den Fokus rücken, denn gesellschaftliche Hintergründe und die Vorstellungen von Erziehung und Bildung hängen eng zusammen, wie auch die oben beschriebene Familienforschung zum Wandel von Erziehungsstilen zeigt. Gesellschaft ist eine zentrale Kategorie in den Sozialwissenschaften, aber auch in der Politik, der Ökonomie und dem Recht. In der Brockhaus Enzyklopädie online (Brockhaus 2024) wird Gesellschaft auf das althochdeutsche »sal« zurückgeführt, was so viel wie »Raum« bedeutet. Im rechtlichen Sinne wird Gesellschaft als »Personenvereinigung« beschrieben, die über Verträge verbunden ist. Im Alltag wird Gesellschaft eher als eine Gemeinschaft von Menschen bezeichnet, die sich über eine kollektive Verbundenheit, d. h. eine gemeinsame Geschichte, Sprache, Tradition oder auch eine Verfassung definiert.

Gesellschaften legen mit ihrer »kollektiven Verbundenheit« einen bestimmten Rahmen fest, der ebenso auf das Erziehungsgefüge im Generationenvollzug wie auf den Aufbau und die Ausgestaltung pädagogischer Institutionen Einfluss nimmt. Die damit zusammenhängende Frage nach der Möglichkeit von Erziehung und Bildung begründet eine »Pädagogik der Reflexion«. Diese »[...] trennt sich seit dem Quattrocento von anderen Formen kultureller Tätigkeit und bildet eine eigene kulturelle Gattung« (Musolff 2010, S. 21). Erziehung ist von jeher mit gesellschaftlichen Entwicklungen und Bedarfen eng vernetzt. Bildungssysteme zählen heute zu einer zentralen Infrastruktur unserer Gesellschaft.

---

3 Das Kapitel basiert u. a. auf: König, A. (2020). Die Crux mit der Bildung. Anspruch und Wirklichkeit von Bildungsteilhabe in der Kindertagesbetreuung. Jugendhilfe, 5, S. 442–447; König, A. (2020). Inklusion: Transfer von Forschungsbefunden in der frühen Bildung. Eigenlogiken und Systemdifferenz als Herausforderung. QfI – Qualifizierung für Inklusion, 2(2), Sonderheft: Wissenstransfer, doi: 10.21248/QfI.51; König, A. (2015). Expansion und Qualität. Chancen für die Professionalisierung in der Frühen Bildung. Unsere Jugend 67/5, S. 225–232.

> **Gesellschaftlicher bzw. sozialer Wandel**
>
> In Europa markiert die Schwelle vom Mittelalter zur Neuzeit (ab ca. 15. Jahrhundert) einen tiefgreifenden sozialen Wandel. Gesellschaftlich gilt sie als eine Epoche, die den Menschen jenseits einer gottgegebenen Ordnung Autonomie und das Potenzial persönlicher Entwicklung zuspricht, auch unabhängig von ihrer sozialen Herkunft. Erziehung und Bildung nehmen dafür eine Schlüsselrolle ein. Mit dem aufkommenden Humanismus durchdrangen emanzipatorische Ideen die Gesellschaften, die Transformationen auslösten und schließlich über einen langen Weg zur Formulierung der Menschenrechte (1948)[4] führten. Das in Europa sich etablierende humanistische Menschenbild wurde durch die ersten unabhängigen Erziehungstraktate im 15. Jahrhundert unterstützt, die italienische Gelehrte als *studia humanitatis* verfassten (Musolff 2010). Diese auf die Antike zurückgehenden Studien zeigen, dass die humanistischen Werte nicht nur *einen* Ursprung haben, sondern in der Geschichte und in unterschiedlichen Kulturen vielfältig verwurzelt sind. Von hoher Bedeutung ist, dass diese Entwicklungen sich nicht linear, gleichförmig und flächendeckend vollzogen. Vielmehr entfalteten sie eine emanzipatorische Wirkung, die zwar nicht unmittelbar die Lebensverhältnisse beeinflusste, die sich im Europa des 15. Jahrhunderts jedoch in Philosophie, Kunst und Wissenschaft soweit niederschlugen, dass sich der Humanismus in der Neuzeit als beständige Strömung und ideale Leitlinie etablieren konnte.

---

4 Die emanzipatorischen Ideen des »Universalismus«, d. h. der gleichen Rechte für alle Menschen, weisen auch blinde Flecken auf. Die postkolonialen Studien zeigen, dass Europa – trotz emanzipatorischer Grundgedanken – den Machtdiskurs gegenüber dem globalen Süden fortsetzt. So kritisiert u. a. der Rechtswissenschaftler Makau Mutua es als bigott, dass europäische Länder heute menschenrechtliche Zustände in den Ländern des globalen Südens beanstanden und damit ihre Macht und Vorreiterpositionen stärken. Die fehlende Reflexion der Ungleichheit, die durch Kolonialismus und Globalisierung in den Ländern verursacht wurden und werden, werden zu Recht kritisiert (Mutua 2008).

2.3 Gesellschaft

Exemplarisch werden mit dem Koalitionsvertrag der aktuellen Regierung (2021) unter dem Kapitel »Chancen für Kinder, starke Familien und beste Bildung ein Leben lang« insbesondere zwei Schwerpunkte für die frühe Kindheit herausgestellt: Bildung und Armut. Dabei wird auf die Zugänge zur institutionellen Bildung und auf die Kindergrundsicherung verwiesen. Auch dies zeigt, welche Bedeutung die frühe Kindheit heute in politischen Debatten einnimmt.

Der Ausbau von Kindertageseinrichtungen zählt für die westdeutschen Länder zur jüngeren Geschichte. Kindertageseinrichtungen wurden erst in den letzten Jahrzehnten zu einem zentralen Dienstleistungssektor des Sozial- und Bildungswesens entwickelt. 2023 besuchten 3,9 Millionen (2014: 3,2 Millionen) Kinder gut 60.000 (2014: 53.000) Einrichtungen in Deutschland (Statistisches Bundesamt 2023). Der Sektor umfasst derzeit ca. 868.000 (2013: 576.000; 2002: 380.000) Beschäftigte, womit das Arbeitsfeld seit 2002 um fast 230 % gewachsen ist.

Die Expansion in diesem Sektor hängt insbesondere mit den in Deutschland zwischen 1996 und 2013 installierten Rechtsansprüchen auf einen Kindergarten- bzw. Krippenplatz zusammen, die eng an die europäische Bildungspolitik (OECD 2006) und deren Ziel einer höheren Vereinbarkeit von Familie und Beruf gebunden sind. Die europäische Bildungspolitik hat hier in den letzten Jahrzehnten aber auch entscheidende Weichen für einen universellen Anspruch und das Recht auf Bildung im Sektor der frühkindlichen Bildung in den Mittelpunkt gestellt (Inter-Agency Commission 1990). Darauf geht zurück, dass es mittlerweile in zahlreichen Ländern eine gute Versorgung im Hinblick auf Kindertageseinrichtungen gibt. Dies gilt zunächst für Einrichtungen für Kinder im Alter von drei Jahren bis zur Einschulung (ISCED 0). Im Jahr 2005 betrug die Teilhabequote im OECD-Durchschnitt 75 %, im Jahr 2010 stieg sie bereits auf 81 % und im Jahr 2018 auf 88 % (OECD 2020). Aktuell vollzieht sich zudem ein rasanter Ausbau der Betreuungs- und Bildungsangebote für unter Dreijährige. Diese Entwicklungen vollziehen sich unterschiedlich schnell. Willekens und Scheiwe führen dies darauf zurück, dass nicht alle frühkindlichen Institutionen im Bildungssystem zu verorten sind, wie z. B. in Belgien und Frankreich oder seit 1968 in Italien und auch in England, sondern im Sozialsystem – als sogenannte Vereinbarkeitsmodelle wie u. a. in Deutschland (Willekens und Scheiwe 2020). Darüber hinaus werden die

Systeme für Kinder von null bis drei sowie von drei Jahren bis zur Einschulung in vielen Ländern administrativ nicht einheitlich organisiert (Vandenbroeck 2020). Dennoch verstärkt sich der Trend, dass sich die Einrichtungen zunehmend durch universelle, d. h. barrierefrei Zugänge für alle auszeichnen. Unterstützt werden diese Entwicklungen durch die Gebührenfreiheit und erweiterte Öffnungszeiten, aber auch durch die Veränderungen der administrativen oder rechtlichen Zuständigkeiten sowie auf der Ebene der Professionalisierung des Personals (Willekens und Scheiwe 2020).

Mit diesen Veränderungen in der jüngeren Geschichte verschiebt sich auch der obligatorische Start im Bildungssystem. Das letzte Jahr in vorschulischen Einrichtungen ist heute in 16 europäischen Ländern verpflichtend (ebd.).

Während der Besuch einer Kindertageseinrichtung im Alter von drei bis sechs Jahren heute zur Normalbiographie eines Kindes zählt, weisen Studien immer wieder auf die hohe »frühe Ungleichheit« beim Zugang in die öffentlichen Institutionen in den ersten drei Jahren hin (Huebener et al. 2023). Kindertageseinrichtung haben sich zwar neben den Familien zu zentralen Bildungsorten für Kinder entwickelt, aber sind noch nicht als demokratische Bildungsorte für alle Kinder zu bezeichnen, denn der Zugang bleibt insbesondere Kindern aus benachteiligten Gruppen (Alleinerziehenden, Familien in Armutslagen und mit Migrationshintergrund etc.) verwehrt. Mit dem von Bund und Ländern erstmals im November 2014 unterzeichneten »Communiqué« für die frühkindliche Bildung (BMFSFJ 2016) wurde ein einmaliger Prozess angestrengt, die Qualität früher Bildung über spezifische Handlungsfelder (bedarfsgerechtes Angebot, Fachkraft-Kind-Schlüssel, Gewinnung und Sicherung von Fachkräften, Stärkung der Leitung, Verbesserung der räumlichen Ausgestaltung, Förderung kindlicher Entwicklung, Gesundheit, Ernährung und Bewegung, Förderung der sprachlichen Bildung, Stärkung der Kindertagespflege, Verbesserung der Steuerung des Systems, Bewältigung inhaltlicher Herausforderungen, Entlastung der Eltern) länderübergreifend auszubalancieren und eine gleichschrittige Weiterentwicklung der Kindertageseinrichtungen in diesen Handlungsfeldern sicherzustellen. Dies soll Bildungschancen in der Frühen Kindheit zwischen den unterschiedlichen Regionen bzw. Bundesländern ausgleichen. Mit dem »Gute-KiTa-Gesetz«

(2019–22) und dem daran anschließenden KiTa-Qualitätsgesetz (2023/24) werden den Ländern Bundesmittel (2019–22: 5,5 Milliarden Euro; 2023/24: 4 Milliarden Euro) für die Weiterentwicklung zur Verfügung gestellt. Die Verausgabung der Mittel wird über die sogenannten ERiK-Forschungsberichte (DJI 2023) evaluiert und begleitet. Die Ressourcen sind zehn Jahre nach dieser Einigung noch immer befristet und werden nicht immer zielführend für die Qualität der Kindertageseinrichtungen genutzt (König und Hellfritsch 2023).

Diese ungleichen Strukturbedingungen sind kritisch zu reflektieren. Mit Blick auf die Erklärung von Jomtien über *Education for All* (Inter-Agency Commission 1990), des Menschenrechts auf Bildung und der UN-Erklärung zu den Rechten von Menschen mit Behinderungen (United Nations 2006) wird eine inklusive Bildung für alle Kinder gefordert, unabhängig von ihren körperlichen und geistigen Dispositionen. Im Jahr 2014 veröffentlichte die Deutsche UNESCO-Kommission »Inklusion: Leitlinien für die Bildungspolitik« (DUK 2014). Hier wird die Bedeutung von Inklusion im Bildungssystem als der Anspruch beschrieben,

> »dass allen Menschen die gleichen Möglichkeiten offenstehen, an qualitativ hochwertiger Bildung teilzuhaben und ihre Potenziale zu entwickeln, unabhängig von besonderen Lernbedürfnissen, Geschlecht, sozialen und ökonomischen Voraussetzungen« (DUK 2014, S. 9).

Für die frühe Bildung bleiben die Forderungen aber vage, die Friedrich Fröbel bereits im 19. Jahrhundert mit dem Konzept eines Kindergartens »für alle« formulierte (Heiland 2010). Als Ziele werden genannt, dass die frühkindliche Bildung ausgebaut und verbessert werden bzw. die am stärksten gefährdeten Gruppen Zugang zu ihr erhalten sollen. Wie bei der Umsetzung der UN-Kinderrechtskonvention bleibt das Recht auf Bildung in diesem Handlungsfeld jedoch nachrangig. In der frühen Kindheit dominieren die Schutz- vor den Förder- und Teilhaberechten. Zwar wurde mit dem Rechtskommentar aus dem Jahr 2005 (United Nations Committee on the Rights of the Child 2005) darauf hingewiesen, dass alle Rechte der Kinderrechtskonvention auch auf die frühkindliche Bildung zu beziehen seien, dennoch ist diese Umsetzung in Deutschland bis heute lückenhaft. So wird insbesondere das Menschenrecht auf Bildung (Kinderrechtskonvention Artikel 28) nicht explizit auf die Frühpädagogik in

Deutschland angewandt (Krappmann 2019). Das zeigt sich exemplarisch am zweiten Kinderrechtsreport (National Coalition Deutschland 2019): »Das Recht auf Bildung meint, dass jedes Kind zur Schule gehen kann und eine gute Schulbildung bekommt« (ebd., S. 35). Auch im Neunten Sozialgesetzbuch (Rehabilitation und Teilhabe von Menschen mit Behinderungen) § 75 werden die Leistungen zur Teilhabe an Bildung an die Schulpflicht gekoppelt. In den letzten Jahrzehnten hat sich zwar das Bild der Kita in unserer Gesellschaft gewandelt, aber trotz der starken Bildungsbestrebungen – die mit der Bildungsdiskussion Anfang der 2000er Jahre erneut Einfluss auf die Frühpädagogik genommen haben – bleiben deren Positionierungen bzgl. der Bildungsteilhabe unklar.

Die Problematik zeigt sich eindrücklich am Beispiel der eingeführten Rechtsansprüche auf einen Kindergarten- bzw. Krippenplatz in den Jahren 1996 und 2013. Diese sind nicht als Teilhaberechte für alle Kinder, sondern als Förderung unter bestimmten Umständen formuliert. Denn rechtlich ist die Kita im Achten Sozialgesetzbuch (Kinder- und Jugendhilferecht) verortet und zählt in Deutschland damit formal nicht zum Bildungssystem, sondern zur Kinder- und Jugendhilfe. Zwar proklamiert die Kita einen eigenständigen Bildungsauftrag und ihr wird im § 22 Abs. 3 SGB VIII auch eine zentrale Stellung zugewiesen. Der Förderauftrag von Tageseinrichtungen und Kindertagespflege umfasst die Trias »Erziehung, Bildung und Betreuung«. Eine Differenzierung, was der Gesetzgeber mit Bildung in der frühen Kindheit konkret meint, steht derzeit allerdings noch aus (Münder 2023). Die Ausführungsgesetze sogenannter Kita-Gesetze der Länder verdeutlichen den dabei gelassenen Spielraum (Kaul et al. 2023). Da Kitas nicht nur Einrichtungen für junge Kinder sind, sondern immer auch für deren Familien, werden sie in erster Linie – immer noch – als Institutionen gesehen, die die Vereinbarkeit von Familie und Beruf ermöglichen, nicht aber als Bildungsorte.

Frühe Bildung steht heute im Zentrum der Bildungsforschung und ist Teil größerer Monitoringverfahren, wie z. B. des Nationalen Bildungspanels (NEPS) oder des Sozioökonomischen Panels (SOEP) sowie der Bildungsberichterstattung in Deutschland. Darüber hinaus bestehen unterschiedliche Datenberichte zu den Fachkräften (Fachkräftebarometer Frühe Bildung) oder die Kinderbetreuungsstudie (KiBS), eine Elternbefragung zur Kindertagesbetreuung bis zum Ende der Grundschulzeit

Über Bildung als Menschenrecht und den ökonomischen Nutzen frühpädagogischer Angebote ist seit den Nullerjahren eine breite Debatte in der Pädagogik der frühen Kindheit in Deutschland erwachsen. Von unterschiedlichen Autor:innen wird bemängelt, dass der Erwartungsdruck, der durch die breite Bildungsforschung auf die frühkindlichen Einrichtungen wirkt, nur unzureichend reflektiert wird (Winkler 2009; Ahlheim 2014). Unzureichend hinterfragt wird aber auch die Bedeutung der frühen Bildung im Allgemeinen. Gerade weil dieses System seine Bedeutung so sensibel zwischen Familien und Gesellschaft entfaltet, braucht es gut ausgebildete professionelle Pädagog:innen, die diese Prozesse vor dem Hintergrund einer kritisch-konstruktiven Erziehung und Bildung[5] durchdringen können.

---

5 Der Begriff »kritisch-konstruktive« oder auch »emanzipatorische« Erziehungswissenschaft geht auf Strömungen der Geisteswissenschaftlichen Pädagogik der 1960/70er Jahre zurück (Klafki 2022). Zentrale Vertreter:innen sind hier u. a. Wolfgang Klafki und Klaus Mollenhauer. Die Strömungen sind nicht als Einheit zu lesen, sie lassen sich aber auf ein Primat zurückführen: Pädagogik nicht nur mit einer Handlungswissenschaft gleichzusetzen, sondern kritisch-konstruktiv vor dem Hintergrund historisch-gesellschaftlicher Bedingtheiten zu reflektieren und damit in Theorie und Praxis Bewusstheit für den Kontext, die iterative Bearbeitung und Weiterentwicklung zu unterstützen.

3 Kindheits- und Erziehungsgeschichte

Der Blick in die Geschichte kann helfen, die Gegenwart besser zu verstehen. Auch für die Lebensphase der Kindheit bietet die historische Rückschau eine übergeordnete Referenz, um die heutige Sicht auf Kindheit sowie damit verbundene Erziehungspraktiken zu analysieren und einzuordnen. Diese Rückschau offenbart Gegensätze und fragwürdige tradierte Muster. Auch zeigt sie auf, dass sowohl pädagogische Erkenntnisse als auch deren Eingang in die Praxis von einem komplexen – historischen – Bedingungsgefüge abhängen. Der Bedarf einer kritisch-konstruktiven Durchdringung dieser Bedingtheiten ist evident.

Im Folgenden werden neben Texten auch Steintafeln, Mosaike, Gemälde, Grafiken etc. als historische Quellen herangezogen. Die dort abgebildeten Kinder sind dabei jedoch immer nur Darstellungen, d.h. künstlerische Überformungen von Kindern. Sie sind geprägt von den zeitlichen, räumlichen und sozialen Verhältnissen, in denen die Urheber:innen dieser Darstellungen lebten. Kindbilder informieren daher in erster Linie über das Denken und Erleben Erwachsener und deren Sicht auf Kinder in ihrer jeweiligen Gesellschaft.

> »Kinderbilder sind immer Bilder von Erwachsenen. Sie, nicht die Kinder, bestimmen die Geschichte der ästhetischen Generalisierung ›Kind‹; sie nutzen die damit verbundenen Darstellungs- und Wirkungschancen, sie prägen die politischen und pädagogischen Bedeutungen, die sich mit Kinderbildern verbinden. Kinder sind nie gefragt worden, ob und wie sie im Bild erscheinen wollen; und wenn Kinder ›Kinder‹ darstellen, sind dies allenfalls Provokationen der Kinderbilder von Erwachsenen.« (Oelkers 1998, S. 639)

Die Ausgestaltung pädagogischer Beziehungen zwischen Erwachsenen und Kindern ist Gegenstand dieser Betrachtung. Sie nimmt ihren Ausgang bei Philippe Ariès, dem Nestor der historischen Kindheitsforschung (Ariès

2000), dessen zentrale These lautet, dass Kindheit ein sozialgeschichtliches Phänomen und keine natürliche Gegebenheit ist.

Heute wird Kindheit als ein soziales Phänomen diskutiert. Kindheit umfasst laut UN-Kinderrechtskonvention einen Altersbereich von null bis achtzehn Jahren. Damit wird ein breites Spektrum von der frühen, der mittleren bis zur späten Kindheit beschrieben. Seit der Antike zeigen sich große Unterschiede in der Gestaltung des Aufwachsens der Kinder in der frühen und mittleren Kindheit. Dabei wird vor allem die frühe Kindheit mit einer impliziten Erziehung verbunden, die nachfolgend besonders beleuchtet werden soll. Kindheiten sind aber nicht nur zeit- und altersabhängig, sondern werden ermöglicht in kontextabhängigen partikularen Beziehungen. Die Differenzkategorien »Kind« und »Erwachsener« sind zentral für die Kindheitsforschung. Sie beleuchten die vermeintliche Normalität hinter dem Konzept »Kindheit«.

Im Folgenden wird der Geschichte der intergenerationalen Beziehungen und der Geschichte der Erziehung im Kontext philosophischer, gesellschaftspolitischer und pädagogischer Strömungen nachgegangen. Es wird untersucht, wie eine »Pädagogik als Reflexion« (Musolff 2010), d. h. eine bewusste Erziehung, historisch in der frühen Kindheit ihren Ausgang nimmt.

Epochen markieren Zeitabschnitte der Geschichte. Sie werden im Nachhinein bestimmt und entsprechen den zentralen geistigen Strömungen der jeweiligen Zeit. Doch auch wenn es sinnvoll und hilfreich ist, Denkmuster in ihrem historischen Kontext zu erkennen und diese mittels Epochenzuschreibungen zu klassifizieren, darf nicht außer Acht gelassen werden, dass jeweilige Epochendarstellungen immer ideale und verkürzte Beschreibungen sind. Geschichtliche Entwicklungen sind oftmals nicht kausal. Die Gleichzeitigkeit des Ungleichzeitigen (Bloch 1973) gehört zu jeder Sozial- und Kulturgeschichte bzw. Gegenwart und Zukunft. Der Lauf der Geschichte kann somit auch nicht vereinfacht als Fortschrittsgeschichte interpretiert werden.

Der hier dargestellte Zeitstrahl (▶ Abb. 4) soll einen ersten Epochenüberblick, aber auch eine Einsicht in die Dissonanzen der Geschichte und anhaltenden Entwicklungslinien ermöglichen. Die unterschiedlichen Pfeile sind in dieser Hinsicht zu lesen. Es wäre vermessen, den hier gezeigten Zeitstrahl als umfassend zu postulieren.

3 Kindheits- und Erziehungsgeschichte

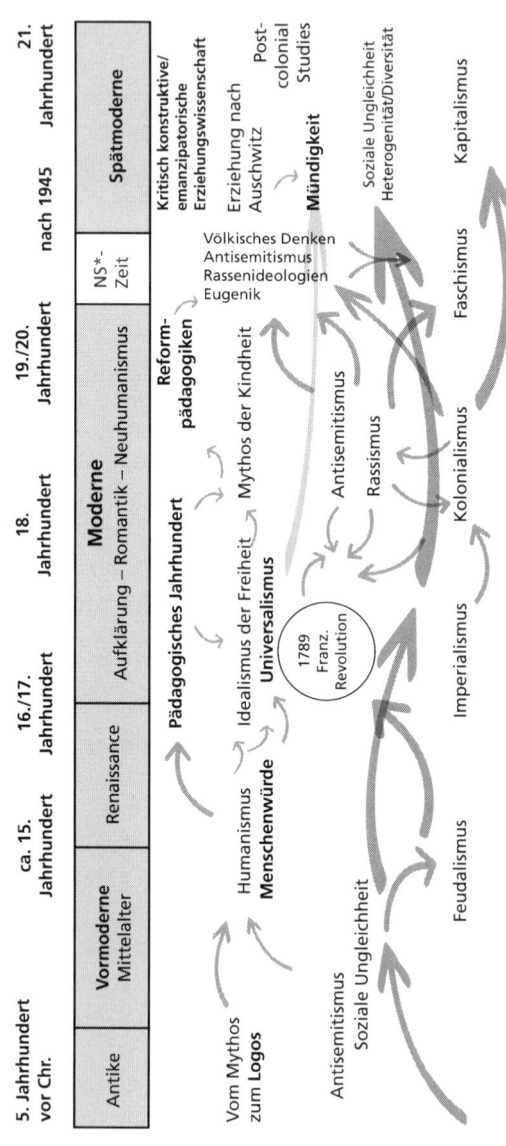

Abb. 4: Zeitstrahl, Epochen und philosophische Kernideen (Entwicklungslinien und Dissonanzen) (eigene Darstellung)

3 Kindheits- und Erziehungsgeschichte

Ziel der folgenden Ausführungen ist der Versuch, sich von isolierten Darstellungen einzelner philosophischer Strömungen und personenbezogener Narrative in der Pädagogik zu lösen. Kindheit soll im Spiegel der allgemeinen Sozial- und Kulturgeschichte sichtbar gemacht und damit die Aufmerksamkeit für soziokulturelle Entwicklungslinien geschärft werden. Erziehung als soziale Praktik und die Bedeutung einer Pädagogik als Reflexion der Erziehung werden im Rahmen des sozialen Wandels diskutiert.

Die hier hervorgehobene historische Perspektive ist eurozentrisch und zu einem großen Teil eher eng, d. h. auf die spezifisch deutschsprachigen gesellschaftlichen, politischen, wissenschaftlichen und philosophischen Diskurse beschränkt – die aber in sich nicht homogen, sondern auch vielstimmig sind. Vor diesem Hintergrund wird im Folgenden Erziehung und Bildung in den unterschiedlichen Epochen reflektiert.

Um sozialen Wandel und dessen Auswirkungen auf den Einzelnen im Laufe der Geschichte besser zu verstehen, ist die Theorie der Figurationen von Norbert Elias (1897–1990) hilfreich. Elias beschreibt Gesellschaftssysteme mit seiner Theorie der Interdependenz, der wechselseitigen Abhängigkeit von Individuen. Solche Abhängigkeiten bilden Figurationen, sogenannte soziale Netzwerke zwischen den Individuen, die markieren, wie soziale Gemeinschaften, Familien, Freundschaften, Institution etc. miteinander verflochten sind. Veränderungen wirken in wechselseitiger Abhängigkeit. Elias spricht hier von der »Ordnung des Wandels« (Treibel 2008). Menschen entwickeln sich also stets im Spiegel der Gesellschaft und umgekehrt. Gesellschaft und Individuen stehen nicht nur in Interaktion miteinander, sondern in einem wechselseitigen Abhängigkeitsverhältnis (Interdependenz). Strukturebene und Handlungsmöglichkeiten (Agency) der Individuen sind eng verbunden:

»The twin concepts ›structure‹ and ›agency‹ have served philosophy and social science since time immemorial – occasionally under other names, perhaps. It is a commonplace to suggest, for instance, that social change is the result of the interplay between structural conditions, on one hand, and conscious and deliberate human interventions, on the other. The strength relation between the two largely determines the direction and rapidity of social change and it is thus of continuous interest to look for the relationship between structural forces and human agency, with the purpose of striking a balance. At the same time, it is a contested issue that almost unavoidably produces rigid fronts behind which either ›determinists‹ or ›voluntarists‹ barricade themselves – that is, at least, often the perception and mutual accusations of the adversaries.« (Qvortrup 2009, S. 21)

Gesellschaftstheorien dienen der Erklärung des Verhältnisses von Individuum und Gesellschaft. Sie zeigen etwa auf, welche Chancen und Freiheiten Gesellschaftssysteme den Individuen und damit auch Kindern einräumen. Dabei werden entsprechende Machtverhältnisse sowie Akte wechselseitiger Anerkennung im gesellschaftlichen Wandel immer wieder neu ausgelotet.

3.1 Antike

Je weiter in der Geschichte zurückgegangen wird, desto schwieriger ist die Interpretation der historischen Quellen und Relikte zum Aufwachsen von jungen Kindern. Die Datenlage gilt in der europäischen Geschichte ab dem Mittelalter mehr oder weniger als gesichert (Winkler 2017). Im Folgenden soll aber neben dem Mittelalter auch kurz auf die Antike eingegangen werden. Zwar finden junge Kinder in der Geschichtsschreibung hier kaum Erwähnung – die Epoche ist aber für die europäische Bildungsgeschichte im Allgemeinen zentral (Reble 1995). Allgemein wird davon ausgegangen, dass in der Antike inspirierende philosophische Kernideen formuliert wurden, die die Entwicklungsgeschichte der sogenannten Moderne nachhaltig beeinflusst haben.

Auch das pädagogische Denken ist von der Geschichte der Antike geprägt (Fuchs 2019) und orientiert sich an der Idee des Logos. Ratio und Vernunft gewinnen in dieser Zeit für Wissen und Einsicht an Bedeutung.

Für die Bildungsgeschichte sind die Sophisten zentral. In ihren Bildungsgedanken finden sich die Kernideen, die sich im 17./18. Jahrhundert (Pädagogisches Jahrhundert) letztlich erst weiter entfaltet haben. Die Bildungsideen der Sophisten in der zweiten Hälfte des 5. Jahrhunderts vor Christus werden heute als pragmatisch-utilitaristisch eingeordnet. Die Sophisten sahen das Unterrichten bereits als Beruf an und Pädagogik als

»eigene und besondere Kulturleistung« (Lichtenstein 1970, S. 47, zit. nach ebd., S. 26). Den Begriff *paedeia* (Kinderaufzucht) definierten sie als Erziehungskunst. Diese beinhaltet, dass der Geist des Menschen sich in zweckmäßiger Weise insbesondere durch die »Konfrontation« mit spezifischen Inhalten positiv ausbildet. Der Unterricht der Sophisten war ausschließlich für junge Männer gedacht. Sie setzten auf zwei Denkschulen – die Rede und das naturwissenschaftliche Denken. Auch wenn es in der Zeit weder flächendeckende Schulen noch ein Curriculum gab, prägten diese Ansätze doch die Konzepte zur Allgemeinbildung. Diese spiegeln sich auch in den sogenannten »sieben freien Künsten« *septem artes liberales* (Curriculum), die den Bildungskanon in den Universitäten im Mittelalter – bis in unsere Zeit – bestimmen. Die sieben freien Künste werden differenziert nach *Trivium* (Rhetorik, Grammatik, Dialektik) und *Quadrivium* (Arithmetik, Geometrie, Musik, Astronomie). Im Mittelalter und in der frühen Neuzeit ist diese Allgemeinbildung Voraussetzung für das klassische Studium der Medizin, Theologie und Jurisprudenz.

Sokrates (496–399 v. Chr.) steht für einen weiteren Denkansatz. Er unterscheidet sich insofern von den Sophisten, als für ihn weniger das bewusste Aufgreifen und Aneignen von Wissen zählt, sondern vielmehr die eigene innere Einsicht. Er war Lehrer von Platon (427–347 v. Chr.). Bildung ist ihm zufolge im Kern Selbstbildung. Dabei setzt er auf das »sokratische Gespräch« (*Mäeutik*, Hebammenkunst) unter der Annahme, dass jeder in sich bereits Zugänge zur Erkenntnis hat, die mittels des sokratischen Dialogs, d. h. entsprechender Leitfragen, zu Bewusstsein geführt werden.

Platon wiederum beschäftigt sich mit dem Prozess, der der Erkenntnis vorausgeht. Als Schlüsseltext gilt das sogenannte Höhlengleichnis in seiner *Politeia*. Der Text zeigt am Beispiel der Bewohner:innen einer Höhle auf, wie schwierig es ist, einen Perspektivwechsel im Kontext der Gewohnheiten von Wahrnehmung und Denken zu vollziehen:

> Sokrates: (514.a) Danach vergleiche nun unsere Natur im Hinblick auf Bildung und Unbildung mit dem folgenden Zustand: Denke dir die Menschen in einer unterirdischen, höhlenartigen Wohnstätte, die zum Licht hin einen über die gesamte Höhle offenen Zugang besitzt. In dieser Höhle leben die Menschen von Kindheit auf an Schenkeln und Hals gefesselt, sodass sie auf derselben Stelle verharren und nur nach (514.b) vorne

blicken, da sie aufgrund der Fesseln den Kopf nicht umwenden können. Licht spendet ihnen ein Feuer, das oberhalb von ihnen und weit entfernt hinter ihrem Rücken brennt. Zwischen Feuer und Gefesselten aber existiert ein oberer Weg. Entlang dieses Weges denke dir eine niedrige Mauer aufgerichtet, ähnlich wie die Schausteller vor den Leuten eine Trennwand aufstellen, über der sie ihre Kunststücke vorführen.

Glaukon: Ich denke sie mir.

Sokrates: Stelle dir noch vor, dass Menschen an dieser Mauer entlang verschiedenartige (514.c) Dinge vorbeitragen, die über die Mauer ragen, Statuen (von Menschen) (515.a) und andere Lebewesen aus Stein und Holz und vielerlei (anderes) künstlich Geschaffenes. Und wie zu erwarten, reden einige der Vorrübergehenden, andere dagegen nicht.

Glaukon: Ein seltsames Bild entwirfst du hier und ungewöhnliche Gefangene.

Sokrates: Gefangene aber, die uns gleichen; denn, um damit anzufangen, glaubst du etwa, diese Menschen hätten etwas anderes von sich und voneinander gesehen als die Schatten, die vom Feuer auf die ihnen gegenüberliegende Wand der Höhle geworfen werden?

Glaukon: Wie denn, wenn sie gezwungen (515.b) sind, den Kopf ihr Leben lang in ein und derselben Stellung zu halten?

Sokrates: Wie verhält es sich aber mit den Gegenständen, die vorbeigetragen werden? Gilt für sie nicht dasselbe?

Glaukon: Was sonst?

Sokrates: Wenn sie nun in der Lage wären, miteinander zu sprechen, glaubst du nicht, sie würden meinen, wirklich Seiendes zu benennen, (wenn sie benennten), was sie sehen?

Glaukon: Notwendig.

Sokrates: Was aber, wenn es in dem Gefängnis auch ein Echo von der gegenüberliegenden Wand her gäbe und wenn einmal einer der Vorübergehenden spräche – meinst du, sie würden das, was spricht, für etwas anderes halten als den vorüberwandelnden Schatten?

Glaukon: Beim Zeus, ich nicht!

Sokrates: (515.c) In jedem Fall also würden jene nichts anderes für das Wahre halten als die Schatten der (künstlichen) Gegenstände?

Glaukon: Ganz notwendig.

(Das Siebte Buch der *Politeia*, Höhlengleichnis) (Platon 2005, S. 37–41)

Das Höhlengleichnis führt uns an die Grenzen des eigenen Bewusstseins. Die Höhlenbewohner:innen sind sich ihrer Unwissenheit nicht bewusst. Platon zeigt hier, dass diese aus eigener Anstrengung keinen Perspektivwechsel vornehmen können. Sie sind »gefesselt« in einer Höhle, die keinen Perspektivwechsel zulässt. Sie können weder nach rechts noch nach links sehen. Für sie ist der »Schatten« der Dinge die Wirklichkeit. Und weiter wird beschrieben:

Sokrates: Betrachte nun ihre Befreiung und Heilung von den Fesseln und Unvernunft und wie es wäre, wenn ihnen natürlicherweise das Folgende widerführe: Wenn ein Gefangener entfesselt würde und gezwungen, augenblicklich aufzustehen, den Kopf umzuwenden, zu gehen und zum Licht hinaufzublicken und wenn er das alles nur unter Schmerzen tun könnte und wegen der gleißenden Helligkeit nicht in der Lage wäre, jene Dinge, deren Schatten er (515.d) einst sah, klar zu erkennen, was glaubst du, würde er antworten, wenn jemand ihm sagte, das, was er damals gesehen habe, sei unnützes Zeug, jetzt hingegen, dem Seienden etwas näher und dem im volleren Sinne Seienden zugewandt, sehe er richtiger? Und wenn man ihm dann noch die vorbeiziehenden Dinge zeigte und ihn zwänge, auf die Frage zu antworten, was es sei – glaubst du nicht, er würde in Verlegenheit geraten und glauben, das damals Gesehene sei wirklicher als das (ihm) jetzt Gezeigte?
Glaukon: Ganz gewiss.
Sokrates: (515.e) Und wenn einer ihn dann zwänge, geradewegs ins Licht zu sehen, würden seine Augen nicht schmerzen und würde er sich nicht abwenden und wieder zu dem fliehen, was er klar erkennen kann – im Glauben, dies sei in der Tat deutlicher als das (jetzt) Gezeigte?
Glaukon: So ist es.
Sokrates: Wenn ihn aber jemand mit Gewalt von seinem Platz wegschleppte, den steinigen und steilen Weg hinauf, und nicht lockerließe, bis er ihn vor das Licht der Sonne gebracht hätte, würde da der Gezogene nicht Schmerzen empfinden (516.a) und Empörung? Und wenn er schließlich zum Licht käme, wären seine Augen nicht mit Helligkeit angefüllt und könnte er nichts von dem erkennen, was jetzt wahr genannt wird?
Glaukon: Gewiss nicht, jedenfalls nicht sofort.
Sokrates: Gewöhnung also, meine ich, würde er benötigen, wenn er sich anschickte, das zu schauen, was oben ist. Anfangs würde er wohl am leichtesten die Schatten erkennen und danach die Spiegelbilder der Menschen und der anderen Dinge im Wasser, später sie selbst. Anschließend könnte er betrachten, was am Himmel ist und den Himmel selbst, müheloser in der Nacht, indem er seinen Blick auf das Licht (516.b) der Sterne und des Mondes richtet, als bei Tage die Sonne und ihr Licht.
Glaukon: Allerdings.
(Das Siebte Buch der *Politeia*, Höhlengleichnis) (Platon 2005, S. 41–45)

Platon wirft mit dem Dialog die Frage auf, wie den Höhlenbewohner:innen der Weg zur Erkenntnis eröffnet werden könne. Für Platon ist

»Einsicht« mit Anstrengung verbunden. Das zeigt das Höhlengleichnis. Er beschreibt, wie schwer es ist, Denkgewohnheiten und Überzeugungen bzw. die Zweifel, die mit den neuen Einsichten einhergehen, hinter sich zu lassen. Pädagogik ist für Platon die Kunst der »Umlenkung« und Reflexion, d. h. des Infragestellens bisheriger Einsichten (Fuchs 2019, S. 48).

Eine weitere Schlüsselperson der antiken Philosophie, die die Pädagogik geprägt hat und dabei Ansätze einer humanistischen Bildungsidee offenbart, ist Isokrates (436–338 v. Chr.). Dieser lebte zur Blütezeit Athens, begegnete sowohl Sokrates als auch Platon und soll eine vorbildliche Erziehung genossen haben. Während Platon die Philosophie als Leitwissenschaft der *Paideia* (Erziehung, Bildung) sah und die Suche nach Wahrheit und Erkenntnis in den Fokus stellte, setzt Isokrates ähnlich wie Sokrates auf die individuelle Einsicht. Isokrates stellt den Menschen in den Mittelpunkt. Gegenüber absoluter Erkenntnis (*Episteme*) hat für ihn die Meinung (*Doxa*) des/der Einzelnen eine höhere Bedeutung. Das Verhältnis von Theorie (*Episteme*) und Praxis (*Doxa*) beschreibt er dahingehend, dass praktisches Handeln sich nicht an der Ausführung von Theorie bemisst, sondern an der Anpassung an die den Menschen betreffende jeweilige Situation. Darin besteht praktische Klugheit. Damit offenbart Isokrates Ansätze einer humanistischen Bildungsidee (Fuchs 2019, S. 50).

Diese hier lose dargestellten Kernideen zur Bildung werden im Folgenden um weitere Aspekte des Verhältnisses von jungen Kindern und Erwachsenen in der Antike ergänzt.

Abb. 5: Reliefblock eines Grabmals mit Schulszene, um 180 n. Chr, Sandstein, 60 x 193 cm, © GDKE/Rheinisches Landesmuseum Trier, Foto: Th. Zühmer

Das Relief (▶ Abb. 5) zeigt eine Schulszene, auch wenn in der Antike keine Schul- oder Unterrichtspflicht bestand. Ziel war es zwar, Kinder zunächst im Lesen, Schreiben und Rechnen zu unterrichten, was sich kaum von heutigen Bildungsgrundlagen unterscheidet, ein strukturierter Unterricht war aber nur für die wenigsten, überwiegend die freien Bürger, möglich. Darüber hinaus gab es klare Geschlechterdifferenzen. Der Unterricht galt für Jungen und nicht für Mädchen.

In der Bildungs- und Erziehungsgeschichte haben insbesondere die Schriften der Antike mit Bezug zum Logos, d. h. der Bedeutung von Erkenntnis und Einsicht in Verbindung mit Ratio und Vernunft, Bedeutung erhalten. Relativ wenig ist bekannt über die Tätigkeit des Spiels als kultureller Praxis. Zwar wurden Fundstücke im Kontext der Archäologie als Spielmaterialien systematisiert, aber die Besonderheit des Spielens mit dem Verständnis: »Aneignung von Welt« wurde kaum beleuchtet. Damit könnte es zusammenhängen, dass insbesondere auch junge Kinder in der Epochenbeschreibung der Antike kaum vorkommen. Aufmerksamkeit, Energie, Fantasie und Kreativität machen aus dem Spiel einen genuin schöpferischen Prozess.

> »Aus diesem Grund kann es individuell wie anthropologisch als ein in das Als-ob verlängertes Proto-Leben verstanden werden, das den Menschen ergänzt und vervollständigt, indem er sich von der Notwendigkeit emanzipiert. Darum ist es überraschend, dass dem Spiel als Gegenstand der philosophischen Anthropologie bisher nur wenig Aufmerksamkeit gewidmet wurde« (Klager 2016, S. 317).

Bekannt ist aber, dass in der griechischen und der römischen Antike Kindheit in unterschiedliche Altersspannen unterteilt wurde. Zum einen gab es eine Differenz zwischen inner- und außerhäuslicher Gestaltung des Lebens, die zeitlich an das siebte Lebensjahr geknüpft war. Zum anderen wurde zwischen Säugling und Kleinkind streng unterschieden. Der Zeitraum der frühen Kindheit wurde also gleich in zwei Phasen unterteilt: das Ende der Stillzeit und Sprachlosigkeit (Zahnwechsel) und die eigentlichen *infantia* bis zum siebten Lebensjahr, der auch mit dem angenommenen Ende der Sprachentwicklung verbunden war (Arnold 1987, S. 57). Die Altersdifferenzierung zwischen *infanti* (0–7 Jahren) und *puerita* (7–14 Jahren) setze sich im Mittelalter fort (ebd.) und bestimmt bis heute die Bildungslaufbahnen.

Bernhard Rathmayr hebt für die römische Antike die patriarchalische, von erwachsenen Männern dominierte Ordnung hervor (Rathmayr 2007). Damit beschreibt er ein Herrschaftsmodell, welches Kinder unabdingbar und lebenslang als Eigentum des Vaters (*patria potestas*) sieht. Neugeborene werden von ihm anerkannt oder getötet bzw. ausgesetzt. Diese Praxis ist in der Antike weit verbreitet, insbesondere auch bei Kindern mit Behinderungen oder Frühstgeborenen. In der römischen Antike erreichte, auch aufgrund der hohen Kindersterblichkeit, nur jedes zweite Kind das zehnte Lebensjahr (Otting 2022). Dies sollte aber nicht dazu verleiten, das Verhältnis von Eltern und Kindern als indifferent zu bezeichnen. Die wenigen Grabtafeln, die auf Gräbern der Kinder zu finden sind, zeichnen vielmehr ein anderes Bild:

> »Hier liegt [mein] kleines Mädchen Mania. Nur wenige Jahre konnt' ich sie lieben. Ihr Vater betrauert sie so lange, bis er selbst nur noch in Klagen aufgeht. Denn der Vater hatte sie einst zu den Rändern des göttlichen Lichts getragen. Daher konnte er allzu liebevoll seine große Hoffnung und Erwartung festhalten. Die Flucht, die vor ihrer Zeit kam, verbarg sich in der tiefen Finsternis. Nicht geboren zu werden, wäre für die Arme um einiges nützlicher gewesen. Sie lebte zwei Jahre und dreizehn Tage.« (Otting 2022, S. 116)

Zwar finden sich auf den Grabstätten von Kindern relativ wenige Inschriften und es gilt als gesichert, dass die Praxis, sehr junge Kinder zu bestatten, nicht ausgeprägt war (Otting 2022, S. 115), aber gerade diese persönlichen Inschriften weisen auf ein enges, emotionales Verhältnis zwischen Eltern und Kindern hin. Es ist jedoch davon auszugehen, dass sich aufgrund der hohen Kindersterblichkeit eine andere Form des Umgangs mit Trauer und Tod entwickelt haben dürfte.

3.2 Mittelalter

Das Erziehen im Mittelalter steht im Zeichen des Christentums. Es gilt, »den Menschen zu Demut, Glauben und christlicher Vollkommenheit zu führen und ihn zum Glied der religiös-kirchlichen Gemeinschaft zu machen, so dass er Bürger des Gottesreiches werden kann« (Reble 1995, S. 59). Das Ende der Kindheit wird auch im Mittelalter auf das siebte Lebensjahr gelegt. Hier verlässt das Kind den Kreis der Familie. Kinder werden in Pflegekindschaftsverhältnissen einer anderen Familie überlassen, meist als Arbeitskraft, als ritterliche Knappen der Erziehung an einem fremden Hof übergeben oder für den geistlichen Weg bestimmt (Arnold 1987). Schulen sind im Mittelalter eng an die Kirchen gebunden, erst im späten Mittelalter gewinnen Städte Interesse an den Bildungsanstalten. Wer im Mittelalter Schulen besucht, wird insbesondere für ein Leben als Kleriker vorbereitet. Kloster, Stifts- und Domschulen vermitteln die Minimalanforderungen des Lesen, Schreibens, der Schriftauslegung, Musik, Liturgie sowie Latein. Schrittweise öffnen sich die Einrichtungen jedoch dem weltlichen Wissen und damit auch für andere Laienstände wie Ritter, Bürger und Bauern. Schule ist im Mittelalter aber noch weit davon entfernt, Bildung für alle zu ermöglichen. Vielmehr werden in den historischen Aufzeichnungen der Antike und des Mittelalters tiefe Differenzen sichtbar, die die Mehrheit der Bevölkerung von schulischer Bildung ausschließen: zwischen freien und versklavten Menschen, Fremden und Einheimischen, unterschiedlichen Ständen, Männern und Frauen, Menschen mit und ohne Behinderung, Kindern und Erwachsenen, aber auch jüngeren und älteren Kindern.

Eine wichtige Quelle, die aus allen Epochen überliefert ist und in der Erziehungsgeschichte oft übersehen wird, sind Dokumente und archäologische Fundstücke, die Hinweise auf spielende Kinder geben. Für eine umfassende Bildungsgeschichte, die auch die jungen Kinder berücksichtigt, sind diese Erkenntnisse grundlegend. Auch wenn nicht viel über die Erziehung junger Kinder bekannt ist, erweist sich das Spiel als ein genuines Element des Aufwachsens von Kindern in unterschiedlichen Zeiten und Kulturen. Die Spiel-Räume werden in der Antike und im Mittelalter bis in die Neuzeit insbesondere im öffentlichen Raum als Kinderkultur tradiert (Heimlich 2015). Aber auch in Bezug auf bestimmte Artefakte bzw. Spielmaterialien sowie Praxen des Lernens und der Ausbildung zeigt sich in der Antike und im Mittelalter ein Verhältnis zur Kindheit (Lenzen 1985, S. 17).

Philippe Ariès (1914–1984), Historiker mit dem Schwerpunkt der »Mentalitätengeschichte«, der als Begründer der Kindheitsgeschichte als Forschungsbereich gilt, hat gegenüber einer eher universalistischen Sicht von Kindheit eine andere These in den Fokus gestellt. Mit seinem in den 1960er Jahren verfassten Werk »Geschichte der Kindheit« (Ariès 2000) wirft er einen historisch-relativierenden Blick auf die Kindheit. Er geht davon aus, dass Kindheit ein modernes Konzept sei, das erst mit dem 17. Jahrhundert an Bedeutung gewinnt (Winkler 2017, S. 27). So schreibt er:

> »Die mittelalterliche Gesellschaft, die wir zum Ausgangspunkt gewählt haben, hatte kein Verhältnis zur Kindheit; das bedeutet nicht, daß die Kinder vernachlässigt, verlassen oder verachtet wurden. Das Verständnis für die Kindheit ist nicht zu verwechseln mit der Zuneigung zum Kind; es entspricht vielmehr einer bewußten Wahrnehmung der kindlichen Besonderheit, jener Besonderheit, die das Kind vom Erwachsenen, selbst vom jungen Erwachsenen, kategorial unterscheidet. Ein solches bewußtes Verhältnis zur Kindheit gab es nicht. Deshalb gehört das Kind auch, sobald es ohne die ständige Fürsorge seiner Mutter, seiner Amme oder seiner Kinderfrau leben konnte, der Gesellschaft der Erwachsenen an und unterschied sich nicht länger von ihr.« (Ariès 2000, S. 209)

Die Aussage von Ariès, dass es im Mittelalter keinen eigenständigen Lebensabschnitt der Kindheit gegeben habe und folglich die »Entdeckung der Kindheit« als modernes Konzept zu verstehen sei, ist vielfach widerlegt worden (Arnold 1987; Ulbricht 1992; Neumann 1993, S. 192). Da diese These auch die Darstellung der Geschichte der frühen Kindheit und damit der Pädagogik der frühen Kindheit geprägt hat, sollen die hier vorliegenden Kapitel »Antike« und »Mittelalter« explizit die Bewusstheit dafür schaffen, dass Kindheit nicht ein modernes Konzept ist, sondern weit in die Geschichte zurückreicht.

Philipp Ariès ist aber auch die Erkenntnis zu zuschreiben, dass Kindheit eben keine Konstante, sondern vielmehr als Konstruktion zu verstehen sei. Zwar gebe es überall Kinder, aber das impliziere nicht automatisch eine bestimmte Kindheit. Kindheit, so schreibt er, sei in hohem Maße von den Vorstellungen der Zeit und der Gesellschaft abhängig (Winkler 2017). Ariès hat die »Bedeutung interdisziplinärer Forschung zur Entstehung ›sozialen Wissens‹« (Neumann 1993, S. 191) neu definiert. Dazu zog er neuere Bestände der (Volks-)Ikonographie, aber auch Erhebungen von Familien- und Haushaltsstrukturen zur Rekonstruktion kollektiver Einstellungen oder auch »Mentalitäten« heran. Mentalität

»[…] in diesem Sinne ist nicht nur Spiegelung der sog. sozioökonomischen Basis, sondern selbständiger konstitutiver Faktor für das Soziale ebenso wie die von der Sozial-, Gesellschafts- und Wirtschaftsgeschichte analysierten materiellen historischen Bedingungen« (Neumann 1993, S. 191).

Zum historischen Datenmaterial, das über das Aufwachsen junger Kinder im Mittelalter zur Verfügung steht, gilt das Folgende. Das Mittelalter umfasst grob einen Zeitraum von fast 1000 Jahren. Jeder Einblick, den eine Quelle (Texte, Bilder, Artefakte etc.) in diese Zeit gewährt, ermöglicht daher nur stark pauschalisierende Aussagen. Diese betreffen darüber hinaus nicht nur eine enorm weite Zeitspanne, sondern auch räumlich ganz Europa. Die zugänglichen Quellen selbst sind dabei nicht einfach zu bearbeiten. Im Mittelalter bilden persönliche Dokumente, wie Briefe oder auch Gemälde, kaum die Vielfalt der Lebensverhältnisse ab. Taufregister, Akten von Leichenbeschauern, Grabtafeln, Erbdokumente etc. geben nur zum Teil das Leben in jener Zeit wieder. Der Einblick, den wir ins Mittelalter gewinnen, ist daher immer rudimentär. Erst ab der Neuzeit (ca. 15. Jahrhundert) – mit einer stärkeren Verbreitung von Papier, variablen Druckverfahren, regionalen Zeitungen und den Kulturtechniken des Lesens und Schreibens in breiteren Gesellschaftsschichten – lässt sich ein zunehmend differenzierteres Bild zum Aufwachsen von Kindern erlangen.

3.3 Neuzeit

Nach heutiger Erkenntnis besteht der größte Unterschied zwischen Mittelalter und Neuzeit in Bezug auf das Generationenverhältnis darin, dass sich die Lebenswelten von Erwachsenen und Kindern im Mittelalter noch stärker überschnitten und Kindheit folglich als eine weniger geschlossene Konstruktion erscheint (Heimlich 2015). Zum Beispiel auch insofern, als spezielle Räume, Einrichtungen und Institutionen – wie Kindergärten, Schulen, Spielplätze oder Kinderzimmer –, die das Leben von Kindern und Erwachsenen trennen, in dieser Form nur für einen kleinen Teil der Bevölkerung eine Rolle spielten.

Klaus Arnold zitiert eine Episode aus dem 15. Jahrhundert der Stadt Nürnberg, die von dem Humanisten Konrad Celtis berichtet wurde und von städtischen Chronisten als Kinderfest auf Ende Mai 1487 datiert wurde:

> »Als Kaiser Friedrich zuletzt in Nürnberg weilte und ihm bei dieser Gelegenheit von den vielen Kindern in der Stadt berichtet worden war, da befahl er, alle Kinder unter zehn Jahren im Stadtgraben unterhalb der Burg zusammenrufen zu lassen. Schon erging sich die Stadt in offenem Jubel und in allgemeiner Freude; und die Mütter gaben sich ausgelassen der Hoffnung hin, daß die Kinder vom Kaiser bei Gelegenheit einer solchen Musterung großartige Geschenke erhalten würden. Also betrachteten die Hausmütter die fröhlichen Gesichter der Kinder, umkränzten ihre Stirn, kämmten und legten das Haar in Locken, behängten ihre Kleidung mit Medaillons schmückten die weißen und purpurnen Gewänder mit Gold und mit Perlen und ließen nicht aus, was dieses Alter so reizend und anziehend erscheinen läßt.« (Arnold 1987, 54 ff.)

Das Mittelalter, so zeigt es diese Quelle, schien also sehr wohl ein Bewusstsein für Kinder und Kindheit zu haben. Prinzipiell ist aber von der Idee Abstand zu nehmen, dass sich ein Bewusstsein für die Lebensphase Kindheit als sogenannte einheitliche Entität mit *einem* Ursprung entwickelt hat, sondern vielmehr, dass sich Vorstellungen von Kindheiten abhängig von Kontexten etablieren, d. h., Zeit, Ort, ökonomische Bedingungen und soziale Beziehungen tragen dazu bei, wie Kind und Kindheit konstruiert werden, und haben Einfluss auf die Möglichkeiten ihrer Ausgestaltung.

Die Renaissance markiert den Übergang vom Mittelalter zur Neuzeit. Sie ist gekennzeichnet zum einen durch den Rückgriff auf die Antike, zum anderen werden hier Schlüsseltheorien hervorgebracht, die die Moderne nachhaltig prägen. Unterschiedliche Denkschulen sind kennzeichnend für diese Epoche, wie u. a. auch an den Schriften von Platon und Aristoteles deutlich wird, die in dieser Zeit wieder aufgegriffen werden. Insbesondere das Werk *Timeo* oder griechisch »Timaios«, in dem Platon seine Kosmologie, eine sogenannte Weltentstehungslehre entwirft, oder auch die *Etica* oder »Nikomachische Ethik« von Aristoteles, die die Grundlagen menschlichen Handelns darlegt, sind Schlüsselwerke, die den Zeitgeist prägen.

Renaissance und beginnende Neuzeit zeichnen sich durch eine stärker an der Ratio ausgerichtete Weltsicht und den Versuch aus, die Welt systematisch zu ordnen. Auch der Blick auf das Verhältnis der Generationen und die Kindheit gestaltet sich nun differenzierter. Das Konzept der Entwicklungsstufen von Kindern ist zwar schon im Mittelalter bekannt, in der frühen Neuzeit wird es nun aber stärker mit einem anthropozentrischen Weltbild und den Anforderungen der Epoche verknüpft:

> »Zugleich wurden Kindern besondere Eigenschaften zugeschrieben, die eine besondere Behandlung und vor allem intensive Kontrolle notwendig machten: unfertig, unzivilisiert, unselbstständig. Dass diese Ideen und die Auseinandersetzungen mit der Notwendigkeit und den Methoden einer Pädagogik nicht allein den Philosophen und ihren (wenigen) Lesern vorbehalten waren, haben einige neuere Studien zum englischen Theater des 16. und 17. Jahrhunderts gezeigt. Die Bühne kann als Bildungs- und zugleich Streitinstitution betrachtet werden, und Kindheit und Kindererziehung gehören zu den meistdiskutierten Themen. Anders als der philosophische Diskurs appellierten Theaterschaffende häufig vor allem an die Emotionen ihres Publikums. Das Leben und insbesondere der Tod von Kindern auf der Bühne waren von besonderem Interesse; die Darstellung und damit Aushandlung von Kindheit, Kindern und den angemessenen Verhaltensweisen und Gefühlen gehörten zu wichtigen Aspekten des frühneuzeitlichen Theaters. ›Kind‹ wurde auch hier definiert und in Verbindung gebracht mit anderen Kategorien der Zeit – die sich ebenfalls im Fluss befanden – wie Geschlecht und Klasse.« (Winkler 2017, S. 44)

Was damals das Theater war, sind heute Erziehungsratgeber bzw. Social-Media-Kanäle. Sie bieten Aushandlungsplattformen für Erziehungsfragen. Dass sich solche Foren bis in unsere Zeit tragen, zeigt auch, dass eine intuitive Erziehungspraxis im Zuge des sozialen Wandels zunehmend als unzulänglich erscheint. Es ist daher kaum verwunderlich, dass in Zeiten gesellschaftlicher Umbrüche – wie vom Mittelalter zur Neuzeit oder heute etwa im Zuge des digitalen Wandels – Erziehungsfragen in den Mittelpunkt philosophischer und gesellschaftlicher Auseinandersetzungen rücken.

Mehrere Entwicklungen im Spätmittelalter erleichtern es, die bestehenden insbesondere mündlichen Kommunikations- und Informationsformen, wie sie über das Theater und mündliche Erzählungen geprägt waren, zu verändern und zu erweitern. Dazu zählt zum einen die Herstellung von Papier⁶ und der Buchdruck mit beweglichen Bleilettern. Diese Technik, die sich Mitte des 15. Jahrhunderts verbreitet, geht auf den Buchdrucker Johannes Gutenberg (1400–1468) zurück. Sie ermöglicht, Schriften einfach zu duplizieren und damit öffentlich zugänglich zu machen (Frugoni 2004). Bücher sind von da an nicht nur in den Bibliotheken der Universitäten zu finden, sondern verbreiten sich, wie u. a. das von Martin Luther herausgegebene Gesangsbuch, das nicht nur den reformatorischen Glauben festigte, sondern auch dazu beitrug, die Lesekompetenzen in der breiten Bevölkerung zu stärken. Chiara Frugoni beschreibt die Einführung des Buchdrucks 1467 durch zwei Buchdrucker am Beispiel der Stadt Rom, die zu jener Zeit ein florierendes Handelszentrum war:

> »In der Zeitspanne von zehn Jahren wurden in Rom hundertsechzigtausend Bücher gedruckt, und zwar für Reiche wie Arme. War der geschriebene Text bis zu diesem Zeitpunkt nur wenigen Privilegierten vorbehalten, so kennzeichnete die Einführung des Buchdrucks mit beweglichen Lettern eine epochale Wende, die heutzutage mit der Erfindung der Informatik vergleichbar ist. Denn sie veränderte nicht nur die äußere Form der Bücher, sondern auch die Mentalität der Leser.« (Frugoni 2004, S. 76)

Während die Bücher zunächst in Anlehnung an die bisherige Gestaltung entstanden, tat Aldus Manutius im 16. Jahrhundert in Venedig einen weiteren Schritt in Richtung moderner Buchdruck. Er führte die sogenannte *litera antiqua* wieder ein, eine einfach zu lesende runde Schrift, die auf die Karolingerzeit zurückgeht, und er kam darauf, Bücher in einem kleineren Format zu drucken. Aber nicht nur Bücher, sondern auch das Nutzen von Flugschriften sowie das Aufkommen von Zeitungen⁷ und Postwesen im 16. Jahrhundert führten dazu, dass Nachrichten schneller verbreitet wurden, und ermöglichte es, nicht nur besser über das Weltge-

---

6 Die Herstellung von Papier war in China bereits im 2. Jahrhundert vor Chr. bekannt. Von dort verbreitete sich die Technik in Korea und Japan und im 8. Jahrhundert nach Chr. auch im Orient und in Nordafrika. In Europa ist die erste bekannte Papiermühle in Spanien auf das Jahr 1150 n. Chr. datiert (Frugoni 2004).

7 Das Aufkommen des Zeitungswesens verdankt sich u. a. dem Drucker und Buchbinder Johann Carolus (1575–1634). Er gründete 1605 die erste Zeitung (»Relation«) der Welt in Straßburg und beteiligt sich am Aufkommen eines vernetzten Zeitungswesens.

schehen informiert zu sein, sondern auch das eigene Leben vor dem Hintergrund neuer Wissensquellen autonomer zu gestalten. Denn mit der Zeitung wurde der Blick nicht nur in die Vergangenheit, sondern in die Gegenwart und zunehmend auch in die Zukunft gerichtet (Hillgärtner 2013, S. 13).

Die neuen medialen Möglichkeiten eröffneten die Chance, Informationen nicht nur in engeren sozialen Gemeinschaften von einer Generation an die nächste weiterzugeben, sondern das Wissen schneller und auch breitflächiger zu teilen.[8] Diese Veränderungen nahmen Einfluss auf das Menschenbild und das gesellschaftliche Zusammenleben.

In der frühen Neuzeit vollzog sich eine sogenannte »kopernikanische Wende« in zwei Richtungen. So führten die naturwissenschaftlichen Erkenntnisse u. a. von Nikolaus Kopernikus (1473–1543) zum einen dahin, die Erde aus dem Zentrum des Universums zu rücken und das geozentrische durch ein heliozentrisches Weltbild abzulösen. Zum anderen führte eine gewissermaßen »umgekehrte« kopernikanische Wende dazu, den Menschen über Vernunft und Erkenntniskraft aufzuwerten. Beide Entwicklungen gingen Hand in Hand. Sie ermächtigten den Menschen, seine randständige Stellung im Kosmos zu erkennen, zugleich erhoben sie ihn Kraft seiner Vernunft und setzten ihn in die »Mitte der Welt«.

Die Rede über die Würde des Menschen (*De hominis dignitate*) des Renaissancephilosophen Giovanni Pico Della Mirandola (1463–1494) dokumentiert diesen Wandel:

> »Ich habe dich in die Mitte der Welt gestellt, damit du dich von dort aus bequemer umsehen kannst, was es auf der Welt gibt. Weder haben wir dich himmlisch noch irdisch, weder sterblich noch unsterblich geschaffen, damit du wie dein eigener, in Ehre frei entscheidender, schöpferischer Bildhauer dich selbst zu der Gestalt ausformst, die du bevorzugst. Du kannst zum Niedrigeren, zum Tierischen entarten; du kannst aber auch zum Höheren, zum Göttlichen wiedergeboren werden, wenn deine Seele es beschließt.« (Pico Della Mirandola 2022, S. 15)

---

8 Welche Macht Büchern zugeschrieben wird, ist bis heute daran zu erkennen, dass Bücher zensiert werden. Seit dem 15. Jahrhundert lassen sich in Europa solche Listen »zensierter Bücher« nachweisen. Bekannt ist z. B. die *Bibliotheca Gallo-Suecica* (ca. 1640), eine Schmähschrift gegen das absolutistische Frankreich.

Diese philosophische Aussage prägt in der Folgezeit die Strömung des sogenannten Humanismus. Dennoch blieb der Einfluss der Kirche im Alltag der Bevölkerung hoch. Das galt insbesondere auch für die hier interessierende generationale Ordnung von Kindern und Erwachsenen (Jacobi 2014). Denn als Gegenpart der Renaissance erwies sich die Reformation (Reble 1993, S. 69). Sie beschrieb einen neuen Wertekanon der Kirche, der die Erziehung in der Familie stärkte (Jacobi 2014, S. 21). Die Idee der Kernfamilie mit der Arbeitsteilung zwischen Frauen und Männern sowie das Sakrament der Ehe sind konstitutiv für diese Entwicklungen. Die Familie erfuhr damit eine normative Aufwertung. Für die Pädagogik der frühen Kindheit ist diese Entwicklung folgenreich. »Erste Instanz für […] christliche und weltliche Erziehungsaufgaben sind […] die Eltern« (Reble 1995, S. 90). Auch der Ausbau von außerfamiliären Institutionen, wie Waisenhäuser und Schulen – die sich in dieser Wendezeit insbesondere im städtischen Umfeld zu etablieren begannen –, blieben unter dem Einfluss der Kloster-, Stifts- und Domschulen, die sich schon im Mittelalter verbreitet hatten. Die Reformation brachte letztlich ein protestantisches Schulwesen hervor. Martin Luther (1483–1546) forderte das Eingreifen des Staates in die Erziehung und gab den Anstoß für eine christliche Staatsschule. Anders als im Mittelalter sollten alle Kinder (Mädchen und Jungen) die Schule besuchen, welche nicht nur für den christlichen Stand vorbereitete. Das protestantische Schulwesen geht auf Philipp Melanchthon (1497–1560) zurück. »Humanistische Bildung ist für das protestantische Bildungswesen letztlich nur der Weg zum reinen ›Wort‹ und bleibt dem Religiös-Theologischen unbedingt untergeordnet« (Reble 1995, S. 91).

Seit dem ausgehenden Mittelalter vollzog sich eine veränderte Haltung gegenüber den »Lebensbedingungen« der Kinder (Neumann 1993, S. 192). Dies lässt sich auch an Themen der vorreformatorischen Armenpflege und den Hebammenordnungen ablesen. Schwangerenfürsorge, Geburtshilfe und Kinderheilkunde gehen einer bewussten Kindererziehung voraus (Ulbricht 1992). Mit dem Schutz von Schwangeren wurde auch implizit die Sorge um das zu gebärende Kind übernommen:

»Von Alters her war man darum bemüht, den Schwangeren häßliche Eindrücke zu ersparen und sie vor Schrecken zu bewahren. Bis weit ins 18. Jahrhundert nahm man nämlich an, daß häßliche Anblicke und plötzlicher Schrecken mißgestaltete oder geistig behinderte Kinder zur Folge hätten.« (Ulbricht 1992, S. 163)

In der Stadt Nürnberg wurde bereits 1461 »das Almosen für arme Kindbetterinnen« eingerichtet. Weitere Bestimmungen zum Schutz von Schwangeren fanden sich in der Polizeiordnung von 1478 und kamen in der benachbarten Stadt Würzburg in deren Bettelordnung von 1490 zum Ausdruck. Diese Neuerungen zeigten einen Wandel der Sorgebeziehungen, die nicht mehr nur privat übernommen, sondern auf struktureller Ebene von dem sich entwickelnden Staat aufgegriffen wurden. Zugleich sind diese Verordnungen auch ein Beleg dafür, dass das Leben im ausgehenden Mittelalter von Armut, Tod und Verlust gekennzeichnet war. Juliane Jacobi erwähnt für das 16./17. Jahrhundert Missernten, Hungersnöte, Epidemien und Kriege, die die Menschen schonungslos herausforderten. Das Gemälde von Gabriël Metsu zeigt eine Mutter mit ihrem kranken Kind. Die Haltung erinnert an die Pietà Darstellung. Das Gesicht des Kindes ist aschfahl und den Betrachtenden des Gemäldes zu gewandt; links der Tonkrug mit Löffel und der spärlichen Nahrung, im Hintergrund die Kreuzigung Jesu (▶ Abb. 6).

Folgende Daten aus den Niederlanden geben einen differenzierten Einblick:

- 50 % der niederländischen Kinder erreichten nicht ihren 18. Geburtstag.
- 80–85 % der Kinder starben vor ihrem 5. Geburtstag.
- Jede 20. Frau starb im 18. Jahrhundert bei der Geburt.
- Erst im Laufe des 18. Jahrhunderts überstieg die Geburtenquote die Sterblichkeitsrate.
- Uneheliche Kinder hatten eine deutlich geringere Lebenserwartung.
- Zwischen 1740 und 1820 lag die Lebenserwartung in England zwischen 32 und 39 Jahren (Jacobi 2014, S. 22).

Der moderne Staat begann zwar, Zuständigkeiten zu übernehmen: »Zu diesen Zuständigkeiten gehören die Sittengesetzgebung und die Kontrolle insbesondere der Sexualmoral, Regelungen zur Ehe und Reproduktion und damit auch [der] Kinder« (Winkler 2017, S. 49). In den Fokus rückten nun aber insbesondere arme, außerehelich geborene, verwaiste, ausge-

3 Kindheits- und Erziehungsgeschichte

Abb. 6: Gabriël Metsu, Das kranke Kind, ca. 1660, Öl auf Leinwand, 32,2 × 27,2 cm, Niederlande Rijksmuseum

setzte, bettelnde und unbeaufsichtigte Kinder. Während von Findelhäusern z. B. in Augsburg 1471, in Esslingen am Neckar 1473 und in München 1489 bereits berichtet wurde (Ulbricht 1992), etablierten sich Waisenhäuser und Zuchthäuser erst zu Beginn des 16./17. Jahrhunderts. Sie markierten einen Wandel in der gesellschaftlichen Ordnung, zugleich hatten diese Einrichtungen noch wenig gemein mit den modernen Ideen von Fürsorge und Wohlfahrt.

Prinzipiell war die Zeit beeinflusst von der Idee einer vernünftig-planvollen Führung der Menschen. Im 17. Jahrhundert rückte damit die Auseinandersetzung mit Erziehung auch über praktische pädagogische Einrichtungen in den Vordergrund. Unterschiedliche Dokumente bieten jetzt tiefere Einblicke in die Erfahrungen von Kindern. So können Lebensläufe von Kindern in sogenannten Waisenhäusern nachgezeichnet werden, die vor allem für die städtischen Regionen qualitative Verbesserungen offenlegen (Winkler 2017) und ansatzweise die humanistischen Grundideen der Zeit in der Praxis spiegeln. So nennt Juliane Jacobi z. B. einen Abriss aus dem Leben von Elisabeth Bernard und ihrer Schwester:

> »[Sie] wurde 1659 in Paris geboren. Kurz nach dem Tod der Mutter trat sie im Alter von neun Jahren in das Waisenhaus Saint-Esprit ein, während ihre Schwester Gabrielle in den Haushalt eines Onkels aufgenommen wurde. 1682 unterzeichnete die junge Frau mit auffallend flüssiger Handschrift alle Inventarisierungsverzeichnisse des gemeinsamen Besitzes der beiden Schwestern, während die Schwester noch nicht einmal ihren Namen schreiben konnte. Als die beiden Frauen 1687 einen Laden im Palasthof kauften, konnten beide Schwestern den Vertrag unterzeichnen. Möglicherweise hatte Elisabeth ihrer Schwester Gabrielle das Schreiben beigebracht.« (Jacobi 2014, S. 27)

Dies zeigt, dass Waisenhäuser nicht nur der Verwahrung von Kindern dienten, sondern erste pädagogische Ansätze einer modernen Bildung und eines Verständnisses von Lernen aufwiesen. Die Sorge für Kinder ohne Eltern hing mit dem Wandel des Verständnisses von Armut zusammen, das sich im christlichen Europa im Übergang vom Mittelalter zur Neuzeit entfaltete. Auch die von dem Theologen August Hermann Francke (1663–1727) gegründeten Franckesche Stiftungen sind ein Zeugnis dafür. Juliane Jacobi nennt in diesem Zusammenhang den Waisen Ulrich Herbers, der als Sohn eines Pfarrers 1697 in Estland geboren wurde:

> »Er verlor 1701 den Vater, 1706 starb die Mutter ebenfalls. Ulrich, einziges überlebendes Kind dieser Eltern, kam 1698 in die Obhut des Juristen Conrad Herbers, seines Onkels, nach Wologoda. 1709 reiste er nach Moskau, um die dortige, von deutschen Lehrern betriebene Lateinschule zu besuchen. 1710 nahm ihn Johann Christian Gründler, ein Mitarbeiter August Hermann Franckes, der von 1710 bis 1713 für die hallesche Medikamentenexpedition in Russland tätig

war, in seine Obhut. Ziel war, das Kind nach Halle in das Waisenhaus zu bringen. Herbers reiste zunächst mit Gründler nach Archangelsk und dann per Schiff über Hamburg, zulande dann weiter über Lüneburg und Magdeburg, erreichte er Halle am 4. Oktober 1710. Dort wurde er im Waisenhaus aufgenommen und 1717 auf die Universität entlassen, um Theologie zu studieren. 1719 ging er zurück nach Russland und wurde nach einer fünfjährigen Hauslehrertätigkeit in Sankt Petersburg schließlich Rektor an der Schule in Narva, eine Position, die er bis zu seinem Tod 1756 innehatte.« (Jacobi 2014, S. 27/28)

Die Berichte zeigen zum einen, wie sich bewusste pädagogische Praxen einer modernen Erziehung zu etablieren beginnen und gar einen Wandel der gesellschaftlichen Ordnungen beeinflussen. Dass hier so weite Wege in Kauf genommen wurden, zeugt von einer enorm breiten Vernetzung, die in jener Zeit vermutlich auf die weit verzweigten Verwandtschaftsverhältnisse zwischen den einzelnen Königshäusern in den absolutistischen Staaten zurückzuführen sind. Die reflexiven, d.h. bewussten pädagogischen Praktiken, wie sie die Waisenhäuser als Lebens- und Lernwelt für Kinder übten, erregten große Aufmerksamkeit in der Bevölkerung, bei Regenten und einflussreichen Bürgern. So konnten sich Mustereinrichtungen, wie die Franckeschen Stiftungen, als Wegbereiter einer professionellen Pädagogik herausbilden. Zum anderen vollziehen sich diese Entwicklungen im 15. Jahrhundert vor einem sich wandelnden Verhältnis zu Menschen in Armutslagen. Eine städtische Bevölkerung fasste Armut nun auch als Bedrohung der aufkommenden städtischen Ordnung auf. Sozioökonomische Ungleichheiten verweben sich im Übergang zur Neuzeit in die sich aufbauende moderne Gesellschaft. Die Entstehung von Waisenhäusern wird durch städtische Waisenhausordnungen belegt, dort finden sich Unterscheidungen zwischen sogenannten »ehrbaren« und »nicht ehrbaren« Armen. Auch wenn die Erziehung in den Armenhäusern in Bezug auf das Kindbild, die rigiden Erziehungspraktiken und die eingeschränkten Zukunftsperspektiven der Kinder deutlich kritisiert werden kann, so ist doch auch bekannt, dass die Institutionen den Kindern durchaus – begrenzte – Möglichkeiten eröffneten. Die meisten Berichte beziehen sich auf die sogenannten »ehrbaren« Armen. Erst im 18. Jahrhundert wird aufgrund der zunehmend veränderten Arbeitsbedingungen über sogenannte pädagogische Programme zur Armutsbekämpfung berichtet (Jacobi 2014).

Neben den Waisenhäusern entwickelten sich in der frühen Neuzeit erste Ansätze für ein flächendeckendes Schulsystem als wichtige Orte der Kindheit. Die Abbildung »Der Schulmeister« (ca. 1638) zeigt eine Schulorganisation, die dem heutigen Frontalunterricht noch fern ist (▶ Abb. 7). Schule entwickelt sich aus der privaten Unterrichtung im Studierzimmer höherer gesellschaftlicher Schichten. Während die Jungen am Tisch stehen oder lehnen, sind die Mädchen eher separiert am vorderen rechten Bildrand zu sehen. Die zentrale Bezugsperson, »der Schulmeister«, sitzt abseits am Katheder und hält eine Rute in der Hand. Es sind die Jungen, die hier einzeln vortreten. Der relativ frei wirkenden Schulsituation wird durch die »Rute« Strenge verliehen. Lernen scheint hier mit Züchtigung und Disziplin verbunden.

Abb. 7: Abraham Bosse, Der Schulmeister, ca. 1638

Den Kupferstich fertigte Abraham Bosse im Jahr 1638 auch in der Version »Die Schulmeisterin« an (▶ Abb. 8). Wie diese Zwillingsbilder zu deuten sind, ist nicht geklärt. Zunächst nehmen im weiblichen Pendant des Themas ausschließlich Mädchen am Unterricht teil. Wie auf dem Bild »Der Schulmeister« treten die Schülerinnen zur Schulmeisterin nach vorne. Dieser aber fehlt das Attribut der Rute, stattdessen folgt sie mit einem Griffel im Buch dem lesenden Mädchen. Alle Kinder, die um die Schulmeisterin herum stehen oder sitzen, halten ein Buch offen. Die Szenerie erinnert an die Darstellung der heiligen Anna und Mariens bei der Unterweisung des Lesens. Ikonen und Skulpturen der heiligen Anna wurden seit dem 14. Jahrhundert vermehrt verbreitet. Im Hintergrund erscheint fast mahnend zur Erinnerung an die häuslichen Pflichten die Magd, die sich um den Haushalt kümmert.

Die beiden Kupferstiche stellen damit möglicherweise auch die in jener Zeit rivalisierenden pädagogischen Konzepte einander gegenüber, nämlich Disziplin (Reformation) und Einfühlungsvermögen (Humanismus).

Abb. 8: Abraham Bosse, Die Schulmeisterin, 1638

Die moderne Schule ist in der frühen Neuzeit eine Institution, die den Kindern der Oberschicht vorbehalten bleibt. Zunächst profitieren insbesondere das aufsteigende Bürgerturm, d.h. Kinder der Handwerker, Kaufleute, Gewerbetreibenden, Pfarrer, Juristen, Großbauern und städtischen Amtsleuten vom Schulbesuch (Jacobi 2014). Dennoch kann eine erste Durchsetzung von Latein- und Elementarschulen anhand von Schulordnungen aus dem 16. und 17. Jahrhundert verzeichnet werden. Parallel finden sich nun auch theoretische Schriften, z.B. *Liber Aureus. De civilitate morum puerilium* (Goldenes Büchlein. Von der Höflichkeit, Sitten und Gebärden der blühenden Jugend) (1530) von Erasmus von Rotterdam (ca. 1466–1536). Erasmus gilt als Humanist. Das wird besonders deutlich in seiner Abhandlung *De ratione studii* (1512). Hier betont er die Bedeutung von Freiheit, Individualität, Respekt und Vertrauen, die den Lernenden ermöglicht werden müssen. Mit der Schrift *Liber Aureus. De civilitate morum puerilium* begründet er Erziehung anthropologisch sowie auch pragmatisch und löst sie von theologischen Ansprüchen. So schreibt er: »Sobald das Kind geboren ist, ist es gelehrig für das, was den Menschen eigentümlich ist« (Erasmus, »De pueris statim ac liberaliter instituendis«, zit. nach Musolff 2010, S. 29). Er stellt einen allgemeinen Verhaltenskodex auf, den er eigentlich für die private Erziehung geschrieben hatte. Gutes Betragen etwa war für Erasmus, »selbst nichts schuldig zu bleiben und die Fehler der anderen nachsichtig zu behandeln« (ebd., S. 30). Dieser Verhaltenskodex wurde leicht adaptiert auch in den ersten öffentlichen Einrichtungen (Waisenhäuser, Jesuiten-Kollegs, Lateinschulen etc.) rezipiert.

Reformation ist der Gegenentwurf zum Humanismus. Beide Konzepte finden ihren Niederschlag in dem sich nun entwickelnden Bildungssystem der frühen Neuzeit. Disziplin sowie Einfühlungsvermögen und Zuwendung fließen in den Bildungsvorstellungen zusammen. Töchter aus den oberen Schichten standen, wie auch der Kupferstich zeigt, in der Bildung mit ihren Brüdern auf einer Ebene (Jacobi 2014; Mayer 2001). Die Segregation zwischen Mädchen und Jungen betrifft insbesondere die soziale Herkunft bzw. den Stand, in den die Kinder hineingeboren wurden. Nur die wenigsten Kinder besaßen in jener Zeit die Möglichkeit, Schulunterricht zu besuchen. Kindheit fand im öffentlichen Raum und im privaten Umfeld statt und war zu großen Teilen im Kontext der gesellschaftlichen Umstände durch eine intuitive Praxis geprägt. Das Spiel durchzog aber die

Lebenswelten aller Kinder. Ein künstlerisches Zeugnis davon bietet das Gemälde »Kinderspiele« von Pieter Bruegel (▶ Abb. 9).

Abb. 9: Pieter Bruegel der Ältere, Kinderspiele, 1560, Öl auf Holz, 118 x 161 cm, Kunsthistorisches Museum Wien

Bruegels Gemälde aus dem Jahr 1560 gibt uns im Format eines modernen Wimmelbildes Einblick in das Kinderleben in der frühen Neuzeit. Das Werk gilt als eine darstellende Enzyklopädie des Kinderspiels. Hier wird nicht eine Szene auf dem Dorfplatz gezeigt, wie es auf den ersten Blick anmutet, vielmehr finden sich unterschiedliche Kinderspiele, die nicht zur gleichen Zeit, sondern abhängig von Jahreszeiten und besonderen Tagen im Kirchenjahr gespielt wurden. Bruegel stellt 91 Spiele dar, die in den Niederlanden im 16. Jahrhundert verbreitet waren. Fast 200 Kinder sind abgebildet. Aus dem Gemälde kann auch gelernt werden, dass die Kleidung von Kindern sich nur in der frühesten Kindheit von derjenigen der Erwachsenen unterscheidet. Kleidung scheint in jener Zeit nicht dem Alter, sondern allgemein dem gesellschaftlichen Stand zu entsprechen.

3.4 Aufklärung und Romantik

Bereits im 17. Jahrhundert führt die Auseinandersetzung mit Erziehungsfragen in eine neue Phase. Menschen besser, konsequenter bzw. auch »planvoller« zu erziehen, steht im Fokus (Reble 1995). Damit wurde auch die Frage nach dem lebenspraktischen Nutzen von Bildung aufgeworfen. Die humanistische Bildung galt u.a. in den Kreisen des Adels eher als »Buchweisheit« (Reble 1995, S. 123; Fuchs 2019, S. 75). In Frankreich gaben die Ideen von Michel de Montaigne (1533–1593) den Anstoß zu einer nüchternen, tüchtigen und weltgewandten Lebenspraxis. Das Bildungsideal des *Gentilhomme*, der sich am Hofe, aber auch in der politischen Welt bewegt, wurde dafür das Vorbild. Der Ausbau von Staatsverwaltung sowie Finanz- und Steuersystemen, aber auch Flotte und Heer stärkten die Monarchie. Hier waren die Fähigkeiten des *Gentilhomme*, d.h. des weltoffenen und erfahrenen Hofmanns und Kavaliers gefragt, der sich souverän in diesen Kreisen bewegt und dank seiner Sprachgewandtheit erfolgreich Geschäfte abschließt (ebd.). Das Leben am Hof wurde stilgebend und nahm Einfluss auf den Städtebau mit den sogenannten Planstädten wie z.B. Mannheim 1652 und Karlsruhe 1715 mit ihren Gartenanlagen. Diese Einflüsse transportierten auch einen veränderten Anspruch an die Erziehung. Auch im Bürgertum schlugen sich die veränderten Erziehungsansprüche nieder. Mit der Erziehung sollten die neuen wissenschaftlichen Erkenntnisse und Fortschritte aufgegriffen und allgemein verfügbar gemacht werden. Von Bedeutung waren dafür die Arbeiten von Denis Diderot und Jean Le Rond d'Alembert, die das »Weltwissen« in einer 17-bändigen Enzyklopädie ordneten und damit zum ersten Mal nicht nur ein gelehrtes Publikum, sondern den interessierten Bürger adressierten. Aber auch in der allgemeinen Volkserziehung zeigte sich der Wandel hin zu einer lebensnahen Bildungs- und Erziehungspraxis. Die »Muttersprache« etablierte sich in dieser Zeit als pragmatisches, unmittelbares und damit »natürliches« Mittel der Kommunikation und löste sich von der klassischen humanistischen Bildung, die aufgrund ihrer lateinischen Sprache als zu weltfremd und verstaubt empfunden wurde. Damit öffnete sich Bildung stärker für die konkreten Lebenswelten, dies förderte auch die Idee einer allgemeinen Volksschule und bereitete den Boden für die sogenannte Volksaufklärung bzw. Reform der Volkserziehung im 17./18. Jahrhundert.

Abb. 10: Gerard Terborch, Ein Knabe floht seinen Hund, um 1655, Leinwand auf Holz, 34,4 x 27,1 cm, Alte Pinakothek München

3.4 Aufklärung und Romantik

Das Gemälde von Gerard Terborch »Ein Knabe floht seinen Hund« (▶ Abb. 10) zeigt die selbstvergessene Versunkenheit des Kindes im Umgang mit dem Hund. Das Heft auf dem Tisch ist geschlossen, der Hut abgelegt. Die Ruhe des Bildes romantisiert den Alltag. Es scheint, dass die beiden sich selbst genug sind. Kinder romantisierend darzustellen, tritt nicht erst um das 19. Jahrhundert auf, sondern hat eine Vorgeschichte in der Kunst, wie dieses Gemälde zeigt (Bilstein 2002).

Bereits mit dem Aufkommen einer bewussten Erziehung und Bildung zeigt sich diese im Wandel. Dafür stehen auch die Reformansätze von Wolfang Ratke (1571–1635) und Johann Amos Comenius (1592–1670) in dieser Zeit. Comenius[9] legte einige einflussreiche Lehrbücher vor. Bedeutung erfährt die *Janua linguarum reserta* (Aufgeschlossene Pforte zu den Sprachen) im Jahr 1631. Für die frühe Kindheit hat die sogenannte *Didactica Magna* (Große Unterrichtslehre) besondere Bedeutung. Die Forderung, »alle Menschen alles von Grund auf zu lehren« (*omnes omnia omnino*) verwies auf die Notwendigkeit von Chancengerechtigkeit, die sich aus Comenius' Philosophie einer umfassenden Weltordnung ergab. Die Schrift wurde in böhmischer Sprache verfasst und 1657 auf Lateinisch bearbeitet und veröffentlicht.

> »Didactica magna, enthaltend die universale Kunstfertigkeit, alle alles zu lehren, oder zuverlässige und auserwählte Weise, in allen Gemeinden, Städten und Dörfern jedwedes christlichen Königreiches Schulen von der Art zu errichten, daß die gesamte Jugend beiderlei Geschlechts, ohne jemanden zu vernachlässigen, in den Wissenschaften unterwiesen, in den Tugenden geübt und von Frömmigkeit erfüllt, während der Jahre des Heranwachsens auf so verständige Weise in allen Dingen des gegenwärtigen und künftigen Lebens unterrichtet werden könnte – umfänglich, heiter und gründlich.« (Comenius 1992 zit. nach Schaller 1995, S. 48)

Erziehungsfragen der frühen Kindheit finden sich in dem Teil »Informatiorium der Mutterschul« (1628/31, dt. 1633). Diese Lebensphase entspricht für Comenius der ersten Stufe des Bildungssystems, das sich vom ersten bis zum sechsten Lebensjahr erstreckt. Die Erziehung legt er in die

---

9 Johann Amos Comenius gilt als Begründer der Pansophie. Sie ist eine religiösphilosophische Lehre, die insbesondere vom 16. bis 18. Jahrhundert einige Anhänger fand. Die Lehre geht von einer allumfassenden Wissenschaft aus, die sowohl die diesseitige als auch die jenseitige Welt in einer »Ordnung« vereint.

Hand der Familie. Damit setzt Comenius an den Ideen der Reformation an und führt diese fort. Der Text ist für fromme Eltern, schließt aber auch Ammen, Kinderwärterinnen und andere Gehilfen mit ein.

»Für die ersten sechs Lebensjahre unterscheidet Comenius drei zentrale Erziehungsbereiche: (1) die religiöse, (2) die sittliche sowie (3) die kognitive, motorische und Spracherziehung. Letztere umfasst vor allem die Übung der Sinne und die Vermittlung von Grundkenntnissen aus allen Wissenschafts- und Lebensbereichen. Er betont dabei die Prinzipien der Lebensnähe, der Anschauung und der Sachbindung. So sollen das Erforschen der Umwelt durch das Kind und seine Beobachtungsgabe gefördert werden. Von der Sinneswahrnehmung oder Erfahrung des Kindes ausgehend kann dann sein Gedächtnis geschult sowie das Verstehen und Beurteilen der beobachteten Dinge bzw. Phänomene angestrebt werden. Zugleich können die Sprachfertigkeiten gefördert werden.« (Textor 1992, o. S.)

Die religiöse Erziehung ist für Comenius Mittelpunkt aller Erziehung. Darüber hinaus zählen Kenntnisse, Künste und Sprachen zu den zentralen Bereichen seines Bildungskanons. Er hebt hervor, dass von der Erfahrung des Kindes auszugehen ist, um daran mit der Lehre anzuknüpfen. Das äußert sich auch eindrücklich in seinen Ideen zur frühen Bildung. So erkennt Comenius den Wert des Spiels als Zweck, allerdings nicht als Selbstzweck für die jungen Kinder, sondern als praktisches Mittel im Kontext seiner Erziehungslehre. Martin Textor hebt hervor:

»Nach Comenius ist es auch wichtig, den natürlichen Tätigkeitsdrang des Kleinkindes in sinnvolle, produktive Kanäle zu lenken. Dazu kann sein Nachahmungstrieb genutzt werden, wobei ihm die geeigneten (Spiel-)Materialien zur Verfügung zu stellen sind. So sollten Eltern das Basteln, Bauen, Werken, Malen, Singen und Musizieren ihrer Kinder fördern. Diese sollten sich auch viel an der frischen Luft bewegen und im Spiel mit anderen Kindern soziale Fertigkeiten entwickeln, wobei sie aber vor Gefahren und schlechter Gesellschaft zu schützen sind.« (Textor 1992, o. S.)

Die geistes- und kulturgeschichtliche Epoche der »Aufklärung« (engl. *enlightenment* und franz. *lumières*) wird mit Leitbegriffen wie Vernunft, Freiheit, Fortschritt und Staatsreform verbunden. Sie kann als Gegenbewegung zum 17. Jahrhundert verstanden werden, in dem die praktische Lebensführung im Mittelpunkt stand. Als spezifische Denkrichtung prägt sie das Selbstverständnis der Wissenschaften und bleibt bis in die Gegenwart bestimmend. Der Beginn der Epoche wird unterschiedlich datiert.

3.4 Aufklärung und Romantik

Die Abwendung von der mittelalterlichen Weltvorstellung und die Hinwendung zu Ratio und Vernunft werden als zentrale Merkmale dieser Epochenwende hervorgehoben. Die Epoche endet mit dem beginnenden 19. Jahrhundert (Fuchs 2019, S. 63).

An die Gedanken der Aufklärung, welche auf der Fähigkeit des Menschen zur Reflexion und dessen Anspruch auf Autonomie basieren, knüpft sich insbesondere eine moderne Bildungstheorie sowie eine Idee der Bildung als universelles Recht. Dies impliziert auch einen generellen Wandel der Erziehung und damit der Gestaltung von Kindheit (Neumann 1993).

Unter diesen Einflüssen veränderte sich auch die Sicht auf die noch bestehende alte Weltordnung der Monarchie. Es entstand ein neues Bewusstsein für die im Obrigkeitsstaat zementierte soziale Ungleichheit. Mit diesem Umdenken gingen pädagogische Programme mit dem Ziel der Emanzipation, d.h. des freien und mündigen Bürgers, einher; im Aberglauben verhaftetes Denken sollte überwunden werden. Das 18. Jahrhundert etablierte sich als sogenanntes pädagogisches Jahrhundert, was sich auch an der Vielzahl der Pädagog:innen[10] und der pädagogischen Schriften jener Zeit ablesen lässt. Besonderen Einfluss erlangten die philosophischen Gedanken von John Locke (1632–1704) und Jean-Jacques Rousseau (1712–1778). Sie konturierten Kindheit als bedeutende Lebensphase. Damit stieg das öffentliche Interesse an Erziehung und Bildung der Kinder bzw. auch an entsprechenden beruflichen Qualifikationen. Die Aufwertung, welche die Pädagogik in jener Zeit erfuhr, spiegelte sich auch darin, dass sich Pädagogik als eigenständige Disziplin etablierte und 1779 an der Univer-

---

10 Eine Geschichte der Pädagoginnen steht noch aus. Es kann davon ausgegangen werden, dass Frauen des Adels und aus dem aufkommenden Bürgertum, aber auch Äbtissinnen zu unterschiedlichen Zeiten einen relativ starken Einfluss auf die Bildungsreformen genommen haben. Die starken Differenzlinien zwischen den Geschlechtern erschweren bis heute eine Würdigung ihrer Leistungen. Erst im Kontext der Frauenbewegung, d. h. im Kontext der Kindergartenbewegung und dann auch in der Reformpädagogik des 19./20. Jahrhunderts, treten vermehrt Frauen in der Pädagogik hervor. Die Kindergartenbewegung zählt bisher allerdings nicht zur allgemeinen Geschichte der Pädagogik, damit wurden nicht nur sehr viele Frauen und deren Leistung für die Pädagogik der frühen Kindheit ausgeblendet, sondern die Subdisziplin im Allgemeinen nicht entsprechend in die erziehungswissenschaftliche Reflexion einbezogen.

sität Halle der erste Lehrstuhl für Pädagogik eingerichtet wurde, besetzt von Ernst Christian Trapp (1745–1818).

Abb. 11: Daniel Chodowiecki, Bettelweib mit zwei Kindern, 1764, Radierung, 64 x 51 mm, © Wredow Kunstsammlung

Die bittere Armut, die die meisten Kinder zu jener Zeit erlebten (Jacobi 2014)[11], verdeutlicht auch die Radierung von Daniel Chaodowiecki (▶ Abb. 11) aus dem Jahr 1764. Die Frau und die beiden Kinder scheinen ineinander zu verschmelzen. Der Ausdruck der Müdigkeit ist die Folge eines Lebens am Existenzminimum, er scheint sich hier von der Frau auf die Kinder übertragen zu haben.

Der aufklärerische Gedanke der »Selbstbefreiung« ist ungleich schwerer umzusetzen, wenn strukturelle Armut auf den eigenen Schultern lastet. Der für die Aufklärung prägende Idealismus der »Freiheit« war und ist zugleich eine Idee, die nicht unmittelbar alle Lebenswelten berührte.

Das Motiv der Aufklärung durchzieht neben Philosophie, Literatur und Kunst auch die Pädagogik und führt letztlich zur Etablierung einer Kindheitspädagogik. Häufig wird in diesem Kontext auf den britischen Philosophen, Staatstheoretiker und Pädagogen John Locke Bezug genommen und dessen Lehre gar als »Meilenstein auf dem Weg zur Entdeckung der Kindheit« bezeichnet (Fuchs 2019). Lockes Pädagogik zeichnet sich durch eine gesellschaftliche Perspektive aus (Rhyn 2010), wie etwa in seinem Werk *Some Thoughts Concerning Education* aus dem Jahr 1693 (dt. 1710). Dieses wird philosophisch zwischen Montaigne und Rousseau angesiedelt. Lockes Schriften sind auf die Erziehung des sogenannten »weltoffenen Edelmanns« (Reble 1995, S. 145) ausgerichtet und für die private Erziehungspraxis bestimmt. Sie lassen sich aber auch als allgemeine Reflexion zur Erziehung lesen, was die große Resonanz auf sein Werk erklärt. »Nach ihm sind neun Zehntel der uns begegnenden Menschen das, was sie sind, durch ihre Erziehung geworden« (ebd.). Diese Aussage legt Lockes Menschenbild offen. Mit der Metapher einer *tabula rasa* (leeren Tafel) betont er die zentrale Bedeutung sinnlicher Eindrücke und Erfahrungen für die menschliche Entwicklung. Einer Pädagogik der frühen

---

11 In der englischen Tradition finden sich hier die sogenannten *fancy-pictures*. »Fancy-pictures, das ist eine eigene britische Tradition von Genre-Bildern, auf denen häufig Kinder zu sehen sind, und zwar besonders oft Bettler- und Dorfkinder, schmutzig und krank aussehend, arme Kinder […]« (Bilstein 2002, S. 32). Eine Tradition, die auf die südeuropäischen Vorbilder (Caravaggio, Reni und vor allem Murillo) zurückgeht. Dass diese Malerei in England in Erscheinung tritt, hängt auch mit der Gründung des Hospitals für Findelkinder durch Captain Thomas Coram 1789 in London zusammen.

Kindheit schreibt er daher einen besonders großen Einfluss auf die menschliche Entwicklung zu, da ihm zufolge die frühen Erfahrungen auch die Verarbeitung der weiteren Eindrücke formen (Fuchs 2019). Die Ausbildung der »Tugend« nimmt vor der Lebensklugheit, der Lebensart und des Wissens eine vorrangige Rolle ein.

> »Ich stelle die Tugend als erste und notwendigste Gaben heraus, die zu einem Mann oder Gentleman gehören; sie ist unumgängliches Erfordernis, wenn man sich bei anderen schätzenswert und beliebt machen, vor sich selbst aber Achtung haben und sich nichts vorwerfen will. Ohne sie wird er meiner Meinung nach weder in dieser noch in jener Welt glücklich sein ...« (Locke 1993, S. 158)

Lockes Erziehungstheorie erweist sich auch als interessiert am spielerischen Lernen der Kinder. Lernen sollte keine »Last und quälende Aufgabe sein, sondern *Spiel* und *Erholung*« (Reble 1995, S. 146). Inwieweit Locke diese Form der Erziehung für *alle* Kinder unterstützte, wird kritisch reflektiert, denn es ist auch bekannt, dass er Kinderarbeit ab drei Jahren bei den Armen unterstützte (Bühler-Niederberger und Sünker 2014, S. 84).

Beeinflusst werden die pädagogischen Ideen auch von der Philosophie Immanuel Kants.[12] Er betont in seinem Essay »Was ist Aufklärung?« aus dem Jahr 1784, dass der Mensch frei geboren sei. Menschen seien in der Lage, als erkennende Subjekte zu handeln:

> »AUFKLÄRUNG ist der Ausgang des Menschen aus seiner selbstverschuldeten Unmündigkeit. Unmündigkeit ist das Unvermögen, sich seines Verstandes ohne Leitung eines anderen zu bedienen. Selbstverschuldet ist diese Unmündigkeit, wenn die Ursache derselben nicht am Mangel des Verstandes, sondern der Entschließung und des Mutes liegt, sich seiner ohne Leitung eines andern zu bedienen. Sapere aude! Habe Mut, dich deines eigenen Verstandes zu bedienen! ist also der Wahlspruch der Aufklärung.« (Kant 2004, S. 5)

Kants Leitspruch der Aufklärung betont das eigenständige, erkennende und mündige Subjekt. Der kategorische Imperativ wiederum verortet die »Freiheit« des eigenen Handelns in der Verantwortung für Andere: »Handle nur nach derjenigen Maxime, durch die du zugleich wollen

---

12 Der zentrale Gedanke der Aufklärung ist, dass Menschen frei geboren werden. Diese Idee prägt den Universalismus, den Kant in seinen zentralen philosophischen Ausführungen begründet, d. h.: Alle Menschen sind gleich. Kritisiert wird, dass Kant dies nicht einlöst.

kannst, dass sie ein allgemeines Gesetz werde« (Immanuel Kant: AA IV, 421). Gegenüber Kant, der Kultur und Erziehung als notwendig für die Entwicklung des mündigen, emanzipierten Bürgers erachtet, kommt Jean-Jacques Rousseau (1712–1778) zu einem anderen Schluss. Er schreibt: »Alles ist gut, wie es aus den Händen des Schöpfers kommt; alles entartet unter den Händen des Menschen« (Rousseau 1995, S. 9). Rousseaus Werk ist vor dem Hintergrund enormer gesellschaftlicher Umbrüche zu lesen. In seinem Roman »Émile oder über die Erziehung« (Rousseau 1995) beschreibt er eine Form »negativer Erziehung«. Neben dessen gesellschafts- und zivilisationskritischer Ausrichtung zeichnet sich der Roman zugleich durch eine radikale Orientierung am Subjekt und an der Bedeutung der Subjektivität aus. Rousseaus theoretische Ansätze gelten als Basis wissenschaftlicher Pädagogik und leiten damit auch die moderne Erziehung ein (Heiland 1989, S. 75).

> »Die von Rousseau konstituierte kindzentrierte Lebenswelt fixierte das moderne Deutungsmuster von Kindheit: ›Das Abwägen von Gewährenlassen und Führen, das gegenseitige Infragestellen von Erzieher und Zögling, von Eigenrecht und Fremdbestimmung, von Selbsttätigkeit und Lernarrangement, Entwicklung und Gestaltung, Spontaneität und Reflexion, Menschenbild und bürgerliche Brauchbarkeit, Herzensbildung und Weltläufigkeit‹ (Hermann, 1991, S. 130).« (Neumann 1993)

Moderne Erziehung heißt damit eine auf der Beobachtung des Kindes basierte und so an dessen Bedürfnissen orientierte Pädagogik. Wie John Locke sieht auch Rousseau eigene Erfahrungen als Grundlage von Lernen und Entwicklung. Rousseaus Bildungskonzeption wird jedoch vielfach als uneinheitlich oder in sich gegensätzlich verstanden. Denn zum einen übt er Zivilisationskritik im Namen des Subjekts, zum anderen ist für ihn die Erziehung zum Bürger als gesellschaftlichem Wesen zentral.

> »Dieses: ›Zurück zur Natur‹ ist nach Rousseau letztlich gar nicht möglich. Vielmehr soll der Mensch innerhalb der entfremdeten Gesellschaft freies, autonomes Wesen bleiben und so entfremdete Gesellschaftlichkeit konstruktiv-kritisch zu verändern suchen. Diese Möglichkeit der Selbstbehauptung des Einzelnen in der entfremdeten Gesellschaft setzt jedoch Erziehung voraus und zwar ›natürlich-negative‹ Erziehung.« (Heiland 1989)

Rousseau geht davon aus, dass es in einer »entfremdeten Welt« umso wichtiger ist, zunächst Freiheit zu erfahren und Einflüssen von außen eher entzogen zu sein (negative Erziehung). Er hebt damit auch die dialektische Verfasstheit von Erziehung hervor. Beides ist notwendig: Autonomie und Selbstwirksamkeit sowie Verbundenheit und Begrenzung.

> »Nach Rousseaus ›kopernikanischer Wende‹ zum Kinde (Hermann Nohl) verstehen sich die Pädagogen als Anwälte der Autonomie der Kindheit und Erziehung. Die These von der Autonomie der Erziehung ist gleichsam die folgerichtige Konsequenz der gesellschaftlichen Entdeckung der Autonomie des Individuums. Im Gegensatz zum traditionellen Verständnis von Erziehung als einem Mittel, mit dem Kinder und Jugendliche dem jeweils für gut erachteten Verhalten angepaßt werden können, fragt die Pädagogik der Aufklärung ausdrücklich nach dem eigenen Ziel der Erziehung und entfaltet in diesem Kontext die These vom ›Eigenrecht des Kindes‹ – die seit Rousseau die Pädagogik bestimmende Grundüberzeugung, daß das Kind kein kleiner, unvollkommener Erwachsener ist, sondern ein Wesen, das seine Erfüllung und Reife in sich selbst trägt. Die Erziehung ist demgemäß angewiesen auf die im lernenden Subjekt selbst angelegten Triebkräfte und seinen Gestaltungswillen.« (Roessler, 1961, S. 278 f., zit. nach Neumann 1993, S. 195)

Trotz dieser modernen Erziehungsauffassung mit dem Fokus auf dem »Eigenrecht des Kindes« bleibt negative Erziehung ebenso erfüllt von dem Gedanken der Erwachsenen, was für das Kind das Bessere sei.

Rousseau gilt auch als Wegbereiter der Französischen Revolution; seine Erziehungsphilosophie ist im Kern antiständisch. Mit dem *Contrat Social* (Gesellschaftsvertrag, 1762) legt er ein Werk vor, das die Idee der sozialen Freiheit aufgreift. Seine Abhandlungen zeichnen sich durch einen grundlegend neu geordneten Staat aus. Jedem Mitglied der Gesellschaft sollen nach Rousseau die gleichen Rechte und Pflichten zukommen (Heiland 1989). Kaum ein anderes Werk der Moderne wird gegensätzlicher gedeutet als die Schriften von Jean-Jacques Rousseau.

> »In Rousseau konnte man, je nach Gesinnung und zeitgeschichtlicher Lage, den sich auf das Vorbild der menschlichen Natur berufenden Anthropologen, den wie die Engländer das »Gefühl« hervorhebenden Moralphilosophen oder den Kant vorbereitenden Theoretiker der demokratischen Selbstbestimmung entdecken; verlangte die Zeit nach anderen philosophischen Gewichtungen, so war in Rousseau aber auch der Wegbereiter einer totalitären Demokratieauffassung, der glühende Verfechter republikanischer Gleichheit oder der Advokat eines Ideals der persönlichen Authentizität ausfindig zu machen.« (Honneth 2020, S. 13)

Rousseau bearbeitet in seinen Werken zwei zentrale philosophische Motive und lässt sich nicht auf eines festlegen: die Idee der »persönlichen Unabhängigkeit« und die »intersubjektivistische Idee einer tiefsitzenden Abhängigkeit vom Anderen« (Honneth 2020, S. 17).

Während philosophische Abhandlungen zur Aufklärung das geistige Klima bestimmen, wird die Lebenswelt der Menschen insbesondere durch die sogenannte Volksaufklärung verändert, die sich gesellschaftlich auch im Bildungsbereich niederschlägt. Mit dem Generallandschulreglement von 1763 legte Friedrich der Große einen Grundstein zur Einrichtung des Volksschulwesens in Preußen.[13] Dreißigjähriger Krieg, Armut und Hungersnöte sowie Kinderarbeit verhinderten die Durchsetzung einer flächendeckenden Schulpflicht. Dennoch setzte sich in den einzelnen Fürstentümern zunehmend ein Bewusstsein für die Bedeutung von Bildung zur Prävention von Armut durch. Erwähnenswert ist die von Friedrich Eberhardt von Rochow (1734–1805) und seiner Frau Christiane Louise von Rochow (1734–1808) angestoßene Landschulreform. Rochow etablierte auf seinem Gut in Reckahn eine Landschule (1773), die sich als überregionale Musterschule zu ihrer Zeit hervorhebt. Berichtet wird, dass Rochow nicht nur das Schulhaus, sondern auch ein stattliches Lehrergehalt aus eigener Tasche bezahlte. Des Weiteren:

> »Schließlich wird die Unentgeltlichkeit des Unterrichts für alle ca. 70 Schülerinnen und Schüler hervorgehoben, wobei auch ›das Lesebuch der Kinderfreund auf herrschaftliche Unkosten angeschafft‹ wurde. Jedes Kind hatte, was wiederum außergewöhnlich war, sein eigenes Lesebuch! Selbst Papier und Tinte wurden für besonders arme Kinder bezahlt. ›Es ist also auf alle Art dafür gesorgt, daß durch äußere Hindernisse kein Kind zurückgehalten wurde, den Unterricht zu nutzen‹.« (Schmitt 2001, S. 26)

---

13 Die gesetzliche Verpflichtung zum Besuch einer Schule war ein langer Prozess, der sich nicht in allen Ländern vollzog. Exemplarisch: Deutschland (schrittweise eingeführt seit dem 17. Jahrhundert), Schweden (seit 1723), Türkei (seit 2012), Russland (seit 1905), Frankreich (seit 1833, zunächst nur Jungen).
In zahlreichen anderen Staaten, darunter Österreich, Schweiz, Dänemark und den angloamerikanischen Ländern, herrscht Bildungs- bzw. Unterrichtspflicht; wie und wo ein Kind unterrichtet wird, bleibt der Entscheidung der Eltern überlassen (Winkler 2017).

Getragen wurden seine erzieherischen Bemühungen von den Gedanken der Aufklärung und der Toleranz. Rochow zählte zu den Philanthropen, wie u. a. Johann Bernhard Basedow (1724–1790), Joachim Heinrich Campe (1746–1818) und Christian Gotthilf Salzmann (1744–1811). Sie stellten die Reform der Schulen und des Unterrichts in den Fokus und maßen dem Aufbau von Musteranstalten in ihrer Pädagogik eine wichtige Rolle zu. Damit unterschieden sie sich z. b. vom Wirken Johann Heinrich Pestalozzis (1746–1827), der seine Erziehung auf das Haus bzw. die »Wohnstube« konzentrierte. Wie Rochow zur Mädchenerziehung stand, ist ungeklärt. Zwar gilt insbesondere die bürgerliche Mädchenerziehung als gut untersucht, aber es besteht kaum Wissen zur Erziehung und Sozialisation von Mädchen im 18. Jahrhundert etwa auf dem Land (Mayer 2001). Es finden sich aber einzelne Belege, die darauf hindeuten, dass Rochow sich für eine gleichberechtigte Bildung von Jungen und Mädchen einsetzte. Denn schon vor »Campes Kritik an den Mißständen der Mädchenerziehung« (ebd., S. 141) prangerte Rochow diese an. Insbesondere schrieb er der Elementarbildung in der frühen Kindheit für Mädchen der Unterschicht deshalb eine Bedeutung zu, weil der Berufsstand der Wärterinnen, Ammen oder Dienstbotinnen aus diesen Ständen rekrutiert wurden und diese früh erzieherisch auf die jungen Kinder einwirkten (Mayer 2001). Mit der Ansicht, dass eine qualifizierte Kindererziehung nicht vom Geschlecht abhängen dürfe, unterscheidet sich Rochow von den eher rückwärtsgewandten Erziehungsideen Pestalozzis[14] (Osterwalder 2010). Die vom Humanismus geprägte Erziehungspraxis der Wertschätzung und des selbstentdeckenden Lernens bzw. des handlungsorientierten Unterrichts, die die Kinder der Bauern mit Rochows Landschulreform erfuhren, führte auch dazu, dass seine Schule in Reckahn als Musteranstalt zu Ruhm kam und von unzähligen künftigen Regenten, Politikern, Ministern oder Pädagogen besucht wurde (Schmitt 2001, S. 31; Scholz 2001, S. 194/195).

---

14 Zu Pestalozzi schreibt Fritz Osterwalder: »In Bezug auf Moralität und Sittlichkeit schließt dieses neue Konzept allerdings gerade nicht an die das ganze 18. Jahrhundert bestimmende pädagogische Anthropologie, Lern- und Erkenntnistheorie und an die Wissenschaft von der historischen Entwicklung der Gesellschaft an, sondern greift zurück auf eine traditionelle, radikal christliche Innerlichkeit, wie sie im 17. Jahrhundert entwickelt wurde« (Osterwalder 2010).

3.4 Aufklärung und Romantik

Für eine Pädagogik der frühen Kindheit ist der Philanthrop Christian Heinrich Wolke (1741–1825) bekannt. Er legte den ersten Plan einer Einrichtung für außerfamiliäre frühkindliche Erziehung und Bildung vor (Franke-Meyer 2018). Die Grundlagen dafür formulierte er in den Schriften »Anweisung für Mütter und Kinderlehrer, die es sind oder werden können, zur Mitteilung der allerersten Sprachkenntnisse und Begriffe, von der Geburt des Kindes an bis zur Zeit des Lesenlernens« sowie »Kurze Erziehungslehre oder Anweisung zur körperlichen, verständlichen und sittlichen Erziehung, anwendbar für Mütter und Lehrer in den ersten Jahren der Kinder«. Wolke konzipierte spezifische Spiel- und Lernumgebungen für Kinder unabhängig von Stand und Geschlecht. Für die jungen Kinder von drei bis vier Jahren, also vor Schuleintritt, entwickelte er ein sogenanntes »Spielzimmer«. Mit dem Eintritt in die Schule wechseln die Kinder in das sogenannte »Denklehrzimmer« (▶ Abb. 12).

Die Epoche der Aufklärung hat die Werte liberaler Gesellschaften hervorgebracht. Diese wurden nicht nur in der Philosophie diskutiert, sondern setzten sich über die Bewegungen der Volksaufklärung und mittels pädagogischer Musteranstalten auch zunehmend in der pädagogischen Praxis durch. Im späten 18. Jahrhundert richteten sich die emanzipatorischen Strömungen gegen die monarchische Staatsgewalt und das absolutistische Königtum sowie die damit verbundene Unterdrückungsherrschaft. Die Übermacht des Staates wurde vor dem Hintergrund eines wachsenden Bewusstseins für ein selbstgestaltetes Leben zunehmend als Bevormundung wahrgenommen, denn der absolutistische Staat hatte Einfluss darauf, wer welchen Beruf ergriff, wer mit wem Handel trieb oder welche Ansprüche dem Einzelnen zustanden. Diese Unzufriedenheit war im Kern eine bürgerliche und auch die Erziehung orientierte sich im Laufe des 19. Jahrhunderts an dem Leitbild der Emanzipation des Bürgertums gegenüber dem Adel (Neumann 1993).

Mit der Etablierung der sogenannten Volksschule in der Zeit der Industrialisierung im 19. Jahrhundert setzt eine enorme Dynamik der Verschulung und damit einer institutionellen Verdichtung des Schulsystems ein. 1848 gingen 82 % der Kinder zur Schule und konnte die Analphabetenrate auf 10–15 % gesenkt werden. Diese Entwicklung bricht mit der Tradition. Von nun an wird nicht mehr auf die »Überlieferung im engen Lebenskreis« vertraut, vielmehr verlangt »die Dynamik des Wissens und die

Abb. 12: W. Irmisch und G. G. Endner, Denklehrzimmer, Kupferstich. C. H. Wolke (1805): Anweisung für Mütter und Kinderlehrer, die es sind oder werden können, zur Mittheilung der allerersten Sprachkenntnisse und Begriffe, von der Geburt des Kindes an bis zur Zeit des Lesenlernens, pictura paedagogica online

darauf bezogene Leistung des Lernens« (Oelkers 2005, S. 32) eine anders organisierte Form der Vermittlung. Dieser Schritt hin zu einem einheitlichen und flächendeckenden Schulwesen führt zugleich dazu, dieses reformieren zu wollen (▶ Kap. 3.5; ▶ Kap. 3.6).

Die Zunahme desaströser Lebensverhältnisse ist die Kehrseite der Industrialisierung. Lediglich das Wirtschaftsbürgertum (ca. 7–10% der Bevölkerung) gewinnt enorm an Reichtum, die große Mehrheit der Menschen aber erlebt zunehmend ausbeuterische und inhumane Arbeitsbedingungen.

> »Nie hatten so viele Leute so unablässig und so viele Stunden am Tag gearbeitet wie in den neuen Fabriken. Für Erwachsene und Kinder war das in diesem

Ausmaß neu und es spielte dabei auch keinerlei Rolle, ob die Kinder sieben, zwölf oder 15 Jahre alt waren, ob es Sommer oder Winter war, Sonntag oder Werktag. Ab dem Alter von acht Jahren, manchmal sogar ab fünf Jahren, arbeiteten die Kinder zwölf bis 16 Stunden am Tag. Kein Gesetz verbot Sonntags- oder Nachtarbeit. Solche Arbeitsbedingungen waren keine Ausnahme, sondern die Regel in England, in Frankreich, in Deutschland, in Österreich und der Schweiz. Als Folge davon kam es in der Textilindustrie zu einer zum Teil absurden Überproduktion, ihr wurde mit noch schlechteren Arbeitsbedingungen und billigerer Produktion, nicht aber mit deren Reduktion begegnet. Gerade in diesen Fabriken arbeiteten sehr viele Kinder: 1852 waren in Manchester und Salford drei Viertel aller 14-jährigen Mädchen in Textilfabriken beschäftigt und über 60 Prozent der gleichaltrigen Jungen.« (Bühler-Niederberger und Sünker 2014, S. 82)

Ein Leben am Existenzminimum prägt das Aufwachsen vieler junger Kinder. Darüber hinaus verfestigt sich ein höchst fragliches Erziehungsdenken gegenüber den Kindern des Proletariats. Hier zeigen sich verhängnisvolle Entwicklungen, die sich in unterschiedlichen Kindheitskonzepten bereits über Jahrhunderte stabilisiert haben. Konkret ging es darum, ob das Kind einen »guten« oder »schlechten« Kern in sich trägt. Insbesondere das von unterschiedlichen Theologen und Philosophen vertretene Erbsündenmodell diente dabei als Legitimation. Diese Kindheitskonzepte wurden ab dem 16./17. Jahrhundert genutzt, um das Verhalten von Kindern als »sündhaft« zu beschreiben. Disziplinierung und Zivilisierung galten als Maßnahmen, um dem »sündhaften Verhalten« zu begegnen. »Erziehung war Mittel zur Verbesserung der Menschen« (Winkler 2017, S. 71). Mit Rückgriff auf einflussreiche Pädagogen, wie u. a. John Locke oder Johann Heinrich Pestalozzi, wird nun die hohe »Formbarkeit« der Kinder zum Anlass genommen, frühe Erziehung zur Arbeit moralisierend und strukturell in sogenannten Spinnschulen, Industrieschulen, Arbeitshäusern, Rettungshäusern etc. voranzutreiben. Den Industriellen wurde sogar vom englischen Premierminister 1797 für ihr »Entgegenkommen« gedankt, für das, »was sie für die Kinder leisten und dass sie Faulheit und Trägheit einen Riegel vorschöben« (Bühler-Niederberger und Sünker 2014, S. 86). Bettelnde Kinder wurden schon seit Jahrhunderten als gesellschaftliches Problem angesehen, die Gründung von Waisenhäusern steht damit im Zusammenhang, zugleich nahm die Zahl der armen Kinder in den Großstädten immer mehr zu – die Hoffnung, dort ein besseres Leben zu finden, trieb Erwachsene wie Kinder gleichermaßen vom Land in die Stadt.¹⁵ Unter dem Aspekt des »Wohls der Kinder« und zum Nutzen der Gesellschaft verbinden sich die Waisenhäuser mit der Industrie. Aber auch in der allgemeinen Bevölkerung wurde Kinderarbeit als selbstverständlich betrachtet und war für das Familieneinkommen erforderlich. Für eine »gesunde Sozialhygiene« wurde diese sogar als »wünschenswert« angesehen, »Müßiggang« hingegen schade den Kindern nur (Winkler 2017, S. 94). »80.000 Kinder wurden noch zwischen 1870 und 1904 nach Kanada verschickt, um den dortigen Bedarf an Hilfskräften in der Landwirtschaft und an Hausbediensteten zu decken« (Bühler-Niederberger und Sünker 2014, S. 80). Erst allmählich entwickelt sich ein Verständnis für die Not und das Leid der vielen armen Kinder. Kinderarbeit wird in Teilschritten und in einem nur langwierig durchzusetzenden Prozess verboten. Das zeigt sich exemplarisch im Preußischen Regulativ zum Verbot von Kinderarbeit und zur Regulierung der Arbeitszeiten von Kindern (Herrmann 1991):

- 1839: Verbot der Arbeit für Kinder unter neun Jahren und Begrenzung der Arbeitszeit der Neun- bis 16-Jährigen auf zehn Stunden
- 1853: Verbot der Arbeit für Kinder unter zwölf Jahren und Begrenzung der Arbeitszeit der Zwölf- bis 14-Jährigen auf sechs Stunden

Ein generelles Verbot von Kinderarbeit setzte sich erst zur Wende vom 19. zum 20. Jahrhundert durch. Mit der Weimarer Verfassung 1919 wurde dann auch eine erste regelmäßige achtjährige Schulpflicht eingeführt.

Für die Pädagogik der frühen Kindheit und die Kindheitsgeschichte ist das 19. Jahrhundert von besonderer Bedeutung. Vor allem die an die Aufklärung anschließende Epoche der Romantik bringt einflussreiche Kindheitskonzeptionen hervor, die bis in die Gegenwart wirken. Martina

---

15 Hervorzuheben sind hier die sogenannten *chimney sweepers* in England. Sie gehören zu der Berufsgruppe, an der sich zuerst die Kritik an Kinderarbeit festmacht. U. a. Charles Dickens, dessen Held »Oliver Twist« gerade noch dem Schicksal eines *chimney sweepers* entkommt, schafft Aufmerksamkeit für die Gefahren, denen die Kinder beim Säubern der Schornsteine ausgesetzt sind. In der Berufsgruppe der Schornsteinfeger wird 1788 das erste dokumentierte Gesetz zur Altersbegrenzung von Kindern (ab acht Jahren) erlassen (Winkler 2017, S. 92/93).

Winkler bezeichnet diese Zeit als sogenannte Sattelzeit für die Kindheitsgeschichte. Damit wird in der historischen Forschung eine »Epochenschwelle zwischen Früher Neuzeit und Moderne beschrieben« (Winkler 2017, S. 79), die sich durch einen tiefgreifenden sozialen Wandel auszeichnet. Die Romantik gilt als die Epoche, in der in der bürgerlichen Gesellschaft stark idealisierte Kindheitsbilder konstruiert werden (Tenorth 2008, S. 136)

> »Den sozialgeschichtlichen Hintergrund bildet die Entstehung der bürgerlichen Kleinfamilie, in der Mutter als auch die Kinder von außerhäuslicher Erwerbstätigkeit befreit sind, und in deren Kern sich die Mutter-Kind-Dyade befindet.« (Baader 2002, S. 58)

Bereits seit dem 17. Jahrhundert wurden Kinder als »Repräsentanten der menschlichen Seele verstanden, und zwar als Repräsentanten einer unverdorbenen Seele«, diese Einordnung galt allerdings nur für christlich getaufte Kinder, die von der angeblichen »Erbsünde« befreit waren (Bilstein 2002, S. 26). Auch auf die Kunst, insbesondere die Malerei haben diese Vorstellungen Einfluss, denn vor allem die »edlen, heiligen und geweihten Menschen« waren es wert, künstlerisch dargestellt zu werden. Arme Kinder und Erwachsene wurden nur dann zum »Gegenstand« des Bildes, wenn sich damit für die wohlhabenden Stände die Gelegenheit eröffnete, ihre Almosen abzugeben und Buße zu tun.

Bezeichnend für die Epoche der Romantik ist ein eigentümlich verklärtes Kindbild. Ein Vorläufer dieser Zeit ist das Gemälde von Joshua Reynolds *The Age of Innocence* (um 1788) (▶ Abb. 13).

Das Bild zeigt vermutlich Theophila Palmer (1757–1848), die Großnichte von Joshua Reynolds, im Alter von fünf oder sechs Jahren. Das Kind befindet sich nicht im Kreis seiner Familie, sondern ist allein, barfuß und mit weißem Kleid in der Natur abgebildet. Auf der linken Seite ragt ein Birkenstamm in das Bild hinein, in der Ferne der bewölkte Himmel, am Horizont zeigt sich ein Lichtstreifen. Das Kind sitzt unter dem Baum in halb abgewendeter Pose auf der Erde. Weder spezielle Requisiten noch die Kleidung bilden den Stand des Kindes ab. Das Mädchen schaut mit offenem Blick in die Ferne und hält die Hände verschränkt vor der Brust. Seine Pose verrät Offenheit und Zurückhaltung, Unschuld und Ungewissheit zugleich. Dieses Gemälde traf von Anfang an den Nerv der Zeit im

3 Kindheits- und Erziehungsgeschichte

Abb. 13: Joshua Reynolds, The Age of Innocence, um 1788, Öl auf Leinwand, 76,5 x 63,8 cm, Tate London

Großbritannien des 19. Jahrhunderts. Allein zwischen 1856 und 1894 entstanden davon 323 Ölkopien. Das Bild ist Medium einer »in der zeitgenössischen Literatur sich allmählich verbreitenden These von kindlicher Unschuld und Reinheit und von der Wiederkehr glücklich-unschuldiger Menschheitszustände« (Bilstein 2002, S. 33).

3.4 Aufklärung und Romantik

Das Kindbild der Romantik knüpft an Rousseau und dessen Werk »Émile oder über die Erziehung« an. Die darin formulierten Gedanken werden von Jean Paul (1762–1825) in der »Levana oder Erziehungslehre« von 1806 – einem Erziehungsbuch für Eltern und Pädagog:innen – aufgegriffen und bearbeitet (Tenorth 2008, S. 136). Auch in dieser Schrift wird die »natürliche« Unschuld des Kindes und damit der Menschheit hervorgehoben. Diese Unschuld wird jedoch nicht mehr, wie im 17. Jahrhundert, religiös begründet, sondern »anthropologisch, naturphilosophisch, geschichtsphilosophisch, geschlechterontologisch« (Bilstein 2002, S. 34) unter Rückbezug auf die »Natur« und unter Ausschluss der gesellschaftlichen »Verdorbenheit«. Mit dem romantischen Kindheitsmythos, der hier entsteht, wird die christliche Idee der Erbsünde infrage gestellt.

> »Hierfür stand unter anderem ROUSSEAU Pate, der seinen ›Emile‹ von 1762 mit dem folgenreichen Satz beginnen ließ: ›Alles ist gut, was aus den Händen des Schöpfers kommt, alles entartet unter den Händen des Menschen‹. Durch diese Sichtweise können Kinder als unschuldige, heilige oder göttliche Wesen betrachtet werden. Damit wird zugleich auf einen besonderen Status von Kindern und deren Unantastbarkeit verwiesen.« (Baader 2004, S. 59)

Des Weiteren zeichnete sich der Kindheitsmythos durch eine organologische Vorstellung aus, d. h., dass sich das Kind aus sich selbst heraus entwickelt:

> »Wenn hier also vom romantischen Kindheitsmythos die Rede ist, dann ist damit eine Sichtweise gemeint, wonach Kinder göttliche oder heilige Wesen sind, bei denen bereits alle Anlagen im Keim enthalten sind, die das Kind dann selbsttätig entwickelt.« (Baader 2002, S. 61)

In dem Gemälde »Die Hülsenbeckschen Kinder« von Philipp Otto Runge (▶ Abb. 14) kommt die dritte Komponente des Kindheitsmythos exemplarisch zum Ausdruck: In Abgrenzung zur Aufklärung sehen die Romantiker:innen Kindheit als eigenständige Lebensphase an. Der Kindheitsmythos der Romantik legte in die Kinder die Kraft einer »Heilserwartung« (Bilstein 2002). Nichts weniger als die Rettung der Welt wird den Kindern damit auferlegt. Kinder werden zu einer Projektionsfläche gesellschaftlicher Idealvorstellungen (Neumann 1993).

3 Kindheits- und Erziehungsgeschichte

Abb. 14: Philipp Otto Runge, Die Hülsenbeckschen Kinder, 1805/6, Öl auf Leinwand, 131,5 x 143,5 cm, Kunsthalle Hamburg

Das Gemälde zeigt drei der fünf Kinder der Hamburger Familie Hülsenbeck vor dem Sommerhaus der Familie in Eimsbüttel[16]. In der Ferne erstreckt sich die Silhouette der Stadt Hamburg mit ihren Häusern und Kirchtürmen. Auf dem Gartenzaun prangt eine Reihe von Kugeln als mögliches Sinnbild der Vollkommenheit. Im Vordergrund steht der vierjährige August, der mit seiner energischen Geste die »Kraft« des Kindes symbolisieren mag. Selbstbewusst richtet er den Blick auf die Betrachtenden und schwingt seinen Stock in die Höhe. Damit verleiht er dem Spiel

---

16 Eimsbüttel war am Beginn des 19. Jahrhundert noch ein Vorort von Hamburg.

nicht nur eine besondere Dynamik, sondern überragt auch seine ältere Schwester, die fünfjährige Maria. Diese wiederum richtet den Blick nach hinten auf den jüngeren Bruder Friedrich, der im Bollerwagen sitzt und von den beiden älteren Geschwistern gezogen wird. Ihm streckt sie ihre Hand entgegen. In dieser Differenz zwischen August, der offen in die Welt blickt und voller Übermut seine Energie zum Ausdruck bringt, und der besorgten Maria spiegeln sich implizit die geschlechtsspezifischen Erziehungsmuster der Zeit. Auch Friedrich ist hier offen der Welt zugewandt. Mit allen Sinnen nimmt er die Welt wahr, ertastet diese mit seinen Händen und beobachtet sie (sowie auch uns als Betrachtende des Bildes). Vor dem Hintergrund der Stadt am Horizont präsentiert sich das Geschehen im Garten gleichsam als ein Mythos der »Freiheit« und des »Glücks« der Kinder.

Die Epoche der Romantik (um 1800) entsteht angesichts enormer gesellschaftlicher Umbrüche, u. a. des Versuchs, die sogenannte Kleinstaaterei in den deutschsprachigen Gebieten aufzuheben, und des Übergangs von ländlich-agrarisch in städtisch-industriell geprägte Gesellschafts-, Wirtschafts- und Lebensformen (Herrmann 1991). Wie bereits beschrieben, haben die Veränderungen enorme sozioökonomische Folgen. Sozialhistorisch ist es auch die Zeit des Pauperismus (der Massenarmut) und enormer sozialer Unruhen. Es kommt zur Ablösung der alten Adelskultur durch das (Bildungs-)Bürgertum und zur Entstehung eines städtischen Proletariats.

Im 19. Jahrhundert ist die Familie das zentrale Erfahrungsumfeld von Kindern und Jugendlichen. Insbesondere in bürgerlichen Familien passen sich nun die Erziehungsmuster verstärkt an die heranwachsenden Kinder an. Kinder erhalten ihre eigenen Refugien, wie Kinderzimmer, Spielzimmer, Spielzeug oder Kinderliteratur. Kinderfrauen und Gouvernanten unterstützen die Mütter bei der Erziehung. Hauslehrer und Schulbesuch werden zumindest bei den Jungen zur Regel, während Mädchen verstärkt im häuslichen Umfeld erzogen werden. Anders sieht das Aufwachsen in armen Familien aus, die darauf angewiesen sind, dass jeder für den gemeinsamen Lebensunterhalt etwas leistet; junge Kinder, die dazu nichts beitragen können, werden eine »unbequeme Last« (Herrmann 1991). Sie werden von Geschwistern oder Großeltern erzogen. Unterricht findet nur in Sonntags- oder Fabrikschulen statt.

Die philosophische Strömung der Romantik steht konträrer zur erlebten sozialen Wirklichkeit der meisten Menschen und schließt damit zugleich ihre Gesellschaftskritik ein (Tenorth 2008, S. 136), d. h. Urbanisierung führt auch zur Frage nach der Bedeutung der Natur für den Menschen. Mit dem romantischen Kindheitsmythos wurde nicht nur die sogenannte »Vergöttlichung des Kindes« (Lenzen 1985, S. 196) hervorgerufen, sondern den jungen Kindern Freiheit zugebilligt. Die Einsicht, dass alles in dem jungen Kind bereits im Kern (natürlich) angelegt sei, ermöglichte es, auf die innere Entwicklung zu vertrauen und Kinder nicht durch die Bildungs- und Erziehungsinteressen der Erwachsenen zu überformen.

3.5 Kindergartenbewegung

Die romantische Idee der Kindheit hebt die Besonderheit dieser Lebensphase hervor. Sie betont die Bildsamkeit (Entwicklung) des jungen Kindes und die damit verbundene Freiheit der »Entwicklung«. In der Pädagogik findet sie praktischen Ausdruck in der Kindergartenidee[17] von Friedrich Fröbel (1772–1852). Erste frühkindliche Institutionen werden bereits im späten 18. Jahrhundert ausgebaut (Willekens und Scheiwe 2020). So gründete 1770 Johann Friedrich Oberlin (1740–1826) und 1802 Pauline Christine Wilhelmine Fürstin zur Lippe-Detmold eine »Aufbewahrungs-Anstalt für kleine Kinder« nach dem in den Pariser Armenvierteln erprobten Modell, angeregt durch einen Beitrag in einem Journal (Berger 2015c). Eine erste Gründungswelle von außerfamiliären Einrichtungen erfolgt in der ersten Hälfte des 19. Jahrhunderts. 1850 gab es bereits 500 bis 600 Einrichtungen in den deutschen Staaten (Reyer und Franke-Meyer 2021, S. 28). Bei diesem ersten Ausbau frühkindlicher Institutionen ist

---

17 Die Kindergartenidee von Friedrich Fröbel wurde im Jahr 2023 von der deutschen UNESCO in das immaterielle Kulturerbe aufgenommen. Die UNESCO hebt hervor, dass Fröbels Idee eines Kindergartens das Lernen im Spiel umfasst. Das ist das zentrale Prinzip einer frühkindlichen Bildung.

zwischen Einrichtungen zu differenzieren, die sich zum einen dem Motiv der »Armenpflege« und zum anderen der Idee der »Bildsamkeit junger Kinder« sowie dem Prinzip »Bildung für alle« (Kindergartenidee) verschrieben haben. Der Ausbau ist relativ. Exemplarisch kann das am Beispiel von Preußen belegt werden. Hier besuchten ca. 67 Kinder eine Anstalt, das entspricht einer Betreuungsquote von etwa einem Prozent (ebd.).

Friedrich Fröbel sammelte in den Erziehungsanstalten von Johann Heinrich Pestalozzi seine praktisch-pädagogischen Erfahrungen. Pestalozzi wiederum war Schüler von Jean-Jacques Rousseau. Pestalozzis Ideen zur Kleinkinderziehung von Armen in sogenannten Spiel- und Warteschulen stand Fröbel allerdings kritisch gegenüber. Er empfand die Pädagogik Pestalozzis als »mechanisch« und zu wenig »lebendig«, »natürlich« und »kindlich« (Baader 2002; Reble 1995). Fröbel sah sich anders als Pestalozzi der Aufklärung verpflichtet (Heiland 2010; Osterwalder 2010), sofern das junge Kind für ihn ein selbsttätiges und eigenaktives Subjekt war. Fröbel beschreibt den Unterschied zwischen Pestalozzi und seinen eigenen Einsichten so, dass Pestalozzi »lediglich vom empirischen, er selbst jedoch vom absoluten, ewigen Sein ausgehe« (Baader 2002, S. 58). Dieses »spekulative« und »mythische« Denken Fröbels war der Epoche der Romantik geschuldet. Fröbel erweiterte die Ausführungen Pestalozzis zur mütterlichen Erziehung und vertiefte diese in seiner Bildungsphilosophie, die in seiner Kindergartenidee ihren praktischen Ausdruck fand. Diese war vielfältig inspiriert von Jean Paul. Fröbel verband Vorstellungen von der Aufhebung von Widersprüchen und Getrenntem (Baader 2002, S. 58). Fröbel nahm aber auch Gedanken von Schelling, Schleiermacher und den Mystikern auf. Sein Studium der Natur, insbesondere sein Wissen über Mineralogie und Kristallographie (Heiland 2010; Reble 1995; Konrad 2022), beeinflussten seine Pädagogik. Darüber hinaus bestehen klassisch-pietistische Züge. Fröbels Pädagogik gründet auf dem sogenannten »sphärischen Gesetz« – das aus naturmythischen und pantheistischen Theorien hervorgeht. Das »sphärische Gesetz« ist anschaulich verbunden mit dem geometrischen Körper einer Kugel, für Fröbel das Ur-Symbol von »Einheit in der Vielfalt«. Unter diesem Grundsatz entwickelte Fröbel verschiedene Spielmaterialien, sogenannte Spielgaben. Die erste Spielgabe – für das sehr junge Kind – verkörpert das Universum (Kugel/Sphäre) in der Form eines Balls und damit Ganzheit und Unendlichkeit in einem. Die Kugel bzw. der Ball ist in

Bewegung, dies greift das Entwicklungsmoment des jungen Kindes auf, welches zur Selbsttätigkeit anzuregen sei. In den weiteren Spielgaben wendet sich Fröbel weiteren Erscheinungsformen der »Einheit in der Vielfalt« zu. So zeigt zum Beispiel die dritte Gabe – acht gleichgroße Holzwürfel, die zu einem Würfel zusammengefügt werden können – die »Einheit in der Vielfalt«. Die Spielgaben ermöglichen selbsttätige Weltzugänge und Erfahrungen über Schönheits-, Lebens- und Erkenntnisformen (▶ Abb. 15–18).

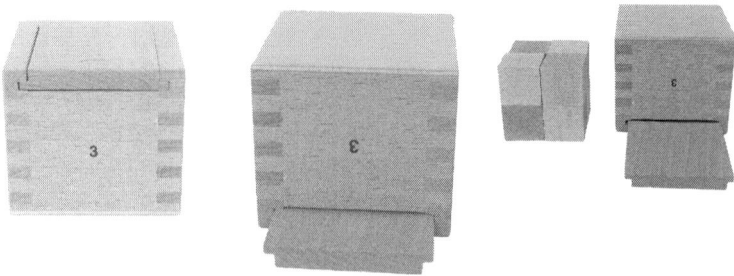

Abb. 15: Spielgabe 3 nach Friedrich Fröbel (eigenes Foto)

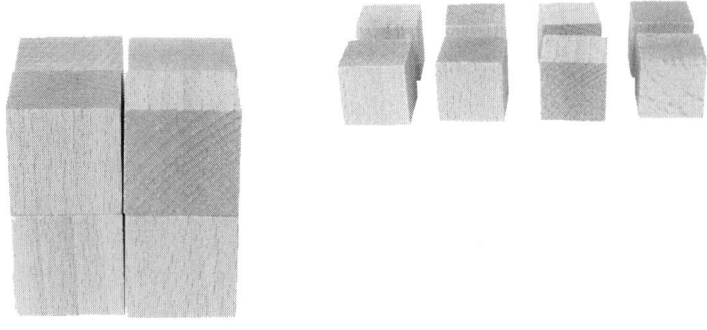

Abb. 16: Erkenntnisform: 1 großer Würfel = 8 kleine Würfel (eigenes Foto)

3.5 Kindergartenbewegung

Abb. 17: Schönheitsform: 8 Würfel im Muster angeordnet (eigenes Foto)

Abb. 18: Lebensformen: 8 Würfel als Lounge, Esstisch, Torbogen oder Treppe (eigenes Foto)

Kinder können im Spiel mit den Materialien das Gesetz der »Einheit in der Vielfalt« entdecken und begreifen. Fröbels zentrales Werk die Menschenerziehung beginnt mit dem Satz:

> »In allem ruht, wirkt und herrscht ein ewiges Gesetz; es sprach und spricht sich im Äußeren, in der Natur, wie im Innern, in dem Geiste, und in dem beides Einenden aus [...].« (Fröbel, »Die Menschenerziehung«, zit. nach Reble 1993, S. 377)

Diese Auffassung ist für Fröbel zentrales Element seiner Erziehungslehre. Fröbel verbindet seine philosophischen Einsichten mit seiner Idee des Kindes und des Kindergartens, denn das kindliche Spiel, so schreibt er, »ist ein Spiegel des Lebens«:

Spielen, *Spiel* ist die höchste Stufe der Kindesentwicklung, der Menschenentwicklung dieser Zeit; denn es ist freitätige Darstellung des Innern aus Notwendigkeit und Bedürfnis des Innern selbst, was auch das Wort Spiel selbst sagt. Spiel ist das reinste geistigste Erzeugnis des Menschen auf dieser Stufe und zugleich das Vorbild und Nachbild des gesamten Menschenlebens, des Innern, geheimen Naturlebens im Menschen und in allen Dingen; es gebiert darum Freude, Freiheit, Zufriedenheit, Ruhe in sich und außer sich, Frieden mit der Welt (Fröbel, »Die Menschenerziehung«, nach Reble 1993, S. 385).

Fröbels Philosophie ist zwar inspiriert von Rousseau, unterscheidet sich von jenem aber auch. Während Rousseau insbesondere die mittlere Kindheit bis zum jungen Erwachsenen in den Fokus stellt, zeichnet sich Fröbel durch seinen engen Bezug auf die jungen Kinder aus. Er sieht bereits alle zukünftigen Fähigkeiten im jungen Kind angelegt – diese Ansicht ermöglicht erst die moderne, liberale Erziehung:

> »Das kleine Kind verfügt bei Rousseau weder über Eigensinn noch über Phantasie, weshalb er dem Kinde eine gewisse Idealität zu spricht, denn die Phantasie ist für Rousseau durchaus problematischer Natur. Sie ist in seinen Augen verantwortlich für die Entstehung unangemessener Wünsche und Leidenschaften. Der romantische Kindheitsmythos hingegen hebt gerade die kindliche Phantasiebegabtheit und den Eigensinn des Kindes hervor. Vor allem aufgrund jener den Kindern zugeschriebenen besonderen Phantasietätigkeit bewegen sich für die Romantiker Kinder in der Nähe des Göttlichen. Durch ihren unmittelbaren Zugang zur Phantasie, ebenso wie durch ihre Augenblicksverhaftetheit, weisen sie zudem Gemeinsamkeiten mit den Künstlern auf. So entsteht die Vorstellung vom ›Kind als Künstler‹, die dann in der deutschen Reformpädagogik und der

3.5 Kindergartenbewegung

Kunsterziehungsbewegung um 1900 wieder aufgegriffen wird.« (Baader 2002, S. 57)

Der romantische Kindheitsmythos spricht dem Spiel und der Phantasiebegabtheit der jungen Kinder und damit zugleich der frühen Kindheit als Lebensphase eine besondere Bedeutung zu. In den Augen der Romantiker:innen ist das junge Kind gleichsam ein »göttliches« Wesen. Die intuitive »Ahnung« ist es, welche das Kind zur Erkenntnis leitet. »Bei Novalis und Fröbel beispielsweise wird die Heiligkeit des Kindes mit eben jenem intuitiven Wissen über den Ursprung und Zusammenhang des Ganzen in Verbindung gebracht« (Andresen und Baader 1998, S. 94). Erziehung bedeutet unter dieser Perspektive, dass vor allem junge Kinder Schon- und Schutzräume benötigen, um sich entsprechend zu entfalten. Der Ausdrucksfähigkeit und Selbsttätigkeit kommt damit eine herausragende Rolle zu (Reble 1995, S. 233). Der »Kindergarten« dient dazu, den »Kindern ihr Paradies zurückzugeben«. Das Spiel als zentrale Ausdrucksform des Kindes hat nach Fröbel einen tiefen »Lebenssinn« und daher einen überragenden Wert für die Erziehung (Reble 1995), diese Auffassung macht die Fröbelpädagogik so einzigartig für die frühe Kindheit. Fröbel greift das Spiel als intuitive Praxis der Kinder auf und setzt daran mit seiner Pädagogik an. Damit führt Friedrich Fröbel zwei Erziehungspraxen zusammen: nämlich die soziokulturell geprägte (intuitive) mit ihrem Ausgangspunkt beim Spiel und der Selbsttätigkeit des Kindes sowie die bewussten (Erkenntnisformen), die bisher allein über Ratio und Vernunft bestimmt war, wie sie sich mittels des Zugangs zu den Kulturtechniken und damit der Auseinandersetzung mit Texten und Theorien zeigte.

Der Kindergarten war für Kinder aller Stände koedukativ und konfessionsübergreifend gestaltet, das unterschied ihn von den Bewahranstalten der Armenpflege. Seine pädagogische Ausrichtung orientierte sich an der Trias Spielgaben, freie Bewegungsspiele und Gartenpflege. Die Entstehung der Kindergärten in dieser Form ist jedoch nicht jenseits der sozioökonomischen Bedingungen zu verstehen. Dass hier alle Stände einbezogen wurden, liegt nach Jürgen Reyer und Diana Franke-Meyer auch an der »Strukturschwäche« der Kernfamilien (Reyer und Franke-Meyer 2021, S. 28), die bezüglich der Betreuungsmöglichkeiten nur noch auf begrenzte Ressourcen in der »Familie« zugreifen konnten. Durch die großen gesellschaftlichen Umbrüche entstand ein Bedarf an außerfamilialer Kindererziehung in allen Klassen und Ständen. Mit dem Kindergarten wurde aber auch ein Stück weit die Kernfamilie, und zwar bezüglich ihrer vermeintlichen intuitiven Qualitäten, infrage gestellt. Denn Fröbel bezweckte mit seinem »allgemeinen deutschen Kindergarten« zunächst eine bewusste Schulung jeder Mutter und jedes jungen Mädchens, damit seine Einsichten in Zukunft alle Familien durchdringen würden, ganz ähnlich wie Comenius mit seiner »Mutterschul«. Letztlich sah er aber seinen Kindergarten und das Lernen im Spiel auch als Fundament der Schulbildung. Solch ein Kindergarten für alle Kinder wurde auch von der Volksschullehrerschaft unterstützt (Reyer und Franke-Meyer 2021, S. 30).

Die Fröbelschen Kindergärten sind von Anfang an Stätten einer bewussten Erziehung (▶ Abb. 19). Dass Fröbel hier einerseits eine bewusste Erziehung fordert und sich andererseits am bürgerlichen Familienideal der Kernfamilie auch mit ihren geschlechtsspezifischen Verhaltensmustern orientiert, könnte aus heutiger Sicht inkongruent erscheinen, ist aber dem Geschlechterdualismus der Zeit geschuldet.[18] Dabei ist wichtig zu wissen, dass Fröbel für den Beruf der Kindergärtnerin zunächst Männer vorsah, aber hier auf weniger Interesse stieß (Baader 2002; Reyer und Franke-Meyer 2021). Die Kindergärtnerin als ein in der Folgezeit sich herauskristallisierender spezifischer Frauenberuf, auch unter Bezug auf die von Pestalozzi herausgestellte sogenannte »Wohnstubenkraft« der Frauen, ist ein schwerwiegender Stolperstein bei der Professionalisierung dieses Berufsfelds bis in die Gegenwart. Einfluss auf diese Entwicklung hatte vor allem auch das von Henriette Schrader-Breymann etablierte Prinzip der sogenannten »geistigen Mütterlichkeit«. Denn mit der Ausbildung von Frauen zu Kindergärtnerinnen wurde die Erziehung zur inner- und außerhäuslichen Aufgabe der Frau, wie Henriette Goldschmidt betonte. Die überwältigende Mehrheit der deutschen Frauenrechtlerinnen im 19. Jahrhundert schlossen sich diesen Ideen an. Dabei verließen die Frauen sich nicht nur auf das instinktive Gefühl und Verhalten, sondern forderten, wie die Männerberufe, eine wissenschaftliche Ausbildung. Diese »Mission der

---

18 1811 schrieb Friedrich Fröbel: »Das Weib ist ebenso zur Wissenschaft und zur Durchdringung derselben bestimmt wie der Mann« (zit. nach Reyer und Franke-Meyer 2021, S. 61).

3.5 Kindergartenbewegung

Abb. 19: H. Bürckner, Im Kindergarten, Lithographie, um 1865

Frauen« in Zusammenhang mit dem Prinzip der »geistigen Mütterlichkeit« entstand aus der Suche der Frauen nach Autonomie und nach einem eigenen Wirkungsfeld außerhalb der Familie. Insbesondere von der Kindergartenbewegung wurden diese Ideen systematisch entwickelt, denn hier ging es von Anfang an nicht nur um die Kinder im Vorschulalter, sondern auch um die Bildung und den Status der Frauen (Allen 1989).

Die Fröbelschen Kindergärten setzten sich im 19. Jahrhundert nur langsam durch. Sie profitierten aber von der bürgerlichen Revolution in Deutschland. Eine Befürwortung des Kindergartens war zu jener Zeit ein »demokratisches Bekenntnis« (Münchow 2002, S. 68). In dieser Aufbruchsstimmung entwickelte sich der Kindergarten zu einem Arbeitsfeld für Frauen und Mädchen (Baader 2002). Eindrücklich beschreibt Katja Münchow die Lebensgeschichte von Amalie Krüger (1816–1903). Sie lernte Fröbel vermutlich 1846 im Kontext seiner Vorträge an den Franckeschen Stiftungen in Halle kennen und besuchte im Anschluss einen Lehrgang in Keilhau bei Friedrich Fröbel. Sie begleitet ihn bereits 1846 auf seiner Werbereise für seine Kindergartenidee und unterstützt ihn auch 1848 im Zentrum der bürgerlichen Revolution, als er versuchte, seinen Kindergarten auf der Pädagogenversammlung als erste Stufe des Bildungswesens einzuführen. Im Dezember 1848 ging Amalie Krüger nach Hamburg. Dort wollte der jüdische Kaufmann Wilhelm Breit einen Kindergarten aufbauen. Krüger war über ihren Schwager Ludwig Hildeshagen, der 1948/49 Abgeordneter im linken Flügel der Preußischen Nationalversammlung war, eng mit den demokratischen Bewegungen dieser Zeit verbunden. In Hamburg machte sie die Bekanntschaft mit Akteurinnen der frühen Frauenbewegung, wie u.a. Henriette Goldschmidt, Emilie Wüstenfeld, Bertha Traun, und richtet auch mit Unterstützung dieser Frauen einen Kindergartenkurs in Hamburg ein. Zusammen mit Karl Fröbel, den sie in Zürich besucht, wird diese Einrichtung des Kurses mit der Gründung einer Hochschule für Frauen und eines eigens dafür eingerichteten Lehrkindergartens umgesetzt. Friedrich Fröbel stand seinem Neffen Karl kritisch gegenüber, dieses schwierige Verhältnis können weder Amalie Krüger noch die einflussreichen Frauen aus der Hamburger Gesellschaft auflösen. Die Hochschule wird aber zu einem zentralen

Kristallisationspunkt zur Verbreitung der Kindergartenidee und zugleich für Frauenrechte (Münchow 2002)[19].

Die Verbreitung des Kindergartens ist mit der bürgerlichen Frauenbewegung verbunden (Reyer und Franke-Meyer 2021; Münchow und Otto-Peters 2007). Davon zeugt auch Katja Münchows Analyse der »Frauen-Zeitung« von Louise Otto. Sie zeigt, dass das Thema Fröbelsche Kindergartenidee und Kindergartenbewegung in den Jahren 1849–1852 einen zentralen Stellenwert einnahm und ca. 38 % der Beiträge ausmachte (Münchow und Otto-Peters 2007, S. 24). Siegfried Bernfeld (1892–1953) greift in seinem Buch »Sisyphos oder die Grenzen der Erziehung« ein Tischgespräch aus dem Jahr 1850 zwischen dem weimarischen Unterrichtsminister und der Baronin Bertha von Marenholtz-Bülow zu Fröbel auf. Sie war Frauenrechtlerin und Verfechterin des Kindergartens:

> »Den weimarischen Unterrichtsminister Herrn v. Wydenbruch zu tätiger Hilfe für Fröbels Kindergarten zu gewinnen, bemühte sich Frau v. Mahrenhol[t]z-Bülow in Tischgesprächen, die Einwände beredt zu zerstreuen, die dem Minister bisher zu getragen worden waren. Sie sprach von der Freiheit, zu der die Menschen durch Fröbels Methode erzogen würden. Der Minister schien geneigt, solche Möglichkeit zu glauben, aber die Freiheit selbst schien ihm nicht wünschenswert, das Wort sogar schon ist gefährlich.« (Bernfeld 1973, S. 7).

Mahrenholz-Bülow nutzte ihre aristokratischen Kreise und hielt im In- und Ausland unzählige Vorträge, um die Kindergartenidee bekannt zu machen. Insbesondere während des Kindergartenverbots hielt sie diese Idee im Gespräch und gab Anstoß zu den sogenannten Kindergartenvereinen. Denn den Einrichtungen wurde eine zu große Nähe zu demokratischen und revolutionären Gesinnungen vorgeworfen. »Freiwilligkeit, Selbsttätigkeit und allgemeine Menschenbildung« wurden als staatsgefährdend eingestuft. Am Ende der gescheiterten bürgerlich-demokratischen Revolution (1848) gerieten daher auch die Kindergärten als »Pflanzstätten der

---

19 Amalie Krüger ist darüber hinaus die erste Ausbildnerin an der Schnittstelle Hochschule und Kindergarten – eine Position, die heute in Form der Praxismentorin viel diskutiert, aber nicht strukturell umgesetzt wurde. Die Frauenhochschule wurde 1852 aufgelöst. 1860 nach der Auflösung des Kindergartenverbots ging Amalie Krüger nach Berlin. Dort übernahm sie den zweiten fröbelschen Kindergarten des Frauenvereins und engagierte sich im dortigen Fröbelverein.

Demokratie« (Franke-Meyer 2021) unter eine Verbotswelle. Aus den Akten des Innen- und Kultusministeriums zu jener Zeit geht hervor:

> »Im August 1851 wurden die Kindergärten in Preußen verboten. Die Vorwürfe, die gegen Fröbel und das Projekt des Kindergartens erhoben wurden, lauteten: Die Kindergärten seien areligiös und würden zum Atheismus erziehen. Viele ihrer Anhänger gehörten den Freireligiösen Gemeinden an oder seien Juden. Fröbels Kindergärten stünden in Zusammenhang mit ›destructiven Richtungen in Religion und Politik‹. Fröbel arbeite mit Revolutionären und ›demokratischen Nobilitäten‹ zusammen. Unter Bezugnahme auf Rousseau werde in den Kindergärten die Egalität des Menschen im Rekurs auf das Naturrecht praktiziert. Es werde behauptet, dass hier die Kinder von arm und reich, von vornehm und gering, von Juden und Christen, vielmehr von Protestanten und Katholiken glücklich und gesegnet nebeneinander seien können. Die Kindergärten seien eine Gefahr für die traditionellen Bewahranstalten, die den Kirchen unterständen. Der 1847 vom Dienst suspendierte Adolf Diesterweg schrieb an Fröbel, das Kindergartenverbot hänge damit zusammen, dass man ›den Diakonissen freie Bahn‹ machen wolle. Entscheidend für das Verbot ist die überkonfessionelle Konzeption des Kindergartens, die eine historisch neue Religiosität repräsentierte, die sich nicht mehr an Kirchen und Konfessionen orientierte. Deshalb engagierten sich in den Kindergartenvereinen auch Juden und Jüdinnen: in den Akten wird das wiederholt als Vorwurf vorgebracht.« (Baader 2002, S. 64)

Das preußische Kindergartenverbot galt neun Jahre. Aufgrund des an den Kindergarten gekoppelten Professionalisierungskonzepts[20] hatte sich aber

---

20 Mit der Gründung des Kindergartens schuf Fröbel auch einen neuen Frauenberuf. Ab 1839 gab Friedrich Fröbel Kurse für Mädchen und Frauen in Blankenburg, später in Keilhau. Hier wurden sie in einem halben Jahr zu Kinderpflegerinnen und Kindergärtnerinnen ausgebildet. In Hamburg wurde vom »Allgemeinen Bildungsverein deutscher Frauen« eine sogenannte »Hochschule für Frauen« gegründet (1849), die von Karl Fröbel, einem Neffen von Friedrich Fröbel, geleitet wurde. Diese bestand nur eine kurze Zeit – nach dem Kindergartenverbot 1861 war die Hamburger Initiative aber wegweisend für die Gründung von Seminaren für Kindergärtnerinnen. 1898 verfasste Henriette Goldschmidt (1825–1920), eine Frauenrechtlerin und engagiert im Fröbel-Verein, eine Bittschrift zur »Einordnung der Fröbelschen Erziehungs- und Bildungsanstalten (Kindergärten und Seminare für Kindergärtnerinnen) in das Schulwesen der Gemeinden und des Staates«, denn bisher war die Gründung von Kindergärten und Ausbildungsseminaren nicht geschützt. Die Eingabe blieb unter der konservativen Politik ohne Erfolg. 1908 wurden die Kindergartenseminare in den Lehrplan der Frauenhochschule aufgenommen, 1911 gab

bereits ein breitflächiges bürgerliches Netzwerk (national und international) gebildet.[21] Dieses trug dazu bei, dass die Idee des Kindergartens letztlich nicht in Vergessenheit geriet, sondern vielmehr in die Welt getragen sowie weiterentwickelt wurde und den Kindergarten international bekannt machte (Baader 2002).

Abb. 20: Max Liebermann, Kleinkinderschule Amsterdam, 1880, Öl auf Holztafel, 68 x 98 cm, Staatliche Museen Berlin

Kleinkinderschulen, Warteschule oder Kindergärten, so zeigt es das Gemälde des Genremalers Max Liebermann, wurden in der zweiten Hälfte des 19. Jahrhundert zu einem Teil des öffentlichen Lebens (▶ Abb. 20). Die Kleinkinderschule macht aber auch deutlich, dass hier, ganz anders als in

---

es erste Prüfungsbestimmungen für Kindergärtnerinnen und Jugendleiterinnen, die sogenannte staatliche Anerkennung (Aden-Grossmann 2011).
21 Dazu zählt auch Johanna Goldschmidt (1806–1884), eine Frauenrechtlerin und Schriftstellerin. Sie lud 1849 Friedrich Fröbel zu einem Vortrag in Hamburg. Sie war eine Unterstützerin der Kindergartenidee und brachte Fröbel auch in Kontakt mit Adolf Diesterweg (Aden-Grossmann 2011).

den Fröbelschen Kindergärten, die Tagesstruktur kaum an die Bedürfnisse, d. h. auch die Phantasie und das Spiel der Kinder angepasst wurde.

Ähnlich wie die Bewegung der sogenannten Schulmänner, Volkslehrer und Unterrichtsbeamten, wie Friedrich Adolph Diesterweg, Friedrich Wilhelm Dörpfeld, Friedrich Dittes (Tenorth 2010), die den dynamischen Ausbau von Schulen abseits der Obrigkeit unterstützten, ist auch die Entwicklung des Kindergartens als Institution nicht ohne die Kindergartenfrauen zu denken, die diese Idee erfolgreich verbreiteten (Reyer und Franke-Meyer 2021). Auch sie sorgten dafür, dass die Idee des Kindergartens nach der gescheiterten Revolution (1848) bzw. mit dem Kindergartenverbot (1851–1860) wachgehalten wurde, und stehen für die sogenannte »Kindergartenbewegung«. Durch die Emigration fand der Begriff »Kindergarten« auch Einzug in die englische Sprache. Der erste Fröbel-Kindergarten wurde 1851 von Bertha Ronge (geb. Meyer) in London (England) und 1856 von Margarethe Meyer-Schurz in Watertown, Wisconsin (USA), aufgebaut.[22] Die beiden Schwestern lernten Fröbel in Hamburg bei Johanna Goldschmidt kennen. Bertha Ronges Buch *Practical Guide to the English Kinder Garten* (1854) machte die Kindergartenidee weiteren Aktivist:innen zugänglich (Jenkins 1930; Berger 2015a).[23] 1876

---

22 1871 gründete Julie Salis Schwabe in Neapel eine Fröbelsche Einrichtung (Kindergarten, Knabenschule, Höhere Mädchenschule und Kindergärtnerinnenseminar). Dort lernte auch Helene Klostermann (1858–1935) die Idee der Fröbelpädagogik 1888 kennen. Das »Instituto Froebeliano« wurde von der Fröbel-Epigonin Adele von Portugal (1818–1910) geleitet (Berger 2017).

23 Die Kindergartenbewegung blieb aber nicht auf die nördliche Hemisphäre beschränkt. Jane Read beschreibt, wie 1900 Lucy Latter als Kindergartenlehrerin in London nach Südindien (Mysore) ging. Latter besuchte auch die Kurse von Schrader-Breymann am Fröbel-Pestalozzi-Haus in Berlin. Sie war international viel unterwegs und sah sich unterschiedliche Kindergartenpraxen und Seminare an, u. a. in Blankenburg. Latter schrieb mehrere Bücher und Beiträge für die Froebel Society. Read diskutiert in ihrem Artikel die Aktivität im Kontext kolonialer Diskurse, des *othering*. Sie hebt hervor, dass der Kindergarten mit den Fröbelschen Spielgaben in Mysore eigentlich scheiterte, erst der Fokus auf das Spiel der Kinder vor Ort und der Einbezug dieser Materialien formte die Kindergartenidee neu. Die Idee des Gartens bzw. der Beete, die die Kinder anlegen und pflegen, konnte sie in Mysore gut verwirklichen. Sie dokumentierte: »it is possible to make nature-teaching the central point of the life of the school without detriment to the children … such teaching gives a real meaning and

wurde in Tokio der erste Kindergarten Japans gegründet (Tokyo Women's Teacher's School Accessory Kindergarten). Er war angegliedert an die Ausbildungsstätte für Kindergärtnerinnen und orientierte sich an der Pädagogik Friedrich Fröbels. Damit wurde der Grundstein für die frühkindliche Bildung und Erziehung in Japan gelegt. Ihm wird auch zugeschrieben, dass er die Deutsche Clara Zitelmann (Clara Matsuno) als Kindergärtnerin einlud. Clara Matsuno war ausgebildete Fröbelpädagogin und Musikpädagogin. Sie leitete von 1876–1881 den ersten staatlichen Kindergarten in Japan und prägte nicht nur die Kindergartenpädagogik, sondern auch die Musikpädagogik in Japan (Bartels-Ishikawa 2015).

Die Kindergartenidee von Fröbel zeigt anschaulich, wie eine philosophische Idee in den Strudel sozialer Bewegungen gerät und damit vielschichtige Interpretationen und Transformationen erfährt. Die dynamischen Entwicklungen seit der Mitte des 19. Jahrhunderts beeinflussten Fröbels Kernideen. Dabei wurde zunächst noch um die Zusammenführung von Elementar-, Volksschule und Kindergärten im Kontext der flächendeckenden Einführung der Volksschulen diskutiert (Reyer und Franke-Meyer 2021). Danach überschnitten sich unterschiedliche Traditionslinien mit den sogenannten Bewahr- und Nothilfeeinrichtungen, die errichtet wurden, um den Mangel an familiären Betreuungsmöglichkeiten aufzufangen, und sich dem karitativen Motiv der Armenpflege und einer moralisierenden Erziehung verpflichteten (Bühler-Niederberger und Sünker 2014). Henriette Schrader-Breymann, eine Nichte von Friedrich Fröbel, gründete 1881 das Pestalozzi-Fröbel-Haus in Berlin, das sowohl als Ausbildungsstätte für Frauen (Kindergärtnerinnen, Kurse für Kindermädchen und Mütter, Koch- und Haushaltsschule) diente als auch einen Volkskindergarten unterhielt. Denn in dieser Zeit wird beschlossen, dass

---

incentive to all the handwork and leads to a richer and truer appreciation of poetry, pictures and music« (Latter, cited in Anon 1907e, 5, zit. nach Read 2022, S. 161). Es ist aber auch bekannt, dass sie den spielbasierten Ansatz mit mehr formalem Lernen erweiterte, um die akademischen Fähigkeiten der Kinder zu stärken. Die Arbeit von Latter zog internationales Interesse auf sich. Obwohl Latter hier viele Elemente des Kindergartens mit den Kolleg:innen vor Ort anpasste, zeigt sich unter post-kolonialer Perspektiven die Dominanz westlicher Werte (Read 2022).

an sogenannte Mädchenschulen auch ein Kindergarten anzugliedern sei.[24] Mit dem dort etablierten Kindergarten knüpfte Schrader-Breymann nur lose an die Fröbelbewegung an. Sie stellte sich gegen eine Verschulung des Kindergartens und verband die Kindergartenidee mit Gedanken von Pestalozzi zur sogenannten »Wohnstubenkraft der Frauen« (Eberhard 1958, S. 65). Damit wurden bereits 40 Jahre nach der Gründung des ersten Kindergartens wesentliche Ansatzpunkte Fröbels in den Hintergrund gestellt. Schrader-Breymann richtete ihr Augenmerk auf die Verhältnisse der Großstadt in ihrer Zeit; insbesondere Kinder von Arbeiterinnen bedurften ihrer Ansicht nach einer institutionellen Erziehung. Für ihren Kindergarten wählte sie kleinere Kindergartengruppen als in den Bewahranstalten, die mit bis zu 100 Kindern und zwei Erzieherinnen besetzt waren. Darüber hinaus vernachlässigte sie die Spielidee von Fröbel und ersetzte diese durch die von Pestalozzi in seiner Schrift »Lienhard und Gertrud« erwähnten »mütterlichen Tätigkeiten« (Baader 2002, S. 70). Damit wurde der Kindergarten »alltagsnah« und an der Lebenswelt Erwachsener orientiert.

Die Kindergartenidee von Friedrich Fröbel wurde auch in den angloamerikanischen Ländern aufgegriffen. Dort gaben die Ansätze von Fröbel Impulse zu der sogenannten »neuen Erziehung« (Allen 1989). Ann T. Allen begründet den Erfolg in den USA u.a. damit, dass sich das amerikanische Familienbild im 19. Jahrhundert von der idealen Kernfamilie gelöst hatte, d.h. der Rückzug ins Private wurde abgelöst von einer konstruktiven Verknüpfung privater und öffentlicher Erziehung. Insbesondere im Zuge einer diversen Gesellschaft in den USA als Einwanderungsland wurde der

---

24 Die Internationalen Frauenkonferenzen, die 1896 und 1904 je in Berlin stattfanden, sahen ausführliche Sitzungen über die Kindergartenbewegung vor. Helene Lange hielt 1904 den Eröffnungsvortrag und stellte heraus: »Die Frauenbewegung hält an dem Grundsatz fest, dass die Essenz aller Weiblichkeit die Mutterschaft ist«. Die Betonung der mütterlichen Rolle, die jahrzehntelang von Gruppen wie der Mutterschutzbewegung erweitert und radikalisiert wurde, bestimmte den deutschen bürgerlichen Feminismus bis 1933 (Allen 1982, S. 333). Der an der »Mutterschaft« orientierte und gemäßigte »Feminismus« beeinflusste letztlich auch das von Georg Kerschensteiner (1854–1932) aufgebaute Berufsbildungssystem. Der gemäßigte Feminismus fundamentierte die Geschlechterhierarchien. Das zeigte sich auch im Berufsbildungssystem, das die »duale Ausbildung« für technische Berufe und die »Vollzeitschulische Ausbildung« für Frauen hervorbrachte (Mayer 1999).

öffentlichen Erziehung eine hohe Bedeutung für das Gemeinwesen zugeschrieben. Diese Entwicklungen hingen auch mit den »Unterschieden in der beruflichen, sozialen und politischen Stellung von Frauen in Deutschland und Amerika« zusammen (ebd., S. 65). Das Pestalozzi-Fröbel-Haus war 1893 auf der Weltausstellung in Chicago vertreten. G. Stanley Hall war begeistert von den Kindergarteneinrichtungen:

> »Hall, der einen wissenschaftlichen Ansatz zur Entwicklung des Kindes vertrat (den er ›child-study‹ nannte), schätzte die Kindergartenpädagogik wegen ihrer Einfühlungsbereitschaft in das kindliche Wesen, aber er verwarf viele von Froebels Ideen, einschließlich seiner grundlegenden Ansicht, daß göttliche Wahrheit im kindlichen Spiel symbolisch zum Ausdruck kommt. Hall kritisierte diese Idee als überholt und unwissenschaftlich; er vertrat eine Auflockerung der starren FROEBELschen Formen und empfahl Spiele, die den Kindern die Fähigkeiten zum gemeinschaftlichen Leben vermitteln würden. Wie die meisten Veränderungen in der Kindergartentheorie hatte auch diese ihren Ursprung in Deutschland, fand aber sehr viel breitere Beachtung in Amerika. Hall, der das Pestalozzi-Froebel-Haus während einer Europareise besuchte, lobte Henriette Schraders Lehrprogramm, das auf praktischen Zielen wie häuslicher Geschicklichkeit und Naturkunde beruhte und nicht so sehr auf symbolischen Spielen (Hall 1911, S. 16f.). Die praktischen Methoden, die Schrader als erste entwickelt hatte, wurden von den amerikanischen Schülern Halls, u.a. von Anna Bryant und Patty Smith Hill, in der Praxis angewendet und erhielten ihre theoretische Untermauerung durch den amerikanischen Pädagogen John Dewey.« (Weber 1969, S. 45 ff.; zit. nach Allen 1989, S. 79)

Wie unterschiedlich die gesellschaftlichen Entwicklungen in Deutschland und den USA zu jener Zeit waren, dokumentieren auch zwei Ausstellungen, die fast zur gleichen Zeit in den beiden Ländern stattfanden. Zum einen die kulturhistorische Ausstellung *Das Kind in den letzten Jahrhunderten* im Künstlerhaus Berlin 1910, die Einblick in »das Leben in der Kinderstube« über zwei Jahrhunderte gab und neben Spielzeug, Puppen, Kleidern und Möbeln auch Bilder und Skulpturen zeigte (Wild 1910). Davon hebt sich die Ausstellung *The Child Welfare Exhibit* 1911 in Chicago ab. In dem Vorwort zur Ausstellung schreibt Jane Addams (1860–1935), Gemeinwesenarbeiterin, Friedenspolitikerin und Trägerin des Friedensnobelpreises (Müller 2010):

> »Es gibt Momente, in denen das Leben in Chicago eng mit einer Maschine verzahnt zu sein und seine Jugend ausschließlich als Rohmaterial zur Schaffung von Reichtum zu nutzen scheint. [...] eine eingehende Studie dieser Ausstellung

wird uns künftig zwingen, die Kinder als das wertvolle Material zu betrachten, aus dem bessere Menschen und bessere soziale Gegebenheiten gemacht werden.« (zit. nach Forsell 2014, S. 191)

Chicago war damals die größte Stadt der USA. Zwei Drittel der Millionenbevölkerung waren Einwander:innen. Sie lebten in elenden Verhältnissen und von Gelegenheitsjobs. Die Frauen machten zum großen Teil Heimarbeit. Die Infrastruktur in der Millionenstadt war unzureichend, es gab keine frühkindlichen Einrichtungen, nur vereinzelt Schulen, die Stadtverwaltung war korrupt und städtische Dienstleistungen gab es nicht (Müller 2010). Jane Addams gründete hier ihr »*Hull House*«, sie versammelte gut gebildete, berufserfahrene und sozialpolitisch interessierte Frauen, die sich in ihrer Freizeit dafür einsetzten, eine Infrastruktur um das »*Hull House*« aufzubauen: Säuglingskrippen, Kindergärten, Mädchenclubs und Sommerfreizeiten für die junge Generation, Stützkurse für die Einwanderer etc. Sie verfolgte die Idee, dass das »›Lernen ›*through the medium of books*‹ abgelöst werde durch eigenständiges Lernen und produktive Tätigkeit« (Oelkers 2010). Sie arbeitete proaktiv daran, die neuen Erfahrungs- und Lernräume der Kinder und Jugendlichen einzubeziehen. Diese Anforderung konnte ihrer Ansicht nach keine Einheitsschule leisten, vielmehr bedürfe es unterschiedlicher Projekte.

Die Analyse der Soziologin Viviana Zelizer beschreibt die Entwicklungen in den USA zwischen 1870 und 1930 auch als eine Phase des Wandels vom *economically useful* zum *emotionally priceless* Kind. Zelizer hinterfragt in ihrem Buch *Pricing the priceless child. The changing social value of children* das vermeintlich Selbstverständliche, nämlich das Generationenverhältnis von Eltern und Kindern. Für den Auftakt zu ihrem Buch wählt sie eine Vignette:

> »1886 verklagte ein Ehepaar in Georgia eine Eisenbahngesellschaft wegen des unrechtmäßigen Todes ihres zweijährigen Sohnes, weil er angeblich zwei Dollar im Monat wert war (er hatte Botengänge gemacht). Das Gericht wies die Klage ab, weil das Kind zu jung war.« (Zelizer 1985)

Zelizer nutzt das Beispiel, um den enormen Wandel vor Augen zu führen, der zu einem veränderten Blick auf das Kind in der Industriegesellschaft geführt hat, aber keine Selbstverständlichkeit war. Auch Wilma Aden-Großmann erwähnt, wie in der zweiten Hälfte des 19. Jahrhunderts das

Konzept der sogenannten Volkskindergärten beeinflusst wird, über die Bedeutung des ökonomischen Werts von Kindern, insbesondere von Kindern in Armutslagen. Sie zitiert Mahrenholtz-Bülow (1875):

> »Dazu dienen z. B. das Matten- und Korbflechten, das Bandweben an einem eigens dazu eingerichteten Webstuhl, das Tonmodellieren, Papierarbeiten und Ausschneiden für den Konditorei- und Buchbinderbedarf und dergleichen mehr. Diese Dinge können selbst schon im Kindergarten als kleiner Erwerbszweig dienen …, sollen aber den Kindern nur Mittel sein, ihre Liebe zu den Eltern … tätig ausdrücken zu können. Der eigentliche Gelderwerb, das für sich gewinnen wollen, soll in diesem Alter noch ferngehalten werden.« (Aden-Grossmann 2011, S. 37)

Aden-Großmann ergänzt, diese Veränderungen des Konzepts sollten insbesondere Bedenken entgegenwirken, die »Arbeiterkinder« würden im Kindergarten nur verwöhnt und damit ihren Familien »entfremdet« (▶ Abb. 21).

Abb. 21: Jozef Israëls, Children of the Sea, 1872, Öl auf Leinwand, 48,5 x 93,5 cm, Rijksmuseum Amsterdam

Der veränderte Blick hin zum Kind als *emotionally priceless* zeigte einen gesellschaftlichen Perspektivwechsel an, der nach Zelizer dazu führte, dass die jungen Kinder zunehmend als eine Quelle des privaten Glücks betrachtet würden.[25] Winkler merkt dazu kritisch an, »dass dieses unbezahlbare Kind idealerweise weiß, blond und blauäugig war, weist auf die rassistisch beeinflussten Konzepte hin, welche den Markt zusätzlich mitbestimmen« (Winkler 2017, S. 102).

3.6 Reformpädagogiken

Der Begriff »Reformpädagogik« fasst unterschiedliche pädagogische Strömungen am Anfang des 20. Jahrhunderts zusammen, die sich weder in ihren Theoriekonzepten noch in ihren praktischen Programmen als einheitlich bezeichnen lassen (Fuchs 2019). Daher soll im Folgenden von »Reformpädagogiken« gesprochen werden. Im Allgemeinen wird dabei auf eine Schulreformbewegung verwiesen, die vor und nach dem Ersten Weltkrieg Fragen der Neuordnung von Erziehung und Bildung aufwarf. Sie zeichnet sich durch vielfältige Verflechtungen mit unterschiedlichen pädagogischen und sozialen Bewegungen (Kindergarten-, Jugend-, Frauen-, Arbeiter-, Volkshochschul-, Kunsterziehungsbewegung etc.) am Übergang vom 19. ins 20. Jahrhundert aus (Baader 2014; Nohl 1961; Tenorth 2008). Mit dem Begriff »Reform« wird ein Anspruch auf Modernisierung erhoben, wie er den progressiven Erziehungsideen in der Tradition von Rousseau, den Philanthropen oder auch der Kindergartenidee zu eigen war (Oelkers 2010). Solche Reformen sind jedoch nicht unbedingt als exklusiv zu bezeichnen, denn diese gab es auch vor und nach diesem Zeitraum. Im Zusammenhang mit den »Reformpädagogiken« steht ebenso der Begriff der »neuen Erziehung«. Er deutet auf eine grundlegende Gesellschafts- und Kulturkritik zu jener Zeit hin. Diese ist stark verwoben

---

25 In jüngster Zeit wird allerdings erneut kritisch über den »Wert« der Kinder diskutiert. Im Kontext sozio-ökonomischer Studien und der Humankapitaltheorie wird ermittelt, welche Investitionen in die frühe Bildung welchen »ökonomischen Nutzen« für die Gesellschaft mit sich bringen (Bandelj und Spiegel 2022).

mit dem Aufkommen neuer Theoriediskurse in den unterschiedlichsten Bereichen:

»Die medizinisch-biologische Anthropologie reagierte auf die Evolutionstheorie, die Sozialwissenschaften expandierten mit dem Instrument der Wahrscheinlichkeitsrechnung, in der Psychologie setzen sich empirische-experimentelle Verfahren durch und in der Philosophie entstanden unter dem Sammelbegriff »Pragmatismus« Ansätze einer Handlungstheorie und Sprachkritik, die der idealistischen Philosophie und ihren Erziehungstheorien widersprachen.« (Oelkers 2010, S. 93)

Nicht selten waren Reformpädagogiken mit utopischen Erneuerungsphantasien in Verbindung mit biologistischen Ansätzen wie Eugenik und Rassenhygiene verknüpft. Sie leisteten damit der Gesinnung des Nationalsozialismus Vorschub und unterstützten völkisch-nationale Ideologiekonstrukte. Reformpädagogiken sind daher in Bezug auf das »Neue« ihrer Konzepte, d. h. auf biologistische sowie ideologische Ansätze differenziert und kritisch zu lesen.

Im Folgenden können nicht alle pädagogischen Ansätze der Zeit aufgegriffen werden. Die Auswahl wurde begrenzt auf Ansätze, die zentrale Einflüsse auf die Pädagogik der frühen Kindheit hatten.[26]

Die Reformpädagogiken gewinnen in der Hochphase der Industrialisierung und Urbanisierung am Ende des 19. Jahrhunderts an Bedeutung. Damit war auch ein sektoraler Wandel der Arbeitswelt verbunden, d. h., der landwirtschaftliche Sektor schrumpfte und der industrielle Sektor gewann an Bedeutung. Diese Entwicklungen gingen mit persönlichen

---

26 Frauen erfuhren ab der Jahrhundertwende (19./20. Jahrhundert) im gesamten öffentlichen Leben eine deutlich stärkere Präsenz, in der Pädagogik, aber auch etwa in der Bildenden Kunst. In beiden Bereichen kämpften Frauen um Anerkennung. Da die Malerinnen an den Kunstakademien noch nicht zugelassen waren, gründeten sich sogenannte private Malschulen. Modersohn-Becker absolvierte erst eine Lehrerinnenausbildung, bevor sie nach Berlin zog und später in die Künstlerkolonie Worpswede und nach Paris. Diese Künstler:innenkolonien, die sich zu der Zeit vielfach auf dem Land ansiedelten, waren die Gelegenheit für die Malerinnen, ihr Können in den sogenannten »Freiluft«-Ateliers weiterzuentwickeln. Das Leben der Menschen auf dem Land beeinflusste Modersohn-Beckers Porträts, ohne der Naturidylle verhaftet zu bleiben; es gelang ihr, das Wesen der Menschen und Dinge in Farbe und Form auszudrücken (Behling und Manigold 2021).

3 Kindheits- und Erziehungsgeschichte

Abb. 22: Paula Modersohn-Becker, Sitzendes Mädchen mit verschränkten Armen, 1903, Öl auf Leinwand, 54,2 x 43 cm, private Sammlung

Wanderungsbewegungen vom Land in die Stadt einher. Die höchsten Dynamiken gab es zwischen 1890 und 1914 (Tenorth 2008). Dies hatte auch Auswirkungen auf die außerfamiliäre Betreuung von jungen Kindern. Nach dem Ersten Weltkrieg stieg die Frauenerwerbstätigkeit stark an und damit der Bedarf an Kinderkrippen, Kindergärten und Horten. Wilma Aden-Grossman zitiert eine Erhebung aus dem Jahr 1912 in Berlin, derzufolge 75.000 Plätze für Kinder benötigt wurden, aber nur 7.000 zur Verfügung standen (Aden-Grossmann 2011).[27]

Die Reformpädagogiken genießen als Schul- und Bildungsreformkonzept bis in unsere Zeit ein nachhaltiges Renommee. Dabei stehen sie zum Teil auch biologistischen und völkischen Ideologien nahe, die bereits zu dieser Zeit an Popularität gewannen. Nach 1945 wurde – relativ unreflektiert – an die Reformpädagogiken angeknüpft (Oelkers 2005). Das Narrativ des »Guten« bzw. des moralisch »Besseren«, das implizit mit dem Begriff »Reformpädagogik« assoziiert wurde, geht insbesondere auf Herman Nohl (1879–1960) zurück (Oelkers 2018; Ortmeyer 2008). Nohl zählt zu den Erziehungswissenschaftler:innen, die nach 1945 – trotz ihrer Tätigkeit in der NS-Zeit – relativ kontinuierlich ihre Arbeit fortsetzen konnten.[28] Das Narrativ von Nohl erlangte seinen festen Platz in der Geschichte der Erziehung, was auch dem unterkomplexen Geschichtsverständnis geschuldet ist, dass der Nationalsozialismus eine abgegrenzte, in sich geschlossene Phase darstelle. Diese mangelnde Reflexion des Kontextes hat in der Folgezeit die Reformpädagogiken moralisch entlastet.

Reformpädagogiken zeichnen sich durch ihre ausgeprägten pädagogisch-praktischen Bezüge aus. Sie stehen konträr zur sogenannten »Buch«-Schule. Das macht sie in der praktischen Pädagogik attraktiv. Als überwiegend alternative Bildungseinrichtungen prägen sie bis heute die Er-

---

27 Eine Erzieherin hatte in der Gruppe zum Teil 120 bis 130 Kinder mit nur einer Helferin zu betreuen (Aden-Grossmann 2011).
28 Auch wenn diese auf den ersten Blick keine herausragenden Funktionen im Nationalsozialismus innehatten, sind dennoch deren ideologische Grundhaltungen und pädagogischen Einflüsse ungenügend aufbereitet und reflektiert worden (Ortmeyer 2008).

ziehungs- und Bildungslandschaft. In der Pädagogik der frühen Kindheit stießen insbesondere Montessori- und Waldorfpädagogik[29] auf Resonanz. Herman Nohl hat die Reformpädagogiken zwar als »deutsches« Phänomen hervorgehoben, sie sind aber eigentlich im Kontext internationaler Erziehungsdiskussionen zu verorten, das macht diese Strömungen hochkomplex und vielfältig (Oelkers 2010, 2005, S. 21). Internationale Konferenzen am Beginn der Jahrhundertwende (Fuchs 2019; Oelkers 2010; ▶ Kap. 3.5) sowie Hospitationen und der Austausch über Modelleinrichtungen haben diesen Diskurs unterstützt (Oelkers 2010).

Prinzipiell nehmen die Reformpädagogiken Bezug auf den öffentlichen »Zugriff« auf Erziehung und Bildung, wie er sich seit dem Ende des 19. Jahrhunderts immer deutlicher ausprägte. Mit der »neuen Ordnung der Erziehung« bzw. der sogenannten »neuen Erziehung« und zunehmenden Pädagogisierungsprozessen sollte auf den tiefgreifenden sozialen Wandel reagiert werden (Tenorth 2008; Barz 2018). Damit stehen die reformpädagogischen Bewegungen in der Tradition der abendländischen Erziehungsgeschichte, die Erziehung immer auch an die Erneuerung und den Wandel der Gesellschaft geknüpft hat. Strukturelle Veränderungen vollzogen sich seit dem 19. Jahrhundert etwa durch die Entstehung des Wohlfahrtsstaats (Mierendorff 2014) und eine Systematisierung des Schulwesens. Gerade dieser »Erfolg« einer zunehmenden Vereinheitlichung und Verstaatlichung der Schule löste aber u. a. die Krise der Erziehung aus (Oelkers 2010). So hielt Bernhard Otto – einer der renommiertesten Reformpädagogen und damals noch unbekannter Autor – beim

---

29 Die Waldorfpädagogik basiert auf der Anthroposophie von Rudolf Steiner (1861–1925). Erste Waldorfschulen wurden 1919 im Kontext der Fabrik Waldorf Astoria in Stuttgart gegründet. Sie verbreiteten sich weltweit. Die Waldorfkindergärten wurden nachgeordnet zu den Schulen aufgebaut, denn in der Philosophie Steiners waren Kindergärten zunächst nicht integriert. Der erste Kindergarten (1926) wurde von Elisabeth von Grunelius (1895–1985) geleitet. Sie absolvierte ihre Ausbildung zur Kindergärtnerin bei Helene Klostermann (1858–1935) und wurde am Pestalozzi-Fröbelhaus zur Jugendleiterin ausbildet. Sie entwickelte die Grundlagen für den Waldorfkindergarten, der in Anlehnung an die Fröbelpädagogik konzipiert wurde. 1938 wurde dieser unter den Nationalsozialisten geschlossen. Grunelius migrierte in die USA und gründete dort die ersten amerikanischen Waldorfkindergärten (Ullrich 2021).

Landesverband Sachsen-Thüringen des Deutschen Schriftstellerverbands 1897 einen Vortrag zur Schulreform und stellte die Prognose auf, »diese Organisation [die Einheitsschule], [...], würde das 20. Jahrhundert nicht überleben« (Oelkers 2010, S. 10). Darüber hinaus gab es Neuerungen im Bürgerlichen Gesetzbuch (BGB). 1900 wurde hier erstmals ein einheitliches Familien- und Kindschaftsrecht für Deutschland festgelegt (Parr 2005). Das Gesetz schloss an historische Rechtsbezüge der sogenannten »Verfügungsgewalt« des Vaters und die Überführung in Erziehungs- und Schutzrechte an. Anfang des 20. Jahrhundert wurde die Fürsorgepflicht herausgestellt. »Das Bedürfnis der Kinder nach Schutz und Fürsorge sollte Ausgangspunkt der elterlichen Befugnisse und Pflichten sein« (Parr 2005, S. 22). Damit wurde zugleich die »Lehre vom rechtsfreien Raum« der Familie stabilisiert und die Gesetzgebung nahm mit der idealisierten Kernfamilie nachhaltig Einfluss auf die Gestaltung der Familienpolitik.

Die Krisensemantik vieler Autor:innen der Zeit führte dazu, dass die sogenannte »neue Erziehung«, die sich gegen den Aufbau eines staatlich organisierten einheitlichen Schulsystems stellte, viel Aufmerksamkeit erfuhr (Oelkers 2010). Bezeichnend war dafür Julius Langbehns wilhelminischer Bestseller »Rembrandt als Erzieher«. »Das 19. Jahrhundert erscheint damit als einziger kultureller und sozialer Zerfall, dem mit ›völkischer‹ Regeneration entgegengearbeitet werden muß, die wesentlich von der neuen Erziehung bewirkt werden sollte« (Oelkers 2010, S. 11). Langbehns Untergangsstimmung wurde aber nicht von allen Reformpädagogiken in gleicher Weise geteilt. Vielmehr prägte im Allgemeinen der Leitspruch »das Jahrhundert des Kindes« nach dem gleichnamigen Buch von Ellen Key die sogenannte »neue Erziehung«.

3.6.1 Ellen Key

Das Buch »Das Jahrhundert des Kindes« der schwedischen Journalistin und Lehrerin Ellen Key (1849–1926) war im Jahr 1900 in Schweden und 1902 in Deutschland erschienen. Wie viele Publikationen jener Zeit ist auch dieses Buch eine Bilanzierung der aufbrechenden Moderne um die Jahrhundertwende, hier in Bezug auf die Pädagogik. Key setzt sich mit dem Generationen- und Geschlechterverhältnis in der Gesellschaft auseinander und entwickelt daraus neue Ansätze für Erziehung, Familie und Schule. Das Buch erreichte eine hohe Popularität und sein Titel wird zum »Slogan« der Reformpädagogiken (Raithel et al. 2009). In ihrer Studie *Wege aus dem Jahrhundert des Kindes. Tradition und Utopie bei Ellen Key* (Andresen und Baader 1998) haben Sabine Andresen und Meike Baader die sogenannten Modernisierungstendenzen in den Texten von Ellen Key näher untersucht. Ihre Kritik an den Reformpädagogiken und an Ellen Key zielt dabei vor allem auf deren weniger fortschrittliche Haltung zur Rolle der Frauen im öffentlichen und politischen Leben. Denn Modernisierung sollte auch die Hinterfragung und Loslösung von traditionellen Rollenverständnissen implizieren. Die späte Zulassung der Frauen an Universitäten[30] und das bis 1918 erstrittene »Frauenwahlrecht« sind dafür kennzeichnend. Auch die Kindergartenbewegung trug zur Manifestierung klassischer Geschlechterrollen bei, insbesondere das von Henriette Schrader-Breymann eingeführte Prinzip der sogenannten »geistigen Mütterlichkeit«[31]. Damit schrieb sie Frauen qua Geschlecht erzieherische Tätigkeiten zu. Das hatte schwerwiegende Folgen: Zwar sicherten sich Frauen damit ein eigenes Arbeitsfeld in der Gesellschaft, allerdings zu dem Preis eines erheblichen Anerkennungs- und Professionalisierungsdefizits. Im Folgenden wird der Fokus zunächst auf die Frauenbewegung und die Frage der Erziehung um die Jahrhundertwende gelegt. Meike Baader schreibt dazu:

> »Wenn Paulsen[32] beklagt, daß in Familie und Schule Strenge und Disziplin zunehmend ›weichlicher Nachgiebigkeit‹ weiche, dann beschreibt er damit auch die Verdrängung einer Verhaltensweise, die im Diskurs väterlich-männlich konnotiert ist, durch eine, die eher mütterlich-weiblich assoziiert ist. Ähnlich argumentiert übrigens Nohl in seiner einige Jahrzehnte später erscheinenden Abhandlung zur Reformpädagogik. Die ›neue Pädagogik‹ um die Jahrhundertwende – und in diesem Zusammenhang nennt er Ellen Key – habe anstelle von

---

30 Der Zugang der Frauen zu Hochschulen wurde 1900 zunächst in Baden und zuletzt 1909 in Mecklenburg ermöglicht. Dieser Modernisierungsprozess war jedoch mit enormer Kritik und Vorbehalten konfrontiert und setzte sich daher nur langsam und zäh durch (Franzke 2016).

31 »Geistige Mütterlichkeit« intendiert, »dass Frauen nunmehr in ihrer Tätigkeit nicht mehr nur auf die Familie beschränkt waren, sondern in die Gesellschaft hinein wirken konnten« (Franzke 2016).

32 Friedrich Paulsen (1846–1908) war ein Pädagoge und Philosoph. Er war Universitätsprofessor in Berlin.

Pflicht, Disziplin, Leistung oft etwas ›zu einseitig die mütterliche Aufgabe‹ betont.« (Andresen und Baader 1998, S. 9)

Keys Texte stellen das Geschlechterverhältnis und damit ein wesentliches Element des Modernisierungsprozesses ins Zentrum, wobei zugleich aber auch überkommene tradierte Muster fortgeführt werden. Denn die herausgehobene Stellung der Frau in der Gesellschaft, die Ellen Key betont, wurde über die Dyade von Mutter und Kind abgeleitet. Damit greift sie gleichsam auf das Motiv der Madonna im 16. Jahrhundert zurück und betont insbesondere die Prozessebene der dyadischen Beziehung.

> »Bei Key verbirgt sich im Kind das Neue in zweifacher Weise, anthropologisch und sozial: Zum einen liegt in ihm die Fähigkeit zur Individualität begründet und zum anderen kann es durch die Kraft der Mutter Formalität, Durchschnittlichkeit und Systemkonformität überwinden. Was beide, Mutter und Kind, jedoch behindert, sind die gesellschaftlichen Verhältnisse, womit Key die Vergesellschaftung der Individuen in den Blick zu nehmen versucht. Die Frauenfrage erscheint Key eng verwoben mit der sozialen Frage, und will man neue soziale Verhältnisse schaffen, eine neue Kulturepoche bewirken, so müsse man diese Verknüpfung stärker berücksichtigen.« (Andresen und Baader 1998, S. 59)

Key schreibt der Frau die Rolle der Erzieherin zukünftiger Generationen zu. In diese Position wird die Frau aber weniger durch den »Mythos des Kindes« versetzt als vielmehr durch ihre ureigene Kraft der dyadischen Feinfühligkeit bzw. der Liebe, die sie – so Ellen Key – vom Mann unterscheide. Die sogenannte »Einfühlung« war für die »neue Erziehung« von hoher Bedeutung (Oelkers 2010). Vor dem Hintergrund, dass das Erziehen, das Unterrichten und das Lehren bis dato insbesondere eine Angelegenheit der »gelehrten« Männer war, hebt die »neue Erziehung« nun die Frau auf diesen Gelehrtenstatus und schreibt ihr eine genuine – der systemischen Anpassung sich widersetzende – »natürliche« Erziehungsfähigkeit zu. Dabei baut Key nicht auf ein öffentliches Erziehungssystem. Sie lehnt sowohl die Kindergartenerziehung als auch die öffentlichen Schulen ab. Es geht Key auch nicht um die ganz jungen Kinder:

> »Wenn sie vom ›Jahrhundert des Kindes‹ spricht, so schwingt dabei immer auch der Jugendmythos[33] mit. Für den Umgang mit kleinen Kindern formuliert sie

---

33 Erst in den Zehnerjahren des 20. Jahrhunderts bildet sich die Unterscheidung von Kindern und Jugendlichen heraus (Andresen und Baader 1998).

einen Rat, der ihren sonstigen Intentionen entgegensteht: Kinder bis zu drei Jahren müsse man einer Art ›Dressur‹ unterwerfen, denn das Kind sei in diesem Alter so sinnlich, daß es nur diese Sprache verstehe. Mit dem kleinen Kind soll man nicht sprechen, sondern so handeln, daß ihm ›gewisse Gewohnheiten in Fleisch und Blut übergehen‹.« (Andresen und Baader 1998, S. 95)

Key sah die Mutter in der Verantwortung, die Kinder im häuslichen Umfeld mit dem notwendigen Wissen vertraut zu machen. Modell ist der Hausunterricht, der es ermöglicht, auf jedes Kind einzugehen. Sie warf dabei aber auch wichtige Fragen auf, wie z. B. die Schwierigkeit einer kindgemäßen Erziehung im Generationenverhältnis von Erwachsenen und Kindern, und formulierte eine sogenannte advokatorische Ethik[34]: »Erwachsene müßten sich das Kind immer als Erwachsenen vorstellen und diesen befragen, ob er den jeweiligen Erziehungsmaßnahmen zustimmen könne« (Andresen und Baader 1998, S. 123). Damit spricht sie – allerdings nicht allen – Kindern eigene Rechte zu. Mit der Hervorhebung der besonderen Rolle der Mutter als Erzieherin knüpft sie an die traditionelle Rolle der Frauen im Kern der Familie an, um dem »Machtverlust« von Frauen in modernen Gesellschaften entgegenzuwirken. Ihre Konzepte sind nicht uneigennützig, darüber hinaus geht es ihr darum, einen neuen Menschen hervorzubringen. Diese Idee steht auf einem biologistischen Fundament: Rassenhygiene, Eugenik und duale Geschlechterhierarchie (Andresen 2000). Damit reiht sich Keys Schrift ein in den Diskurs der Zeit:

---

34 Der Begriff »advokatorische Ethik« ist in der Pädagogik insbesondere mit Micha Brumlik verbunden. Brumlik versteht darunter einen »Advokaten«, der stellvertretend die Interessen der anderen Person vertritt. Dazu ist eine soziale Perspektivenübernahme unerlässlich. Der Begriff basiert auf der wechselseitigen Anerkennung der Würde von Subjekten, geht aber insofern darüber hinaus, als er insbesondere da greift, wo asymmetrische Verhältnisse zwischen Subjekten vorliegen. In der Pädagogik sind diese Perspektivenübernahmen unerlässlich für die Gestaltung intersubjektiver Beziehungen zu jungen Kindern, aber auch bei Menschen mit Behinderung oder betagten Menschen etc. Brumlik spricht hier von einem »Gefälle an Mündigkeit« (Brumlik 2017, S. 197). Die advokatorische Ethik schützt die Würde der Menschen in einer Sorgebeziehung. Annedore Prengel beschreibt den Prozess im Kontext von Beziehungen zwischen verantwortlichen und abhängigen Personen, denen es nicht möglich ist, »ihr Leben in jeder Hinsicht zu regeln und zu verantworten« (Prengel 2020, S. 53).

»In der ersten Hälfte des Jahrhunderts sind überall in Europa, aber vor allem im nationalsozialistischen Deutschland rassenhygienische Gesetze verabschiedet worden, mit grausamen Folgen für Kinder und Erwachsene. Solche Maßnahmen gehören ebenso in den utopischen Entwurf Keys wie ihr pazifistisches Anliegen. Ohne den Begriff Zwangssterilisation zu gebrauchen, erwartet sie eine Rechtsprechung, die verhindert, daß physisch und psychisch Kranke ihr Leiden vererben. Sie kriminalisiert dabei nicht nur die sich dem widersetzenden Eltern, sondern auch die Kinder.« (Andresen und Baader 1998, S. 70)

Ellen Keys Werk ist ambivalent und höchst umstritten. Dennoch prägen ihre »Leitsätze« oft unreflektiert die pädagogische Praxis. Sie ist ein Beispiel dafür, dass Reformpädagogiken einer differenzierten Rezeption bedürfen und kritisch im Kontext ihrer Zeit zu lesen sind. Hingegen werden der Name Ellen Key und der Slogan »Das Jahrhundert des Kindes« meist oberflächlich in den Kontext einer progressiven Erziehung »vom Kinder aus« gerückt. Die Theorien Ellen Keys entsprechen jedoch nicht der Idee einer Bildung für alle und tragen in sich auch tief menschenverachtende Züge.

3.6.2 Maria Montessori

Neben Ellen Key ist auch Maria Montessori (1870–1952) eine zentrale Vertreterin der Reformpädagogiken, deren praktisch-methodische Ansätze die Pädagogik der frühen Kindheit bis heute beeinflussen (Baumeister und Rindermann 2021). Key und Montessori werden insbesondere mit dem Anspruch einer Erziehung »vom Kinde aus« verbunden. Während Key eher die für ihre Zeit utopischen Narrative setzte, hat Montessori die Pädagogik durch ihre praxisbezogene Methodik geprägt (Raithel et al. 2009). Sie auf diese allein zu begrenzen, greift aber zu kurz, hinter ihrer Ausrichtung steht eine Theorie mit fatalen Implikationen (Seichter 2023). Montessori studierte als eine der ersten Frauen Medizin, später Anthropologie und Pädagogik. 1907 gründet sie das »Casa de Bambini« (Kinderhaus)[35] für

---

35 Das »Casa de Bambini« wurde im Jahr 1907 als »Labor für das Studium der kindlichen Entwicklung« (Seichter 2023) gegründet. Es sei erwähnt, dass der Begriff »Labor« in der Reformpädagogik international eine große Rolle spielte. Der Begriff der Laborschule wurde auch von John Dewey an der Universität

benachteiligte Kinder. Hier baute sie ihre praktisch-methodisch orientierte Pädagogik aus und entwickelte ihre sogenannte *Antropologia pedagogica* (Pädagogische Anthropologie) (1910). Die Anthropologie war im 19. Jahrhundert eine von der positiven Wissenschaft besetzte Disziplin, die versuchte, wissenschaftliche Objektivität vor allem über Messung und Beobachtung herzustellen. Sie basierte auf dem Ordnen und Bestimmen von Pflanzen und Tieren und übertrug die entsprechenden Ergebnisse auf Menschen mit allerdings verheerenden Schlussfolgerungen. Die Anthropometrie[36] ordnet körperliche »Abweichungen« in Tabellen und Diagrammen und zieht damit kausale Schlüsse in Bezug auf normgerechte menschliche Attribute. Diese biologistischen, in ihrer Konsequenz rassistischen Theorieansätze fließen auf verhängnisvolle Weise in Montessoris Gedanken zum »normalen« Kind ein (Seichter 2023, S. 58). Montessori war fasziniert von der sogenannten *Physique Sociale*, wie sie von Lambert Adolphe Jacques Quételet, einem Mathematiker und Heeresstatisiker, betrieben wurde. Er schreibt:

> »Vor allem müssen wir vom einzelnen Menschen abstrahi[e]ren, wir dürfen ihn nur als einen Bruchteil der ganzen Gattung betrachten. Indem wir ihn seiner Individualität entkleiden, beseitigen wir Alles was zufällig ist; und die individuellen Besonderheiten, die wenig oder gar keinen Einfluss auf die Masse haben, verschwinden von selbst und lassen uns zu allgemeinen Ergebnissen gelangen.« (Quételet 1835/1938, S. 3, zit. nach Seichter 2023, S. 59).

Begeistert von den statistischen Beschreibungen konstruiert Montessori das ideale Kind als »normales« Kind. Mit Hilfe der Vermessung will Montessori nicht nur vermeintlich angelegte »Abnormalitäten« frühzeitig erkennen, sondern sie sucht die Konstruktion der Normalität. Normalität ist das, wohin sie jedes Kind mit Hilfe ihrer Methoden und didaktischen Materialen führen möchte. Die Biometrie liefert ihr dafür mutmaßlich Legitimation. Das »normale« Kind ist bei Montessori weder einzigartig noch eigensinnig (Seichter 2023, S. 60). Die positive Wissenschaft, die sich

---

Chicago benutzt. Auch derzeit wird der Begriff – oft in verkürzter Variante als »Lab« – zur Beschreibung von Arbeitsgruppen verwendet.

36 Diese wissenschaftliche Richtung wurde von Achille de Giovanni, Cesare Lombroso, Giuseppe Sergi u. v. a. vorangetrieben, mit denen auch Montessori in Verbindung stand.

3.6 Reformpädagogiken

über Beobachtung und Messung definiert, um zu »objektiven« Erkenntnissen zu führen, zeigt sich schon in der Praxis von Montessori als relativ und ambivalent. So präsentiert sie die angebliche Beobachtung des sogenannten »Erweckungsmoments« zu ihrer Theorie wie folgt:

> »Als ich meine ersten Versuche unter Anwendung der Prinzipien und eines Teils des Materials, die mir vor vielen Jahren bei der Erziehung schwachsinniger Kinder geholfen hatten, mit kleinen normalen Kindern von S. Lorenzo durchführte, beobachtete ich ein etwa dreijähriges Mädchen, das tief versunken war in der Beschäftigung mit einem Einsatzzylinderblock, aus dem es die kleinen Holzzylinder herauszog und wieder an ihre Stelle steckte. Der Ausdruck des Mädchens zeugte von so intensiver Aufmerksamkeit, dass er für mich eine außerordentliche Offenbarung war. Die Kinder hatten bisher noch nicht eine solche auf einen Gegenstand fixierte Aufmerksamkeit gezeigt. Und da ich von der charakteristischen Unstetigkeit der Aufmerksamkeit des kleinen Kindes überzeugt war, die rastlos von einem Ding zum anderen wandert, wurde ich noch empfindlicher für dieses Phänomen. Zu Anfang beobachtete ich die Kleine, ohne sie zu stören, und begann zu zählen, wie oft sie die Übung wiederholte, aber dann, als ich sah, dass sie sehr lange damit fortfuhr, nahm ich das Stühlchen, auf dem sie saß, und stellte Stühlchen und Mädchen auf den Tisch; die Kleine sammelte schnell ihr Steckspiel auf, stellte den Holzblock auf die Armlehnen des kleinen Sessels, legte sich die Zylinder in den Schoß und fuhr mit ihrer Arbeit fort. Da forderte ich alle Kinder auf zu singen; sie sangen, aber das Mädchen fuhr unbeirrt fort, seine Übung zu wiederholen, auch nachdem das kurze Lied beendet war. Ich hatte 44 Übungen gezählt; und als es endlich aufhörte, tat es dies unabhängig von den Anreizen der Umgebung, die es hätten stören können; und das Mädchen schaute zufrieden um sich, als erwachte es aus einem erholsamen Schlaf. Mein unvergesslicher Eindruck glich, glaube ich, dem, den man bei einer Entdeckung verspürt. Dieses Phänomen wurde allgemein bei den Kindern [sic!]. Es konnte als eine beständige Reaktion festgestellt werden, die im Zusammenhang mit gewissen äußeren Bedingungen auftritt, die bestimmt werden können. Und jedes Mal, wenn eine solche Polarisation der Aufmerksamkeit stattfand, begann sich das Kind vollständig zu verändern. Es wurde ruhiger, fast intelligenter und mitteilsamer. Es offenbarte außergewöhnliche innere Qualitäten, die an die höchsten Bewusstseinsphänomene erinnern, wie die der Bekehrung.« (Montessori, 1916, S. 69 ff., zit. nach Grell 2021, S. 43).

Die Szene hat Montessori in unterschiedlichen Veröffentlichungen stets leicht verändert beschrieben. Die Darstellung ist eine Mischung aus Beobachtung, Mystifizierung und einer Inszenierung der zentralen Prinzipien ihrer Pädagogik (Grell 2021), nämlich der sogenannten »Polarisation der Aufmerksamkeit«. Hierbei ist das Kind so in seine Tätigkeit oder sein

Spiel, bei Montessori seine Arbeit, vertieft, dass es von der Außenwelt nichts mehr wahrnimmt. Diese Szene bestärkt Montessori darin, dass das Kind nicht nur über eine intrinsische Eigenaktivität, sondern einen inneren Bauplan verfügt, der die Fähigkeiten der Kinder hervorbringt. Sie überinterpretiert naturwissenschaftliche Befunde und nutzt diese zur Legitimation ihrer Erziehungsvorstellungen:

> »Erziehung soll zum ruhigen, arbeitsamen und in der Masse unauffälligen Menschen führen. Er entwickelt sich aufgrund innerer Entwicklungsgesetze, und es zeige sich durch Erziehung ›eine andere Menschheit, die sichtbar wird, es ist die tröstliche Erscheinung besserer Menschen‹ (Montessori 1932/1973, 18).« (Raithel et al. 2009, S. 141)

Montessoris Pädagogik impliziert die Suche nach dem »neuen, besseren Menschen«. »Normalisierung« ist für Montessori ein genuines Erziehungsziel, dieses soll mit Hilfe ihrer pädagogischen Methoden erlangt werden. »Disziplinierte Arbeit«, Gehorsam und Willensstärke sind Zielorientierungen der Montessori-Pädagogik. Vorausgesetzt wird, dass ein sogenannter innerer Bauplan die Aktivität des Kindes leitet und auch psychische, moralische Eigenschaften hervorbringt. Die praktischen Pädagog:innen selbst sind nicht proaktiv handelnd, sondern beobachten und wählen Materialien für die Kinder gezielt aus. Die Arbeit mit Materialien lernt Montessori schon in ihrer Assistenzzeit als Ärztin kennen. Sie geht zurück auf Jean-Marx Gaspard Itards (1774–1838) und dessen Schüler Éduard Séguins (1812–1880)[37] (Labede 2015), die die Materialien zur Schulung der Sinne von Kindern mit Behinderungen nutzten. Die Sinnes- oder didaktischen Materialien von Montessori sind verknüpft mit einer sogenannten Fehlerkontrolle, d.h., das Kind wird durch das Material auf den »richtigen« Weg und zum »korrekten« Ergebnis geleitet. Hier kommt

---

37 Seichter hebt hervor, dass die Medizin am Anfang besonderen Einfluss auf die Erziehung nimmt. Dabei zitiert sie Itard: »... daß beim gegenwärtigen Stand unseres physiologischen Wissens der Weg des Unterrichts sich erhellen kann und soll durch die Leuchte der modernen Medizin, die von allen Naturwissenschaften am mächtigsten zu der Vervollkommnung der menschlichen Species beitragen kann, indem sie die organischen und intellektuellen Anomalien des Individuums beurteilt und von da aus bestimmt, was die Erziehung diesen gegenüber bewirken soll und was die Gesellschaft erwarten darf« (Itard 1965, S. 72, zit. nach Seichter 2023, S. 40).

auch der Leitspruch »Hilf mir, es selbst zu tun« zum Tragen. Das Kind lernt mittels der Arbeit am Material selbst den von dem Material geleiteten Lösungsweg. Die diversen Materialien dienen dem Kind dazu, gezielt Erfahrungen in alltagspraktischen und hauswirtschaftlichen Arbeiten zu sammeln sowie grundlegende Kulturtechniken wie Lesen, Schreiben und Rechnen, musische Erfahrungen (u. a. Klangspiele) und differenziertes Weltwissen aufzubauen. Zentral ist das Prinzip der »Polarisation der Aufmerksamkeit«, durch die erst das Kind »Genesung« bzw. »Normalisierung« erlangt. Diese Grundannahmen sind jedoch ambivalent, denn die Rigorosität, mit der Montessori die Materialien ohne kreative Selbstgestaltung des Kindes denkt, widerspricht der Idee »vom Kinde aus«: Das Material lässt kein »Fehlverhalten« zu, ist daher nicht mit dem offenen entdeckenden Lernen zu verwechseln. Montessoris Ansatz wurde von John Dewey (1859–1952) schon früh kritisiert. Er sieht das Problem einer »mechanischen Übernahme« (Knoll 1996, S. 211) des Kindes von Handlungsabläufen und kritisiert die mangelnde »Kreativität und die soziale Seite der Erziehung« (ebd., S. 209). Gleichwohl schätzt auch er das sensorische Material als Ergänzung zur bisherigen Kindergartenpraxis. Ähnlich äußert sich Martha Muchow (1892–1933)[38]. Sie kritisiert die Sinnesmaterialien von Montessori als reduktionistischen Weg zur »Erkenntnis« und

---

38 Martha Muchow war Lehrerin, Psychologin und wissenschaftliche Mitarbeiterin bei William Stern an der Universität Hamburg. Sie engagierte sich im »Weltbund für die Erneuerung der Erziehung« (*New Education Fellowship*) und war u. a. Herausgeberin der Zeitschrift »Kindergarten« des Deutschen Fröbelvereins. Sie verbindet in idealer Weise praktische Pädagogik und wissenschaftliche Reflexion. Strnad (1949) verweist hier auf Impulse, die sie in der Lehrer:innenbildung setzt: »In der Lehrerbildung, die seit 1925 an der Hamburger Universität neue Formen entwickelt, wirkt Martha Muchow für die Einführung eines sozialpädagogischen Praktikums. Sie führt die Lehrerstudenten in Kindergärten und Tagesheime und leitet sie zu Beobachtungen am Kleinkind an, die ihnen das Kind in seiner urtümlichen Haltung und die Welt seines Spielens und Gestaltens nahe bringen« (Miller 2011, S. 143). Das Fiktionsspiel sieht sie als zentralen Ausdruck der bei Fröbel beschriebenen »Phantasiebegabtheit« des Kindes (Muchow 1932). Diese besondere Kind-Welt-Beziehung beschäftigt Muchow in ihren wissenschaftlichen Studien. Das Institut wird nach der Migration von William Stern 1933 aufgelöst. Martha Muchow wählt im selben Jahr den Freitod.

die Betrachtung des Kindes nur im »künftigen Vollzug der Leistungen, die das Leben von dem Kinde oder dem Erwachsenen fordern wird« (Muchow 1929, S. 70). Sie beklagt die zu geringe Berücksichtigung insbesondere der individuellen und sozialen Seite der Erziehung. Muchow untersuchte das didaktische Material vor allem aus einer entwicklungspsychologischen Perspektive. Dabei betonte sie, dass Montessori durchaus wesentliche Aspekte der kindlichen Entwicklung mit dem Material erfasst – was letztlich auch den Erfolg des Materials in der praktischen Pädagogik bestimmt:

> »Es bietet dem motorischen Drang des Kindes, der im Vorschulalter ganz besonders stark ist, mannigfache Betätigungsgelegenheit, indem es ihm immer wieder in anderen Formen Material gibt, mit dem es hantieren kann, das [!] es ein- und auspacken kann. Es liefert der sensorischen Neugier des Kindes mannigfache Eindrücke in einer einfachen, klaren zur Sonderung der Eindrücke anleitenden Form. Es verrät darüber hinaus eine entwicklungspsychologisch sehr richtige und bedeutungsvolle Einsicht in eine typische Partialstruktur der frühkindlichen Psyche, nämlich in die strukturell sehr enge Verknüpfung der intellektuellen Funktionen mit dem Motorischen.« (Muchow 1929, S. 69)

Die folgende sehr wesentliche Kritik Muchows hebt hervor, was es bedeutet, kindgemäße Pädagogik zu ermöglichen:

> »Sobald wir uns aber auf den Boden einer Struktur- und Strukturentwicklungspsychologie begeben, müssen wir bestreiten, daß der Sinn der Betätigung des spielenden Kindes, an denen Montessori diese funktionale Seite beobachtet hat, rein der der gymnastischen Übung der Sinne und Muskeln und der Ordnung des Funktionsgefüges war. Gewiss gibt es zeitweise Momente, in denen das kleine Kind ganz darin aufgeht, Funktionen gymnastisch zu betätigen. Aber es sind keineswegs alle Spiele des Kindes nur unter diesem Gesichtspunkte zu betrachten, geschweige denn nur unter diesem Gesichtspunkte wertvoll. Es ist wieder derselbe Unterschied der psychologischen Einstellung, auf den wir schon immer gestoßen sind, der hier in der Fassung der beobachteten Sachverhalte heraustritt, und der den Unterschied in der bildungspsychologischen Ausgangssituation der Kleinkindpädagogik bestimmt. [...] Alle Pädagogik muß ausgehen von dem Strukturgefüge Kind-Welt, das der betreffenden Entwicklungsstufe eigen ist. Die Welt des Kindes muß im Kindergarten entwicklungsgemäß geformt sein, nicht nur in ihren Anforderungen an die Funktionen des Kindes, sondern auch in ihren Sinnbezügen, in ihrem geistigen Gehalt. Es genügt nicht, daß das Milieu des Kindes im Kindergarten nach den Einsichten in die Entwicklungsreife der kindlichen Funktionen und nach den allgemein-psychologischen Gesetzen des

Lernens rational wissenschaftlich konstruiert ist, sondern es muß die ›Welt‹ des Kindes sein mit dem spezifischen Gehalt einer solchen.« (Muchow 1929, S. 70)

Für Montessori aber stellt allein die »Polarisation der Aufmerksamkeit« einen Transformationsprozess dar, der die Kinder zu ihrer »inneren« Ordnung führt. Für sie ist der Mensch nicht Möglichkeit, sondern »göttlich« vorbestimmt. Progressiv ist Montessoris Pädagogik nicht, denn Offenheit, Eigensinn und Kreativität sind darin keine Elemente. Normalisierung für alle über die Materialien ist ihr Ziel. Die Bedeutung sozialer Interaktion mit Peers und Erwachsenen und damit zentrale sozial-emotionale und kognitive Lern- und Bildungserfahrungen, die einen Perspektivenwechsel zulassen, spielen für sie keine Rolle (Grell 2021; Knoll 1996). Allein in der isolierten Hinwendung des Kindes zu den Dingen liegt für Montessori eine »göttliche Ordnung« – dieses Phänomen nennt sie »Kosmische Erziehung« (Raithel et al. 2009, S. 143).

Maria Montessori und Ellen Key sind äußerst kritisch zu rezipieren. Ihre Theorien sind verstrickt mit den gesellschaftlichen Strömungen der Zeit. So suchte Montessori offensichtlich den Schulterschluss mit den Faschist:innen und stellte ihre »neue Erziehung« von Beginn an in den Dienst des faschistischen Erziehungssystems in Italien. Die Montessori-Methode wurde in Italien ab 1924 in den Schulen eingeführt. Ehrenvorsitzender der »Montessori opera«, der Montessori-Gesellschaft, war Mussolini (Leenders 2001). Montessori passte ihre Theorie fortlaufend an. Einerseits wollte sie diese offenhalten, andererseits stellte sie damit deren Anschlussfähigkeit an das jeweilige politische System her. Leenders hebt hervor, dass ihr genau das zum Verhängnis wurde, ihre Theorie ist unsystematisch und liest sich als Fragment (Labede 2015). Im Kern sind die theoretischen Grundannahmen tief biologistisch-rassistisch geprägt.

3.6.3 Fröbel-Montessori-Streit

Dennoch finden die Materialien von Montessori den Weg in die pädagogische Praxis. Wie bereits mit Bezug auf John Dewey und Martha Muchow erwähnt wurde, liegt in den Materialien durchaus ein Wert für die praktische Pädagogik. Für die Einführung von Montessori-Kinderhäusern engagierte sich Clara Grunwald (1877–1943).[39] Sie gründete nach dem Ersten Weltkrieg das sogenannte »Montessori-Komitee«, den ersten deutschen Montessori-Verein, und war beteiligt am Aufbau des ersten Montessori-Hauses in Lankwitz (1919). Dafür setzte sie sich 1920 in einem Schreiben an das Ministerium für Wissenschaft, Kunst und Volksbildung ein, wo sie die Vorzüge der Montessori-Methode darlegte (Hansen-Schaberg 2003). Grunwald war insbesondere von der praktisch-pädagogischen Seite der Montessori-Methode überzeugt und bot entsprechende Schulungen für Pädagog:innen an. Auf ihr Wirken hin hielt Montessori 1922 auf der Tagung des »Bundes Entschiedener Schulreformer« in Mainz und an der Berliner Universität jeweils einen Vortrag. 1925 wurde die »Deutsche Montessori Gesellschaft« (DMG) von überwiegend linken Pädagog:innen gegründet. Die Reformer:innen wie etwa Käthe Stern aus Breslau, die das »erweiterte Montessori-System« herausgab (Konrad 2022), engagierten sich insbesondere in der Weiterentwicklung der Materialien und lösten sich damit auch aus dem strengen »Korsett« von Montessori. 1926/27 bot Montessori einen Kurs im Zentralinstitut für Erziehung und Unterricht in Berlin an. Hier kam es schließlich zum Bruch mit den Reformer:innen. Montessori warf Grunwald vor, dass diese die Methode »sozialistisch unterwandert« (Berger 2015b). Auch einige Montessori-Schüler:innen stellten sich gegen Clara Grunwald. Maria Montessori war zu dieser Zeit in Bezug auf ihre Methode bereits Unternehmerin, sowohl das Material als auch die Kurse wurden von ihr autorisiert.[40] Sie entzog der »Deutschen

---

39 Clara Grunwald war eine jüdische Lehrerin, die sich auch für die frühkindliche Erziehung stark machte: »Die Erziehung der nächsten Generation ist von Anfang an, nicht erst, wenn sie in das sogenannte schulpflichtige Alter kommt, Sache der Allgemeinheit und eine ihrer wichtigsten und dringendsten Aufgaben. Dieser Aufgaben und unserer Verantwortlichkeit sind wir uns bisher durchaus nicht genügend bewußt gewesen. Wo sind die vorbildlichen Einrichtungen zur Betreuung der Säuglinge und Kleinkinder berufstätiger Mütter?« (Grunwald 1927, S. 3, zit. nach Hansen-Schaberg 2003). Clara Grunwald wurde im Nationalsozialismus aus dem Schuldienst entlassen und aufgrund ihrer jüdischen Abstammung nach Auschwitz deportiert und dort 1943 ermordet.

40 Unter Umständen ließ sich Montessori von der »International Kindergarten Union« (1892; ab 1924 Childhood Education International) inspirieren, die Kindergärtnerinnen in Amerika und Europa vereinte, um die Kindergartenidee

Montessori Gesellschaft« (DMG) im Frühjahr 1927 ihre Autorisierung. Die Anhängerschaft von Montessori teilte sich fortan in den orthodoxen Montessori-Flügel und Reformer:innen der Montessori-Pädagogik (Konrad 2022). Erstere versammelten sich ab 1930 im Verein »Montessori-Pädagogik Deutschland«.

Die Spaltung in verschiedene Lager findet sich auch in der Fröbelbewegung. Im Kontext der aufkommenden Entwicklungspsychologie von Jean Piaget und Wilhelm Stern kommt es zu neuen Positionierungen. Diese Debatte ist auch unter dem Begriff Fröbel-Montessori-Streit in die Geschichte eingegangen. Unterschieden wurden die dogmatischen Bewahrer:innen von den sogenannten Reformer:innen[41], die sich besonders durch die Entwicklungspsychologie und *child studies* angesprochen sahen:

> »Dass die Argumente der Kinderpsycholog(inn)en grundsätzlich der Fröbelbewegung in die Hände spielen, ist offenkundig, wie ebenso naheliegend sein dürfte, dass sich die Fröbelbewegung dieses Arsenals an Argumenten gerne bedient. Dabei muss differenzierend angefügt werden, dass es vor allem die Fröbel-Reformer(innen) sind, die sich von den Befunden der Kinder- und Entwicklungspsychologie bestätigt fühlen dürfen, wohingegen die Fröbel-Orthodoxie manchen aus der Kinder- und Entwicklungspsychologie stammenden kritischen Hinweis auch auf sich selbst beziehen muss. Immerhin sehen sie sich ja, wie oben angesprochen, selbst mit dem Vorwurf konfrontiert, zum Beispiel die Spielgaben unkindgemäß, nämlich starr, unflexibel und schematisch einzusetzen.« (Konrad 2022, S. 133)

Die unterschiedlichen pädagogischen Richtungen, die in der pädagogischen Praxis jedoch miteinander verschmelzen, sind schon zu jener Zeit ein Thema:

> »Die Leiterin eines niederländischen Kinderhauses schreibt: »Wenn das Spiel mit Gegenständen, denen es andere Deutungen gibt, aus dem Kinde kommt, ohne Beeinflussung von Erwachsenen, so lassen wir das Kind in Ruhe und stören es nicht« (Adelaar-Fürth 1928: 434). Aus einem Wiener Kindergarten, in dem in den verschiedenen Gruppen nach unterschiedlichen frühpädagogischen Konzepten

---

    weiter zu verbreiten. Hinter der dogmatischen Aufbereitung der »richtigen« Idee versammelten sich hier eher dogmatische Fröbelianer:innen.

41 Als Vertreterinnen der Fröbel-Pädagogik setzte sich Helene Klostermann in dieser Debatte für die verbindenden Elemente von Fröbel und Montessori ein (Berger 2017).

gearbeitet wird, wird berichtet, »dass auch in einer Montessori-Gruppe jenes ›ganzheitliche‹ Erleben, das man gerne als besondere Eigenschaft des Fröbelschen Kindergartens ansieht, möglich ist; wie ebenso in keiner Weise die schöpferische Produktivität des Kindes unterbunden wird« (Schmaus 1932: 844). Es könnte übriges sein, dies sei als Vermutung hier geäußert, dass es erst die kinderpsychologische Kritik an der Montessoripädagogik ist, die den Montessorireformer(inne)n den Impuls für ihr eigenes Handeln gibt und der Reform die Richtung weist.« (Konrad 2022, S. 134)

Die Einführung von Materialien in der pädagogischen Praxis bestärkte den Erfolg handlungsorientierter Ansätze. Sie führten in den USA in den 1920er Jahren zur Herausbildung der philosophischen Strömung des Pragmatismus. Dieser geht weit über die Reformpädagogiken hinaus, die sich in den idealistischen und personenbezogenen Konzepten zunehmend verstrickten, was sich besonders deutlich an dem Konflikt zwischen Reformer:innen und Bewahrer:innen zeigte. Die Philosophie des Pragmatismus zielt dagegen auf den genuin pädagogischen Kern.

3.6.4 Pragmatismus

Die amerikanische Philosophie des Pragmatismus löste sich schon zu Beginn des 20. Jahrhunderts von eher normativen oder idealistischen Erziehungsansätzen in der Kindheit. Der Pragmatismus wird der verstehenden Soziologie zugeordnet; zu deren zentralen Vertretern zählen u. a. George Herbert Mead und John Dewey. George Herbert Mead (1863–1931) war Sozialpsychologe und Mitbegründer der »Theorie des symbolischen Interaktionismus« (TSI), einer Strömung der verstehenden Soziologie, die sich gegen den Dualismus von Körper und Geist sowie von Subjekt und Objekt wendet. Kern seiner Theorie sind die Interaktionen, die sich in der Gesellschaft vollziehen. Als Vertreter eines »sozialen Behaviorismus« betrachtet Mead die Beziehung zwischen Menschen dahingehend, dass diese sich zu Reizen der jeweils anderen verhalten (*behavior*) und so aufeinander einwirken. Diese Wechselwirkungen ermöglichen Kommunikation und damit den Aufbau von Bedeutung (Liegle 2017). Über die Kommunikation prägt sich ein kollektives Verständnis (*meaning*) aus, das Gesellschaften und Kultur auszeichnet. Bedeutungen sind aber nicht objektiv, sie werden durch die Kommunikation in der jeweiligen sozialen Situation konstruiert.

Eine gemeinsame Sprache, Rituale und Symbole sind Mittel, um eine kollektive Verständigung zu ermöglichen. Aber erst durch Erfahrung bzw. die Anwendung dieser Mittel erwirbt das Subjekt seine eigene Auffassung. In dem zentralen Bezug zur Erfahrung in spezifischen sozialen Situationen besteht die Parallele zu Dewey und dem Pragmatismus, auf die Meads Ansätze einer Handlungstheorie starken Einfluss nehmen.

Deweys Kernfrage ist, wie Bewusstsein entsteht. Diese Frage stellt sich ihm im Kontext der Entwicklung einer »neuen Erziehung« für eine demokratische Gesellschaft. Allein dieser Ansatz Deweys geht weit über den Zugang seiner europäischen Kolleg:innen zu einer »neuen Erziehung« hinaus. Dabei müssen, so Dewey, Erziehungskonzeptionen offen sein für den sozialen Wandel. Er sucht also nicht die »neue Erziehung«, die mystisch verklärt an die Vergangenheit anknüpft, sondern zielt auf eine progressive Erziehung, welche den sozialen Wandel gestaltet. Denn aktuelle Probleme sind nicht mit alten Handlungsmustern zu bewältigen. Anders als andere soziologische Theorien sieht er nicht das Bewusstsein als Anstoß für das Handeln, vielmehr folge das Bewusstsein dem Handeln.

Dies erklärt Dewey anhand sogenannter Handlungshemmungen. Sie sind für ihn Irritationsanlässe, die uns das Handeln unterbrechen lassen; erst solche Situationen befördern Dewey zufolge das Bewusstsein über Handlungen. In solchen Irritationen besteht die Möglichkeit, Routinen und Gewohnheiten zu durchdringen und infrage zu stellen. Mittels *role taking* kann das Problem aus unterschiedlichen Perspektiven betrachtet werden. Intelligentes Handeln heißt für Dewey, mit Uneindeutigkeiten bewusst umzugehen, auf gesellschaftlicher ebenso wie auf individueller Ebene. Große Bedeutung haben diese Annahmen auch für die Ausbildung der Identität. Diese entstehe erst über Kommunikation und dadurch, dass wir uns in andere hineinversetzen. Die soziale Welt hat bei Dewey eine Kernfunktion, daher verhält er sich auch skeptisch zur Montessori-Methode, die seiner Ansicht nach die »soziale Seite der Erziehung« vernachlässige (Knoll 1996).

Ein Bewusstsein über sich – aus den Augen der anderen – zu erlangen, führt bei Mead zu der Vorstellung des »sozialen Selbst«. Mit den Pronomen *I* und *me* versucht er, das Wechselverhältnis zwischen individueller und sozialer Identität zu beschreiben. John Dewey schließt an diese Gedanken von Mead an. Er grenzt sich dadurch von Theorien ab, die Kindheit als

Ergebnis von Wachstum und Reifungsprozessen nach einem inneren Bauplan beschreiben. Damit distanziert er sich deutlich von Montessori und anderen biologistischen Theorien sowie der Stufentheorie, die u. a. Jean Piaget in der Entwicklungspsychologie vorgelegt hat. Wie Mead sieht auch Dewey Erfahrungen als Motor für Entwicklung und den Ansatz für Erziehung. Gesellschaft ist für ihn ein dynamisches Ineinander von Wechselbeziehungen (Oelkers 2009, S. 128).

Das Konzept *Learning by Doing* wird für Dewey zur zentralen Metapher. Krisen sind Herausforderungen und verlangen nach Lösungen. Solche Situationen zu ermöglichen, ist der Kern von Deweys Erziehungstheorie. Er lehnt daher eine verkürzte Wissensvermittlung im Unterricht ab. Ihm zufolge ist Begreifen und Verstehen erst durch die eigene Auseinandersetzung mit Problemen möglich. Kinder werden so als kompetente Akteur:innen anerkannt und in Problemlösungsprozesse aktiv einbezogen, wenn sie Krisen (Handlungshemmungen) als Grenzen ihrer eigenen Handlungskompetenz erleben. Damit aus dem Erleben auch Erfahrung wird, bedarf es der Reflexion. Veränderung und Einsicht werden im sozialen Erfahrungsgefüge – in Gruppen – ausgehandelt. Darin, nämlich in der kollektiven Entwicklung von Urteilskraft und somit letztlich politischer Handlungsfähigkeit, sieht Dewey ein zentrales Element von Demokratie. Gesellschaft ist für ihn ebenso dynamisch wie der soziale Prozess, in welchem Einsichten und Erkenntnisse gewonnen werden (Oelkers 2009).

Dewey beschreibt Erziehung als Selbstzweck. Damit distanziert er seine Erziehungstheorie von gesellschaftlicher Überformung oder instrumentellen gesellschaftlichen Zwecken. Menschen entwickeln sich, indem sie stetig neue Erfahrungen machen und diese in sozialen Gruppen reflektieren. Hierin liegt auch das Potenzial von Veränderung, Weiterentwicklung und »Fortschritt«. Diese Auffassung stellt Dewey in den Gesamtkontext einer demokratischen Gesellschaftstheorie, die er nicht nur als Regierungs-, sondern insbesondere als eine Lebensform begreift. Demokratie wird innerhalb des Erziehungskonzepts normativ gesetzt. Sie ist für ihn die einzig anzuerkennende menschliche Gesellschafts- und Lebensform. Die Regierungsform ist für ihn Mittel, »um die Selbstbestimmung über ein erfüllendes Leben, mit der Demokratie provokativ gleichgesetzt wird, zu gewähren: Demokratie ist daher ›keine Alternative zu anderen Prinzipien des Zusammenlebens. Sie ist die Idee des Zusammenlebens selbst'« (Bohnsack 2010, S. 46). Mit seiner Orientierung an den dynamischen Wechselverhältnissen zwischen den Subjekten beschreibt Dewey Teilhabe und Partizipation. Gleichheit wird zur »Gleichheit als Recht, anders zu sein« (ebd. S. 47). Allerdings wird hier weniger das einzelne Subjekt mit seiner Persönlichkeitsentwicklung in den Blick genommen, vielmehr werden Individualität und Sozialisation miteinander verknüpft. Den Weg zum Erreichen der Demokratie sieht Dewey nicht im Klassenkampf, sondern in der sogenannten »kooperativen Intelligenz«, d. h. in dem kommunikativen Erfahrungslernen und gemeinsamen Zuhören.

3.6.5 Neuordnung der Kindergärten

Abschließend wird auf die im 19. Jahrhundert einsetzende Neuordnung des Bildungssystems und die nachhaltigen Konsequenzen für die Kindergärten eingegangen. Dabei ist zu berücksichtigen, dass für die frühe Kindheit die Modernisierungsprozesse bereits zur Zeit der Kindergartenbewegung begannen (Baader 2014). Im Folgenden werden daher noch weitere zentrale Aspekte herausgestellt, die offenlegen, wie sich der Kindergarten von seiner Ursprungsidee in Deutschland schon in der zweiten Hälfte des 19. Jahrhunderts entfernt hat. Der Berliner Ortsverein des Fröbelverbandes formulierte 1875 die Frage: »In welcher Weise ist die organische Verbindung zwischen Kindergarten und Schule herzustellen?«

Trotz der intensiven Bemühungen der Fröbelianer:innen in der zweiten Hälfte des 19. Jahrhunderts, den Kindergarten organisatorisch und administrativ als unterste Stufe des allgemeinbildenden Schulsystems zu verankern, blieb der Erfolg aus und damit die angestrebte »organische« Einheit von Kindergarten und Schule. Diana Franke-Meyer führt dies insbesondere darauf zurück, dass zu jener Zeit der Ausbau der Volksschulen im Zentrum des politischen Interesses stand. Mitte des 19. Jahrhunderts sah das noch anders aus, da lag die Initiative bei den Volksschullehrern, die Kindergärten als vorschulische Einrichtung in das Schulsystem aufzunehmen (Franke-Meyer 2021). Die Bittschrift von Henriette Goldschmidt im Namen des »Bundes deutscher Frauenvereine« 1898 an die deutsche Regierung zur »Einordnung der Fröbelschen Erziehungs- und Bildungsanstalten (Kindergärten und Seminare für Kindergärtnerinnen) in das Schulwesen der Gemeinden und des Staates« (Aden-Grossmann 2011, S. 39) weist bereits auf eine Neuausrichtung hin. Kindergärten und Seminare für die Ausbildung unterlagen keiner spezifischen Legitimation.[42] Die Verbindung der Kindergartenbewegung (▶ Kap. 3.5) mit der gemäßigten Frauenbewegung prägte die Entwicklungspfade von Kindergärten und der entsprechenden beruflichen Ausbildung nachhaltig. So wurden die Seminare für die Kindergärtnerinnen-Ausbildung 1908 in den Lehrplan der Frauenhochschule aufgenommen und mit einer geschlechtsspezifischen Allgemeinbildung verbunden. Georg Kerschensteiner (1854–1932) baute darauf seine Rechtfertigung eines zweigeteilten Berufsbildungssystems: Vollzeitschulische Ausbildungen für »Frauenberufe«, Duale Ausbildung für »Männerberufe« (Mayer 1999). Auch der Kindergarten wurde von Henriette Schrader-Breymann angepasst und alltagsnah am Familienleben ausgebaut. Sie setzte sich für die Eigenständigkeit der vorschulischen Einrichtungen gegenüber der Schule ein. In der Weimarer Republik steht der Kindergarten zwar auf der Agenda der Reichsschulkonferenz von 1920, die Frage seiner Verortung wurde aber bereits im Vorfeld entschieden. Lili Droescher, Verfechterin eines Kindergartens in Verbindung zur Schule, zitiert in der Zeitschrift des Deutschen Fröbelverbandes den Unterstaatssekretär Heinrich Schulz, der sich in seinem Buch »Die Schulreform der Sozialdemokratie« (1919) mit Blick auf die Kindergärten reformorientiert gibt:

»Kindergärten sollen aber nicht nur für die offenkundigen Notfälle in der Erziehung der Vorschulpflichtigen da sein […] mit dem Mutterwerden ist nicht jede junge Mutter auch zugleich eine Erzieherin geworden. Die erzieherischen Talente sind nicht reichlicher über die Menschen verteilt wie die Talente für andere große und künstlerische Aufgaben des Menschengeschlechtes. So kommt es, daß die meisten Kinder falsch erzogen werden, zum größten Teile aus allgemeinen und sozialen Ursachen, zum kleinen Teile aber auch wegen der Unfähigkeit der angeblich ›berufensten‹ Erzieher, der Väter und Mütter.
Es liegt deshalb im Interesse der Kinder und im Interesse der Gesellschaft, wenn das schulpflichtige Alter herabgesetzt wird, und zwar halte ich das

---

42 Seit 1911 gab es erste Prüfungsbestimmungen für Kindergärtnerinnen und Jugendleiterinnen, die sogenannte staatliche Anerkennung (Aden-Grossmann 2011).

vollendete dritte Lebensjahr für den besten Zeitpunkt zum Beginn der öffentlichen Erziehung.
Der Ausdruck ›schulpflichtig‹ könnte irreleiten. Nicht etwa sollen die Kleinen in Institute wie unsere heutige Schule gezwängt und dort noch vor der heutigen Schulzeit mit abgezogenem Wissen vollgepfropft werden. Wohl aber sollen die Einrichtungen, die wir heute Kindergärten nennen, innerlich und äußerlich ausgebaut und an Zahl so vermehrt werden, daß sie für die ganze Jugend vom Beginn des vierten bis zum Ende des siebten Lebensjahres ausreichen …« (Droescher 2021, S. 9)

Im Text klingt an, was die Reformpädagogiken gegenüber der Einheitsschule bewirkt haben. Lili Droescher weist darauf hin, dass auch in amerikanischen Kindergärten das Spiel im Zentrum steht. Im Kindergarten haben die Kinder die Möglichkeit, erfahrungsorientiert, d. h. durch unmittelbares Sehen, Begreifen, Bearbeiten die Dinge praktisch kennenzulernen. Daran kann die Schule anknüpfen:

»Ihnen wird Lesen, Schreiben und Rechnen nicht mehr wie eine überflüssige Seltsamkeit vorkommen, sondern sie werden darin ein freudig begrüßtes Hilfsmittel schätzen, daß sie in den Stand setzt, die Dinge des Lebens, die ihnen bereits vertraut sind, in neuen Zusammenhänge und in interessanten Beziehungen kennen zu lernen …« (Droescher 2021)

Droescher sieht Kindergarten und Schule eng verknüpft und doch methodisch deutlich getrennt. Das Spiel ist für sie der Ausgangspunkt und die Voraussetzung für ein »entdeckendes Lernen«. Mit dem Kindergarten, so Lili Droescher, wird der Bedeutung der frühen Kindheit für die weitere Entwicklung entsprochen. Berichtet wird auch von einer jungen Lehrerin,

»[…] die in anschaulichster Weise von der Not in ihrem Elementarunterricht erzählte, die durch die große Armut an Vorstellungen, Begriffen und Worten ihrer Schüler verursacht worden war, die wegen des unendlichen Klapperns des Webstuhls geistig ungefördert blieben.« (Droescher 2021)

Letztlich wird die Institution Kindergarten in das Reichsjugendwohlfahrtsgesetz 1922 aufgenommen. Schule und Kindergärten werden in unterschiedlichen Zuständigkeiten verwaltet: die Schule als Teil des Bildungssystems in der Verantwortung des Staates und der Kindergarten in den Händen der freien Träger, d. h. insbesondere der Kirchen (Wohlfahrtsverbände). Diese Ordnung wird auch als Kompromiss zwischen Staat und kirchlicher Verantwortung beschrieben:

»Die Sorge um das Schulkind lag nun – neben der Familie – beim Staat, die um das Kind im Vorschulalter verblieb – im öffentlichen Bereich – wesentlich bei den Kirchen. Trotz sozialistischer, sozialdemokratischer und kommunistischer Vorstöße in der Weimarer Republik wurden die Kindergärten nicht in das öffentliche Bildungssystem aufgenommen. Als Teil des Fürsorgesystems waren sie in erster Linie für die Kinder aus den unteren Schichten gedacht, deren Mütter arbeiten mussten. Dies gilt auch für die ab 1871 zunehmend entstehenden – nach Geschlechtern getrennten – Kinderhorte. Krippen, Kindergärten und Horte waren Einrichtungen für Kinder arbeitender Mütter des Proletariats, damit jene nicht der Aufsicht der Straße und den sich dort bietenden Verführungen ›preisgegeben‹ seien.« (Baader 2014, S. 157)

Abb. 23: Käthe Kollwitz, Plakat »Deutschlands Kinder hungern!«, 1923, Kreidelithographie (Umdruck), Kn 202 B, Kölner Kollwitz Sammlung © Käthe Kollwitz Museum Köln

Die Zeit nach dem Ersten Weltkrieg und damit die Jahre der Weimarer Republik waren geprägt von den Folgen des Krieges. Die Zuordnung der Kindergärten und Horte als Teil des »Fürsorgesystems« wurde beeinflusst von der Wahrnehmung verheerender Armut:

»Für das Kinder- und Jugendleben der Weimarer Jahre ist es als Kriegsfolge vergleichbar bedeutungsvoll, dass es nach langer Zeit erstmals wieder massenhaft

›Kinder ohne Väter‹ gibt, d. h. alleinerziehende Mütter, in problematischer finanzieller Situation, ohne gesellschaftliche Anerkennung und Unterstützung.« (Tenorth 2008, S. 204)

Diese Zeit war gekennzeichnet durch fatale Gegensätze. Die Ideen der Reformpädagogiken bildeten sich aber in Abgrenzung zur Verstädterung und zur sich gesetzlich verankernden Einheitsschule heraus.

»Zum Erbe der Reformpädagogik zählen auch institutionelle Alternativen zu den Staatsschulen. Man findet sie in Privatschulen (außerhalb konfessioneller Trägerschaft), z. B. in Internatsschulen, wie den Lietz'schen Landerziehungsheimen, oder in innerstädtisch gelegenen Tagesschulen, wie sie aus dem Geiste des Anthroposophen Rudolf Steiner in den (nach Gründung bei den Waldorf-Zigaretten-Fabriken in Stuttgart benannten) Waldorfschulen seit 1920 bis heute existieren. Ihnen gemeinsam ist die Betonung der Gemeinschaft, die Behauptung, der Entwicklung und Natur des Kindes zu folgen, die Betonung von Selbsttätigkeit und Selbstverwaltung, die Erprobung neuer didaktischer Formen, wie des Gesamt- und Epochenunterrichts und in Projektarbeiten (etc.).« (Tenorth 2008, S. 209)

Die Existenz der Reformpädagogiken trug als Alternative zur öffentlichen Schule zur Pluralität und Offenheit des Bildungssystems bei. Allerdings neigten wiederum die jeweils einzelnen Pädagogiken unter dem Diktat der richtigen Lehre zu Abgrenzung und Geschlossenheit. Dennoch gingen von den Reformpädagogiken und ihren Einrichtungen progressive Impulse aus, die von der öffentlichen Schule durchaus aufgenommen wurden, u. a. in der sich in der Weimarer Zeit neu formierenden Grundschule. Von Anfang an war die Grundschule »kindgemäß« ausgerichtet und forderte auch ein solches didaktisches Grundverständnis: »Wissensstoff und Fertigkeiten sollten nicht bloß ›äußerlich angeeignet‹, sondern ›innerlich erlebt und erworben‹« werden (ebd., S. 55, zit. nach Reyer 2006, S. 147; Heinzel 2022, S. 753).

Am Beispiel der Reformpädagogiken wird besonders deutlich, wie wichtig es ist, Konzepte der Bildung und Erziehung im zum Teil höchst fragwürdigen Kontext ihrer Entstehungsgeschichte zu reflektieren. Nur so können Ambivalenzen beleuchtet und aufgearbeitet werden. Dies ist notwendig, um in der Erziehungsgeschichte keine »blinden Flecken« fortzuschreiben.

3.7 Faschismus

Der Rückgriff auf Friederich Fröbel hatte im Nationalsozialismus den Zweck, an eine vermeintlich deutsche Tradition der frühkindlichen Erziehung anzuknüpfen. Dazu wurde seine Bildungsphilosophie mit völkischem Gedankengut überformt. Das wurde u. a. von Hans Volkelt (vgl. Fußnote 44) auch so kommuniziert: »Die bisherige Sozialpädagogik habe sich an Friedrich Fröbels individualistischem Humanitätsverständnis orientiert, die durch den ›völkischen‹ Humanitätsbegriff [sic!] ersetzt werden muss« (Berger 2019, S. 55, ebd., S. 160 ff). Diese Entwicklung dürfte auch deshalb erstaunen, weil viele der Kindergartenakteur:innen aus liberalen jüdischen Familien kamen und sich für die Kindergartenbewegung (inter-)national engagierten. Diese Aktivität der Kindergärtnerinnen, wie u. a. Anna Warburg (1881–1987)[43], die 1933 erste Vorsitzende des »Ausschusses für Säuglings- und Kleinkinderanstalten e. V.« in Hamburg war, wurde radikal unterbunden und damit die liberale Kindergartenidee ein zweites Mal in die Emigration gezwungen (Berger 2022, S. 173 ff).

Mit dem Wahlsieg der »Nationalsozialistischen Deutschen Arbeiterpartei« (NSDAP) wurde ein ganzes Netz von sozialen Institutionen der Weimarer Republik aufgelöst bzw. verboten: Gewerkschaften, sozialdemokratische und kommunistische Parteien, Organisationen der Arbeiterbewegung, Jugend- und auch Wohlfahrtsverbände (Aden-Grossmann 2011). Die Nationalsozialisten verwarfen die aufgebaute Fürsorgepolitik der Weimarer Republik. Angestrebt wurde, die gesamte öffentliche und

---

43 Anna Warburg wuchs in Stockholm als sogenannte »höhere Tochter« auf. 1896 kam sie nach Hamburg zu ihrem Onkel und absolvierte dort das Fröbelseminar und anschließend eine Ausbildung am Pestalozzi-Fröbel-Haus in Berlin. Sie setzte sich für die Weiterentwicklung von Bewahranstalten nach der Kindergartenidee von Friedrich Fröbel ein, überwiegend in Hamburg und Stockholm. Nachdem sie den Vorsitz des »Ausschusses für Säuglings- und Kleinkinderanstalten« im Nationalsozialismus aufgeben musste, engagierte sie sich für die zunehmend ausgegrenzten jüdischen Familien und Kinder. Dazu stellte sie ihren Familiensitz in Hamburg/Blankenese zur Verfügung und richtete für die Kinder einen jüdischen Kindergarten ein. 1938 emigrierte sie zunächst nach Schweden, später nach Israel (Berger 2014).

private Wohlfahrtspflege rassenhygienisch und an bevölkerungspolitischen Maßstäben auszurichten. Der Verband der »Arbeiterwohlfahrt« wurde 1933 von der »Deutschen Arbeitsfront« übernommen, der »Paritätische Wohlfahrtsverband« und das »Rote Kreuz« in die Trägerschaft der »Nationalsozialistischen Volkswohlfahrt« (NSV) überführt (Reyer 2006). Trotz dieser massiven Maßnahmen blieb das 1922 verabschiedete Reichsjugendwohlfahrtsgesetz der Weimarer Republik bestehen – wenn auch nationalsozialistisch modifiziert.

Die Gleichschaltungspolitik betraf 1935/36 insbesondere die Kindergärten, die nun der »Nationalsozialistischen Volkswohlfahrt« (NSV) unterstellt wurden. Damit hängt zusammen, dass zahlreiche private Einrichtungen verboten wurden. Das traf alle privaten Schulträger, aber auch die Einrichtungen von freien Trägern wie jüdische Kindergärten, Montessori-Kinderhäuser (1936) und die Waldorfkindergärten (Verbot 1938).[44] Die Vielfalt der Träger wurde dadurch eingeschränkt, aber eine gänzliche Gleichschaltung gelang im Kindergartenbereich mit seinen zahlreichen freien Trägern letztlich nicht (Reyer 2006; Berger 2019). Zwei Drittel der kirchlichen Träger blieben über die Zeit erhalten (Berger 2019, 2022), was aber nicht heißt, dass diese Träger bzw. die Kindergärtnerinnen sich auch konform zur nationalsozialistischen Ideologie verhielten (Reyer 2006). Dass die Gleichschaltung der Kindergärten nicht konsequent umgesetzt wurde, liegt in Ansätzen am Widerstand einzelner Träger, ist aber im Allgemeinen eher darauf zurückzuführen, dass es keine eindeutig nationalsozialistische Ausformulierung zur Aufgabe der Kindergärten gab (Berger 2019, S. 16). Die Konsequenz war zunächst, dass die in der Weimarer Zeit etablierte wissenschaftliche Orientierung und der damit zusammenhängende internationale Austausch über Erziehung und Bildung auch in der frühen Kindheit komplett eingedämmt wurde. Pädagogik wurde als sogenannte »politische Pädagogik« betrieben, d. h. völkisch-na-

---

44 Der Deutsche Fröbelverband löste sich 1938 auf. Der erste Vorsitzende des Verbands war 1934–1938 der Pädagogikprofessor Hans Volkelt, der auch der Abteilung »Sozialpädagogische Berufe« des Nationalsozialistischen Lehrerbunds (NSLB) vorstand. Er hat den Fröbelverband an den NSLB »herangeführt« (Reyer 2006). Die Zeitschrift »Kindergarten« wurde mit kleinen »Korrekturen« fortgeführt (Berger 2019, S. 54 ff).

tional ausgerichtet. Dabei zeigen sich ambivalente Muster bereits zu Grundsatzfragen bzgl. des Besuchs eines Kindergartens vs. der Erziehung der Kinder in der Familie (Berger 2019, S. 16). Die Fröbelsche Kindergartenidee etwa wurde nicht aufgrund ihres pädagogischen Konzepts der Spielerziehung geschätzt, sondern aufgrund der Herkunft von Friedrich Fröbel[45] und der verhängnisvollen Bindung des Berufs der Kindergärtnerin an das Geschlecht, welches anschlussfähig war an die nationalsozialistische Familienideologie. Für ihre Belange missbrauchten sie damit auch das Konstrukt der »geistigen Mütterlichkeit«, das von der Frauenbewegung für die Sicherung der Berufsfelder für Frauen entworfen worden war (Nave-Herz 1997). Der Kindergarten wurde entsprechend mit der NS-Mutterideologie verknüpft. Insbesondere Hans Volkelt, der ehemalige Vorsitzende des Fröbel-Verbands – sah sich berufen, die Werke Fröbels im Sinn des Nationalsozialismus zu deuten (Berger 2019). Auch die Texte der Fröbelforscherin Erika Hoffmann bezeugen die nationalsozialistisch überformte Sprache, in der Sache widersprach sie aber Volkert und hob den Kindergarten als zentrale Einrichtung hervor. Anders als Lili Droescher, die ehemalige Leiterin der Pestalozzi-Fröbel-Hauses (PFH) in Berlin – sie stimmte Volkelt dahingehend zu, dass auch Fröbel die Familienerziehung dem Kindergarten vorgezogen hätte (ebd., S. 165). Strukturell gewann der Kindergarten nationalsozialistischer Prägung erst mit dem Beginn des Zweiten Weltkriegs an Relevanz. Die Frauen wurden nun u. a. für die Rüstungsindustrie gebraucht. Kindergärten wurden von der Kriegsökonomie vereinnahmt, deshalb wurden die Plätze ausgebaut und es entstanden, z. B. auf dem Land zur Erntezeit, sogenannte Erntekindergärten.

Das Regime des Nationalsozialismus unterwanderte gezielt die in der Weimarer Republik neu errichteten demokratischen Systeme, wie Bildungs- (Schule) und Fürsorgesystem (Kindergärten, Jugendbewegung). Die neu aufgebaute Grundschule für alle Kinder wurde zurückgenommen. Auch wenn Kindergärten strukturell erst mit dem Zweiten Weltkrieg an zentraler Bedeutung gewannen, wurden sie doch – wie die Schulen – ab

---

45 Für die Nationalsozialisten war die Montessori-Methode der Fröbel-Methode unterlegen, weil diese angeblich dem deutschen Denken und Empfinden fremd sei (Akaltin 2004, zit. nach Berger 2019).

1933 entlang der völkischen und rassenhygienischen Ideologie ausgerichtet.[46] Das betraf unzählige Kinder jüdischen Glaubens, aber auch Kinder der Sinti und Roma sowie Kinder mit Behinderungen und von politisch Verfolgten. Manfred Berger zitiert mit Bezug auf das »gesunde und arische Kind« eine Kindergartenleiterin und zeigt damit zugleich die Radikalität, die sich in der Haltung der Pädagoginnen im Alltag bereits festgesetzt hatte:

> »unsere Fürsorge [gilt] […] den gesunden, tüchtigen und wertvollen deutschen Kindern. Ihnen soll der Kindergarten zur Blutsheimat werden. Somit ist unsere Arbeit Dienst am Kinde und zugleich Dienst an deutscher Familie und am deutschen Volk. Darum hüten und fordern wir: Ordnung, Zuverlässigkeit, Pflichttreue, äußere und innere Sauberkeit, Gewissenhaftigkeit, Sinn für Wagemut und eine gewisse Härte.« (zit. n. Schlesinger 1992, S. 83; Berger 2022)

Das Zitat spiegelt die vom arischen Rasseideal getragene nationalsozialistische Ausgestaltung der politischen Pädagogik von Ernst Krieck. Bereits in einem Zitat von 1910 stellte er sich hasserfüllt gegen Humanismus und Universalismus: »Es ist Zeit, die Lüge von der Gerechtigkeit und Menschlichkeit in den Staub zu treten« (Hojer 1997, S. I).

Systematisch wurden die Institutionen mit ideologischem Gedankengut durchzogen. Das gelang nicht nur in Bezug auf die formale Bildung in den Schulen, sondern drang wirkmächtig tief in die Familien ein: über Kinder- und Jugendliteratur, Liedgut, Spielzeug, Spiele, Bildsprache und vor allem mittels des damals noch relativ neuen Mediums des Rundfunks, dieser wurde gleichgeschaltet und für die nationalsozialistische Propaganda genutzt.

Kindheit für politische Zwecke zu vereinnahmen, kann bereits für den Ersten Weltkrieg belegt werden. So verweist beispielsweise Aden-Grossmann auf einen Beschäftigungsplan des Kindergartens aus dem Jahr 1915, wo patriotische und Heimatlieder, Kriegsgebete sowie Soldaten- und Marschierspiele aufgeführt wurden (Aden-Grossmann 2011). Till Köster sieht das große Interesse an der Kindheit im Nationalsozialismus in den Vorläufern dieses Interesses im 18. und 19. Jahrhundert begründet (Köster 2014). Über das Konstrukt des »romantischen Kindheitsmythos« wurden Kinder überhöht und als »Heilsbringer« im Hinblick auf eine bessere Welt

---

46 Gesetzlich legitimiert mit den sogenannten Nürnberger Gesetzen von 1935.

stilisiert. Dieses Narrativ machte Kindheit und Jugend auch für die Nationalsozialist:innen attraktiv.

»Das neue gesellschaftliche Interesse an Heranwachsenden schlug sich in vielfältigen Nationalisierungsprogrammen nieder. Die neuen Nationalstaaten versuchten insbesondere über die Schulen und deren nationales Curriculum Kinder zu Trägern der Nationsidee zu formen. Doch blieben diese Bemühungen nicht auf den Unterricht beschränkt. Einzelne Staaten führen beispielsweise Rituale wie Fahnenappelle vor den Schulen ein und Nationalbewegungen veranstalten nationale Feste für Heranwachsende und gründeten Jugendgruppen.« (ebd., S. 228)

Nationalsozialistische Erziehungsvorstellungen der »Härte« und Definitionen von Männlichkeit als »Ertragenkönnen« stehen den Grundsätzen der Romantik, aber auch der Reformpädagogiken – die ja auch mit ›weichlicher Nachgiebigkeit‹ (Andresen und Baader 1998) gleichgesetzt wurden, zunächst entgegen (Tenorth 2008). Insbesondere die Verbindungslinien zu Eugenik und Rassenhygiene ermöglichen jedoch Anknüpfungspunkte für eine völkische Ideologie (Hojer 1997).

»Erstens radikalisierten die faschistischen Bewegungen die seit dem 19. Jahrhundert erkennbare Tendenz einer Nationalisierung von Kindheit, indem sie Kinder zu nationalen Erlösergestalten und opferbereiten Märtyrern verklärten. Zweitens rezipierten sie Tendenzen einer Biologisierung von Kindheit und spitzten sie mit deutlich rassebiologischen Konnotationen zu. Faschistische Kindheit war in ein Gesellschaftsprojekt der Herstellung gesunder, kraftvoller und körperlich überlegener Gemeinschaften eingebunden, die den alten Menschen und seine Makel hinter sich lassen wollten, und enthielt eine deutliche Dynamik einer immer weitergehenden Auslese und Ausgrenzung. Schließlich und eng damit verbunden führten die faschistischen Bewegungen Tendenzen eine Bellifizierung von Kindheit fort, wie sie besonders im Ersten Weltkrieg auf einflussreiche Weise ausformuliert worden war.« (Köster 2014, S. 308)

Kindheit im Nationalsozialismus bedeutete aber auch Aufwachsen mit den Erfahrungen, aufs Härteste von der Gesellschaft verfolgt, geächtet, in extremer Weise ausgegrenzt und getötet zu werden.[47] Ein Leben im Untergrund, Flucht, Emigration und/oder Ghettos und Konzentrationslager

---

47 Über eine Million jüdischer Kinder wurden im Nationalsozialismus ermordet. Über die anderen Opfergruppen gibt es keine Aufzeichnungen (Hiemesch 2014, S. 334).

gehörten zu den Biographien unzähliger Kinder. Viele Eltern verfolgter Gruppen brachen die Beziehungen zu ihren Kindern ab und versuchten, diese durch Emigration oder Verstecke etwa in Klöstern bzw. bei Fremden zu retten (Hiemesch 2014). Der Reformpädagoge Janusz Korczak (1878–1942) erfährt mit den Kindern des von ihm geleiteten Waisenhauses »*Dom Sierot*« und dessen Mitarbeiter:innen die Qualen des Warschauer Ghettos und des Vernichtungslagers in Treblinka:

> »1940 werden er, seine Mitarbeiter und Mitarbeiterinnen sowie etwa 200 Kinder in das Warschauer Ghetto ›umgesiedelt‹. Von dort erfolgt Ende 1941 nochmals ein Umzug in das sogenannte Kleine Ghetto. In Tagebucherinnerungen (1942/ 2005b), einem der bedeutendsten Dokumente über die Zustände in diesem Ghetto, berichtet Korczak über seine letzten Monate in Warschau. Das Zusammenleben im Dom Sierot bewährt sich – das sei hervorgehoben – auch unter diesen katastrophalen Umständen. Korczak kann daher in dieser Zeit zusätzlich die Betreuung eines heruntergekommenen zentralen Findelhauses im Ghetto übernehmen, das er als ›Schlachthaus und Leichenhaus‹ bezeichnet (Korczak 1942/2005b, S. 213). Die Lebensbedingungen für die Kinder verschlimmern sich schließlich derart dramatisch, dass Korczak bettelnd unter Einsatz seiner letzten Kräfte für das Überleben seiner Kinder kämpft. Den drohenden Tod vor Augen, bereitet er seine Kinder mit den Proben und der Aufführung des Theaterstücks Das Postamt von Rabindranath Tagore (es handelt vom Sterben eines Kindes bei gleichzeitiger Hoffnung auf eine eintreffende, befreiende Botschaft) auf den nahen Tod vor. Am 5. oder 6. August 1942 werden Janusz Korczak, seine Mitarbeiter und Mitarbeiterinnen und seine 200 Kinder im Rahmen der von den Nazis so bezeichneten ›Endlösung der Judenfrage‹ in Viehwaggons nach Treblinka verfrachtet und dort mit Giftgas ermordet.« (Kirchner et al. 2018, S. 13)

Janusz Korczak (Pseudonym für Henryk Goldszmit) war Humanmediziner und wuchs in Polen auf. Er politisierte sich früh und engagierte sich gegen soziale Ungleichheit. Dabei war er insbesondere von dem Elend der Kinder auf den Straßen stark betroffen. Als Mediziner reiste er in die Schweiz, nach Deutschland und Frankreich. Er profilierte sich als Pädiater/Kinderarzt und interessierte sich auch für Pädagogik. Aufgrund seiner journalistischen Tätigkeiten wurde er sehr bekannt und als Arzt hochgeschätzt. Dennoch entschied er sich 1912, ein Kinderheim zu leiten und pädagogisch tätig zu sein. Diese Einrichtung »Dom Sierot« organisierte er in Form einer sogenannten »Kinderrepublik« als Gemeinschaftsleben, wo Kinder hohe Entscheidungsfreiheiten hatten und in erster Linie die Stimmen der Kinder Gehör fanden. Daraus entwickelte er mit seiner Mitarbeiterin Stefania

Wilczyńska (1886–1942) (studierte Pädagogin/Montessoridiplom) ein differenziertes pädagogisches Konzept.[48]

Viele Beschreibungen der Kindheit im Konzentrationslager heben hervor, dass die Kindheit dort zu Ende geht und die Differenz zwischen Kindern und Erwachsenen verschwindet. Diese Aussage unterstreicht auch Alexandra Korb: »Es ist kaum vorstellbar, dass Kinder ab dem Alter von vier Jahren bei den Appellen in den KZ zusammen mit den Erwachsenen, manchmal über Stunden, stillstehen mussten« (Yelin und Arbel 2023, S. 28; Hiemesch 2014). Aufgrund der Rassenideologie gab es keine Differenz zwischen Erwachsenen und Kindern der verfolgten Gruppen, das Leben beider sollte gleichermaßen vernichtet werden. Kindheit in den Konzentrationslagern zu fassen ist daher schwierig (Hiemesch 2014, S. 321). Auch wenn die Eltern ihre Kinder nicht mehr schützen konnten und die Kinder das Schwinden der Autorität der Eltern gegenüber den Machtstrukturen im Lager deutlich wahrnahmen, erschlossen Kinder – genau wie Erwachsene – auch an diesem unmenschlichen Ort Momente für sich, in denen sie nicht nur Opfer waren. Erwachsene versuchten, aus den wenigen verfügbaren Materialien im Lager Spielzeug für die Kinder herzustellen, es gibt vereinzelte Aufzeichnungen zum Beispiel zu Festen. Auch das Spielen der Kinder miteinander und das Pflegen von Freundschaften sind erweiterte Erfahrungen, die Kindheiten in den Zwischenräumen der Lagerdiktatur geprägt haben (Hiemesch 2014).

---

48 Die beobachteten Machtstrukturen im Generationenverhältnis zwischen Erwachsenen und Kindern sind Auslöser dieses Schwerpunkts. Beobachtungen bis hin zu ethnographischen Studien sind für Korczak wichtige Zugänge zur sozialen Welt. Folgendes Zitat aus seiner Gymnasialzeit steht dafür exemplarisch: »Ich beginne hier mein Studium. Ich beobachte diesen Schwarm Kinder und bemühe mich – Diagnosen zu stellen. […] Zum Beispiel spielt jedes Kind anders. Ich möchte wissen, warum. Ich weiß, dass die Suche nach einer Antwort auf diese Frage mich viele Jahre meines Lebens beschäftigen wird. Wer weiß? Vielleicht mein ganzes Leben lang. Und vielleicht finde ich gar keine Antwort. Aber je mehr man beobachtet, desto näher kommt man der Wahrheit. Der Wahrheit über den Menschen, den wir bis jetzt überhaupt nicht kennen« (Beiner und Ungermann 1999, S. 404 f., zit. nach Kirchner et al. 2018, S. 9). Korczak gilt aufgrund dieser zeitlebens durchgeführten Forschungsstudien als wichtiger Vertreter der Kindheitsforschung, der Theorie und Praxis verbindet und dem einzelnen Kind in seiner sozialen Situation besondere Beachtung schenkt.

Abb. 24: Barbara Yelin, Emmie Arbel. Die Farbe der Erinnerung, 2023, S. 28

Erwachsene und Kinder waren – sofern sie die Lager überlebten – nachhaltig belastet bzw. traumatisiert.[49] Das zerstörte Vertrauen in die Autorität (auch Sicherheit) und die abgrundtiefe Erniedrigung führten zur Verdrängung als Überlebensstrategie. Das Schweigen über die Erfahrungen in den Konzentrationslagern wird oft erst in den 1990er Jahren gebrochen

---

49 U. a. Studie »Child Survivors of the Holocaust in Israel: Finding Their Voices Social Dynamics and Post-war Experiences« von Sharon Kanisser Cohen (2005).

(Hiemesch 2014, S. 329). In den Erinnerungen von Emmie Arbel[50], die nach Israel emigrierte, ist zu lesen:

> »Zu dieser Zeit wollte niemand etwas über die Lager hören. Und niemand wusste, wie man mit traumatisierten Kindern umgeht. Keiner konnte sich vorstellen, wie schlimm es gewesen war. Es war nach dem israelischen Unabhängigkeitskrieg. Die Menschen fühlten sich stark. Man sprach nicht darüber, was geschehen war. Lange Zeit nicht.« (Yelin und Arbel 2023, S. 77)

Kindheit in den Lagern konnte aber auch heißen, dort als Austauschgefangene:r und damit als wertvolle Ware zu gelten oder für medizinische Experimente benutzt zu werden. Kinder wurden im Nationalsozialismus unterschiedlich, aber generell instrumentalisiert und waren einer enormen Willkür ausgesetzt.

Der Forschungsstand zur Kindheit im Nationalsozialismus wird insbesondere aus der Perspektive der Geschichtswissenschaft bearbeitet. Die Quellenlage ist extrem heterogen – Zeitzeug:innenberichte sind dafür zentral. Sie dokumentieren, wie unterschiedlich Kindheiten erlebt wurden. Bisher sind diese Erkenntnisse noch nicht hinreichend in die Sozialgeschichte der Kindheit integriert (Hiemesch 2014) bzw. kein ausgeprägter Gegenstand einer kritisch-reflexiven Pädagogik der frühen Kindheit.

3.8 Resümee

Die Geschichte der Erziehung in der Pädagogik der frühen Kindheit ist nicht auf die Institutionen der frühen Kindheit zu begrenzen, denn Erziehung vollzieht sich dynamisch im Wechselverhältnis von Kind(ern), Familie und Gesellschaft. Erziehung in der frühen Kindheit, so zeigt es die historische Kindheits- und Erziehungsgeschichte, ist nicht nur intuitiv, sondern mit einer bewussten Praxis verbunden. Pädagogik der frühen Kindheit nimmt hier ihren Ausgangspunkt. Auffällig ist, dass die frühe

---

50 Emmie Arbel wird 1937 in Den Haag geboren und kommt mit ihrer Mutter und ihren Brüdern in das KZ Westerbork, 1944 nach Ravensbrück. Sie lebt in Israel.

Kindheit immer dann besonders in den Fokus rückt, wenn soziale Dynamiken den Raum für gesellschaftliche Reformen öffnen. In diesen Momenten ändern sich auf der Prozessebene Beziehungen im Kern der Familie und werden bestehende Verhältnisse in Frage gestellt. In solchen Phasen des Übergangs findet nicht nur die Erziehung der jungen Kinder eine neue Beachtung, sondern verknüpft sich diese mit übergeordneten Fragen zur Organisation von Familien und frauenrechtlichen Bestrebungen (▶ Kap. 3.5). Pädagogik der frühen Kindheit muss vor dem Hintergrund der vorliegenden Analyse eine kritische Reflexion einschließen, denn frühe Kindheit bleibt nicht verschont von negativen Einflüssen der Gesellschaft. Pädagogik der frühen Kindheit kann anhand von fünf Kernelementen beschrieben werden (▶ Abb. 25):

- Die Wahrnehmung der Altersdifferenz und Ermöglichung einer generationengerechten Erziehung
- Die Einsicht, dass Spiel eine genuine Praxis des Lernens und die Perspektiven des Kindes hier selbstbestimmt zum Ausdruck kommen
- Die Bedeutung des soziokulturellen Wandels (Zeit, Familienleben, sozioökonomische Bedingungen, Ort etc.)
- Die Erkenntnis, dass pädagogisches Handeln sich durch das Ausbalancieren von Antinomien und Paradoxien im Wechselspiel mit dem Subjekt auszeichnet, d.h. über eine spezifische strukturtheoretische Bedingtheit verfügt
- Die Notwendigkeit von Bewusstheit und Reflexion

Kindheit in der Antike und Vormoderne gilt aufgrund der Quellenlage als bisher nur teilstückhaft beforschter Bereich der Kindheits- und Erziehungsgeschichte. Dennoch lassen die Befunde darauf schließen, dass frühe Kindheit und Erwachsenenwelt differenziert wahrgenommen wurden und sich erste Grundlagen in Form der Altersdifferenz und Sorgebeziehung zu jungen Kindern von unter sieben Jahren zeigen. Diese Altersdifferenzierung festigt sich soziokulturell und bleibt auch im Mittelalter erhalten. Sie wird zu einer bewussten Trennlinie zwischen einer eng auf das Haus begrenzten Sozialisation und weiteren Erfahrungsräumen. Frühe und mittlere Kindheit sind genuin verschieden.

3 Kindheits- und Erziehungsgeschichte

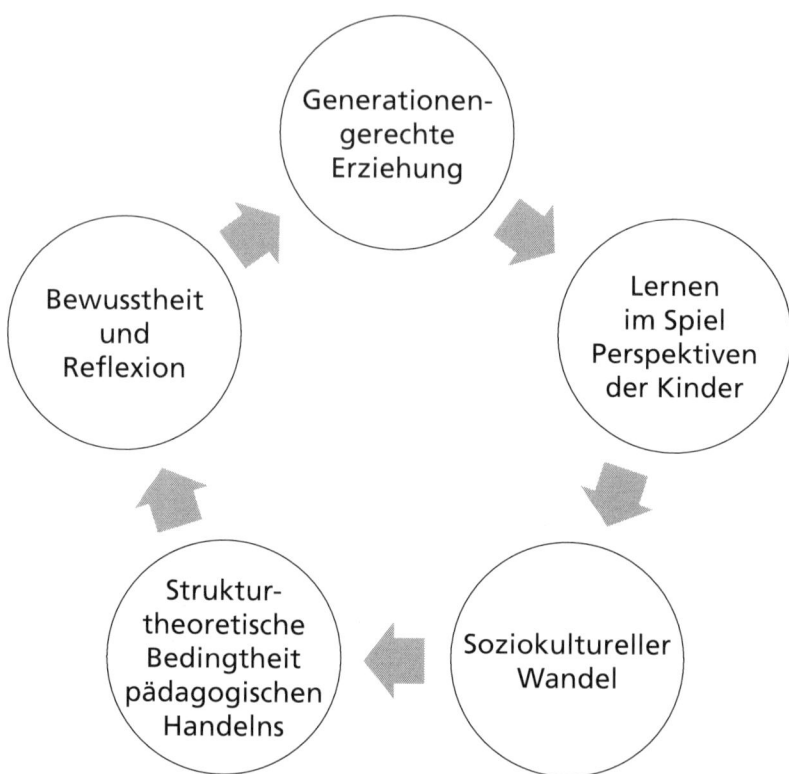

Abb. 25: Kernelemente Pädagogik der frühen Kindheit (eigene Darstellung)

Von hoher Bedeutung sind in diesem Kontext die Generationenverhältnisse. In der Kindheits- und Erziehungsgeschichte wird u. a. der sogenannte Paternalismus, d. h. die Verfügungsgewalt der älteren Generation über die jüngere ersichtlich. Erst im 19. Jahrhundert wird die Verfügungsgewalt des Vaters durch Schutzrechte der Kinder gerahmt und im 20. Jahrhundert entsteht die Idee der Fürsorge im Bürgerlichen Gesetzbuch (Parr 2005). Paternalstrukturen stellen die Unmündigkeit der Kinder heraus (Prengel 2016). Überlegungen zu einer generationengerechten Pädagogik sind der jüngsten Geschichte zuzuordnen (▶ Abb. 25). In deren Kontext stehen auch die Aufarbeitung der Geschichte der Sorgebeziehungen im Rahmen von Erziehung und Bildung (Baader et al. 2014) und das Aufgreifen einer advokatorischen Ethik (Brumlik 2017; Prengel 2020).

Spiel ist universalistisch und zentrales Kernelement einer Pädagogik der frühen Kindheit (▶ Abb. 25). Die Grundidee ist inspiriert von der Einsicht Jean-Jacques Rousseaus: »Alles ist gut, wie es aus den Händen des Schöpfers kommt, alles entartet unter den Händen des Menschen« (Rousseau 1995, S. 9). Damit wird dem jungen Kind Freiheit im Erziehungsprozess gewährt und auf die in ihm angelegte Entwicklung vertraut. Friedrich Fröbel und die Romantiker:innen greifen im 18. Jahrhundert auf diesen Grundgedanken zurück und prägen den sogenannten »romantischen Kindheitsmythos«. In der Erziehung heißt das, Schon- und Schutzräume zu eröffnen, damit das Kind sich weitgehend frei entwickeln und entfalten kann. Friedrich Fröbel stellt das Spiel und damit die Eigenaktivität bzw. die Tätigkeit des Kindes in den Mittelpunkt seiner Frühpädagogik. Unter der Perspektive des romantischen Kindheitsmythos ist das Kind keine *tabula rasa*, das auf die Erziehungs- und Bildungsaspirationen der Erwachsenen angewiesen wäre, vielmehr folgt es der in ihm selbst angelegten Dynamik. Vor diesem Hintergrund erklärt sich auch die romantische, geradezu ins Gegenteil verkehrte Sicht auf das Generationenverhältnis, wonach die Erwachsenen es seien, die von den Kindern zu lernen hätten. So verklärt dieses Kindbild sich auch darstellt, so offenbart es doch eine zentrale Einsicht in die Würde des Kindes, welches selbst über seine eigene innere Entwicklungslogik verfügt. An dieser Einsicht muss sich fortan der Einfluss von Fremdbestimmung, d. h. auch Erziehung, bemessen lassen.

Spiel ist die genuine Ausdrucksform des Kindes. Mit der Kindergartenidee und der daran anschließenden Kindergartenbewegung erlangen die sogenannten »kindorientierten« und »spielbasierten Ansätze« international an Relevanz. Jürgen Oelkers verweist darauf, dass die amerikanische kindzentrierte Pädagogik am Anfang des 20. Jahrhunderts von der Kindergartenbewegung motiviert wurde. Gleichzeitig spielte die Entwicklung der Kinderpsychologie eine entscheidende Rolle.

Pädagogik als Reflexion kann ab dem 15. Jahrhundert in den unterschiedlichen Schriften nachgewiesen werden (Musolff 2010, S. 21). Die Schriften von Erasmus von Rotterdam (1466–1536), aber auch Johann Amos Comenius (1592–1670) beziehen bereits in ihren Erziehungstraktaten die frühe Kindheit ein. So werden in der *Didacta Magna* von Comenius

Erziehungsfragen auch des jungen Kindes aufgegriffen und in dem Kapitel »Informatorium der Mutterschul« (1628/31, dt. 1633) verhandelt. Das Kapitel wurde nicht nur für fromme Eltern, sondern auch für Ammen, Kinderwärterinnen und andere an der Betreuung oder Erziehung Beteiligte verfasst. Zugleich wird in dieser Zeit Erziehung von den Kirchen als Teil der innerhäuslichen Aufgaben der Eltern – insbesondere der Mutter – definiert (Jacobi 2014, S. 21). Mit dem Aufkommen einer Pädagogik als Reflexion geht also auch die Bewusstheit für eine Pädagogik der frühen Kindheit einher, die unterschieden wird vom subjektiv-intuitiven Handeln im Generationenvollzug. Diese Entwicklungen schlugen sich nicht nur in philosophischen Schriften, sondern auch in Beschreibungen des täglichen Lebens nieder.

Die Kindheits- und Erziehungsgeschichte ist aber mitnichten eine Fortschrittsgeschichte. Das offenbaren unterschiedliche Zeiten und Orte der pädagogischen Praxis. Im Laufe der Geschichte kommen auch ungute Entwicklungen zum Tragen. Ungleiche Entwicklungsmöglichkeiten werden deutlich, resultierend aus gesellschaftlichen Strukturen und abhängig von der sozialen Herkunft: zwischen Arm und Reich, den Geschlechtern, Religionszugehörigkeiten, Kindern mit und ohne Behinderungen, unterschiedlichen Sprachen etc. Darüber hinaus werden über die Konstruktion des »normalen« Kindes die Freiheiten und Möglichkeiten der Kinder verengt (Seichter 2023). Tiefes Unrecht spiegelt sich in allen Formen der Ausgrenzung. Vor diesem Hintergrund sind Bewusstheit und Reflexion in der pädagogischen Praxis unabdingbar und muss der soziokulturelle Wandel in der Pädagogik kritisch reflektiert werden (▶ Abb. 25).

Pädagogik der frühen Kindheit ist aber weitaus komplexer. Es ist zum einen nicht einfach, in der Dynamik sozialer Praktiken Bewusstheit zu schaffen. Zum anderen ist pädagogisches Handeln selbst strukturtheoretisch, d.h. genuin bedingt, komplex (▶ Abb. 25) (Helsper 2021). Denn Interaktion ist auf ein Arbeitsbündnis angewiesen, d.h., die Qualität pädagogischen Handelns erwächst aus dem Zusammenwirken der Subjekte. Diese Koordinationsleistung gelingt nur, wenn erkannt wird, dass soziale Praktiken auf Routinen und Gewohnheiten basieren, die aber für eine offene und agile Pädagogik bewusst reflektiv durchdrungen und weiterentwickelt werden müssen. Genau diese im Interaktionsprozess liegende *relative* Autonomie der Pädagog:innen erfordert, um eine generationengerechte Pädagogik nicht aus den Augen zu verlieren, eine Pädagogikethik (Prengel 2020) und eine Verpflichtung der Berufskultur.

Seit dem Entstehen der Pädagogik im 18. Jahrhundert ist es deren Anliegen, eine Theorie für die Praxis zu sein, und zwar für eine veränderte Praxis. Wie das in der Pädagogik der frühen Kindheit mit Blick auf die institutionellen Entwicklungen realisiert wurde, steht im folgenden Kapitel im Fokus.

4 Institutionelle Entwicklungen[51]

Gegenstand der nachfolgenden Darstellung ist die Entwicklung und Neuordnung der Pädagogik der frühen Kindheit in der zweiten Hälfte des 20. und zu Beginn des 21. Jahrhunderts.

In der Pädagogik wird ab ca. 1970 von der sogenannten »reflexiven Moderne« gesprochen. Im Folgenden wird der Bezug dieser Ausrichtung zur Pädagogik der frühen Kindheit nachgezeichnet. Geprägt ist diese Phase von zwei großen Bildungsreformen (1960/70 und 2000). Die Pädagogik der frühen Kindheit im soziokulturellen Wandel zu verstehen heißt, Erziehung und Bildung mit Blick auf das veränderte Verständnis von Kind(ern), Familie und Gesellschaft zu reflektieren und zugleich historisch einzuordnen. Im Zuge der Stärkung der Kinderrechte (1989) wurde der Fokus auf die Gestaltung des Generationenverhältnisses gelegt und gewannen Fragestellungen nach den Perspektiven der Kinder an Bedeutung.[52]

---

51 Teile des Abschnitts speisen sich aus den Quellen »Pädagogik der frühen Kindheit« (König 2020), »Bildung ist mehr als Schule« (König 2019), »Instruktion und Konstruktion. Impulse für eine veränderte pädagogische Praxis? Eine erziehungswissenschaftliche Reflexion« (König 2021a).

52 Die Pädagogik der frühen Kindheit ist auch verbunden mit Entwicklungen der Kindermedizin (Pädiatrie). Frühstgeborenen und Säuglingen wurde noch bis in die 1980er Jahre kein Schmerzempfinden und damit auch fehlendes Bewusstsein zugesprochen. Das hatte zur Folge, dass Kinder ohne Anästhesie operiert wurden. Diese Vorstellungen beeinflussten auch das pädagogische Handeln, denn das Absprechen von Bewusstsein verhindert ein bewusstes Eingehen auf die jungen Kinder mit ihren Belangen. Für die Pädagogik der frühen Kindheit sind diese tief in der Geschichte verankerten Vorannahmen bis heute ein Hemmschuh für eine Weiterentwicklung der pädagogischen Einrichtungen. Sie führen dazu, dass Kindern auch in der eigenen Disziplin nicht die Beachtung und

Die Schwierigkeit der Begriffe »Erziehung« und »Bildung« liegt darin, dass diese alltagssprachlich geprägt sind und zugleich zentrale Grundbegriffe der Erziehungswissenschaft darstellen. Dies zeigt, wie eng Erziehung und Bildung soziokulturell verwoben sind. Das Verständnis im fachlichen Gebrauch weicht aber vom Alltagsverständnis ab. Beide Begriffe sind nicht einfach zu fassen und erschließen sich nur über ihre Theorietraditionen. Mit dem folgenden Exkurs werden die Begriffe im Kontext des soziokulturellen Wandels beleuchtet:

Die divergente Verwendung von Bildung und Erziehung lässt sich darauf zurückführen, dass mit dem Aufkommen einer auf das Subjekt ausgerichteten Bildungsphilosophie die Praxis der Erziehung und die Vorstellung über Bildung auseinanderdriften. Die Einsichten über Bildung sind inspiriert von den Gedanken Rousseaus, Pestalozzis und von Fröbel. Bildung und Erziehung basieren auf der in den Kindern bzw. Menschen liegenden inneren Kraft und Möglichkeit zur Entwicklung. Erziehung soll demnach das innere »Wachstum« unterstützen (Oelkers 2009) – hierbei wird von einem inneren Bauplan (Reifungstheorie) in der Kindheit ausgegangen, der sich auf ein Ziel hin bewegt, nämlich Verstand bzw. Ratio auszubilden. Im Ursprung besteht der Zustand der »Unreife« (*immaturity*), eine Zuschreibung, wonach dem Kind »im Vergleich mit dem Erwachsenen bestimmte Züge (*desired traits*) fehlen« (ebd., S. 88). Erziehung wird alltagssprachlich als Belehrung, Weisung, Gewöhnung, aber auch Disziplin und Zucht verstanden. Wissenschaftlich wird Erziehung als »positive« Einflussnahme auf das Individuum beschrieben. Deutlich wird, dass Erziehung hierarchisch, auch monopolar, als Subjekt-Objekt-Verhältnis angelegt ist.

Erst mit der Erkenntnis, dass Kinder von Anfang an interagierende Subjekte sind – wie es die Bildungsphilosophie, inspiriert von Rousseau und insbesondere Fröbel auch dem jungen Kinde zuspricht – und die Welt

---

Würde geschenkt wurde, die ihnen genuin zusteht. Erst ab den späten 1980er Jahren veränderte sich dieser Blick auf die früheste Kindheit radikal. Auslöser war u. a. der Bericht von Jill Lawson, die in der *New York Times* nach dem Tod ihres Sohnes Jeffrey den Artikel »*Infants' Sense of Pain Is Recognized, Finally*« veröffentlichte, aber auch neuere Studien der Entwicklungspsychologie, die ab 1990 den Blick auf das junge Kind veränderten.

mittels ihrer Erfahrung ordnen und verstehen, wird dem relationalen Verhältnis zwischen den Subjekten eine höhere Bedeutung für die Entwicklung zugeschrieben. Dadurch gelingt eine weiterführende Näherung zwischen Bildung und Erziehung. Erziehung und Bildung sind pädagogisch aufeinander bezogen und komplementär. Bereits Wilhelm von Humboldt (1767–1835)[53] weist auf diese Subjekt-Subjekt-Beziehung als grundlegendes Theorem von Bildung hin. Dieser Ansatz unterstreicht, welch grundlegende Bedeutung den relationalen Beziehungen bzw. der sozialen Beziehung in Bildung und Erziehung zukommt (Liegle 2017; Prengel 2019).

Im Folgenden wird der Ausbau der frühpädagogischen Institutionen mit dem Fokus auf die Gestaltung der relationalen Beziehungen im Kontext der unterschiedlichen gesellschaftlichen Entwicklungen reflektiert.

4.1 Entwicklungen 1945–1970

Das Ende des Zweiten Weltkriegs setzt eine Dynamik des Wiederaufbaus und der Neuordnung in Gang. Die aktive Aufarbeitung der Verbrechen des Nationalsozialismus wurde von den Alliierten angestrebt und auf struktureller Ebene auch durch die Umgestaltung der Staatsform realisiert. Erst Jahrzehnte später erfolgte u. a. in der »Studentenbewegung« (1968) eine aktive Auseinandersetzung mit dem Nationalsozialismus, die sich durch tiefgreifende Konflikte im Generationenverhältnis, insbesondere auch in den Familien entlud.

---

53 Wilhelm von Humboldt gilt als wichtiger Theoretiker und Bildungsreformer und prägte mit seinem neuhumanistischen Denken den Aufbau eines modernen Schul- und Hochschulwesens im 18./19. Jahrhundert. Insbesondere mit seiner Konzeption eines humanistischen Bildungsbegriffs als relationales Verhältnis von Ich, Anderen und Welt beeinflusst er auch noch heutige Reflexionen zur Bildung. Sein Bildungsbegriff ist radikal humanistisch und damit subjektbezogen.

Der Nationalsozialismus hatte nachhaltigen Einfluss auf Erziehungsvorstellungen. Das Netzwerk an Einflussnahmen war aufgrund der diversen Akteur:innen im Nationalsozialismus dicht und umspannte Wissenschaft ebenso wie Praxis. Das äußert sich exemplarisch etwa in dem Buch »Die deutsche Mutter und ihr erstes Kind« von Johanna Haarer (1. Auflage 1934), einer Ärztin und Anhängerin des Nationalsozialismus. Das Buch wird erst in den letzten Jahrzehnten des 20. Jahrhunderts kritisch reflektiert. Haarers Erziehungsideologie zeichnet sich durch lieblose und distanzierte Erziehung aus und bleibt in der Nachkriegszeit verbreitet. Das Buch wurde in der BRD noch bis 1987 unter dem Titel »Die Mutter und ihr erstes Kind« verlegt und war in der DDR verboten.

Ost- und Westdeutschland vollzogen die notwendige Aufarbeitung vor dem Hintergrund unterschiedlicher staatlicher Systeme und Weltsichten. Sozialistische Volksdemokratie (Einheitsparteienstaat) auf der einen Seite und parlamentarische Republik (Mehrparteiensystem) auf der anderen Seite nahmen dabei auch Einfluss auf das pädagogische Denken und die Vorstellungen zum Aufwachsen junger Kinder bzw. zum Wechselverhältnis zwischen Gesellschaft, Familie und Kindern. Strukturell erfolgten in den beiden Staaten auch verschiedene rechtliche Zuordnungen der frühpädagogischen Institutionen. In der Deutschen Demokratischen Republik (DDR) wurde der Kindergarten seit 1949 als schulvorbereitende Einrichtung verstanden und 1965 auch formell in das ostdeutsche Bildungssystem eingegliedert. Während der Kindergarten und der Hort zum Schulsystem gehörten und pädagogisch ausgerichtet waren, unterstanden die Krippen dem Volksgesundheitswesen.[54] Im Kindergarten wurde ab 1961 nach dem »Bildungs- und Erziehungsplan« gearbeitet, der auch die Zusammenarbeit mit der Schule regelte. Die Kindergartengruppen waren altershomogen organisiert: 3- und 4-Jährige, 4- und 5-Jährige sowie 5- und 6-Jährige (Franke-Meyer 2020). Die Einrichtungen für 3- bis 6-Jährige galten in der breiten Bevölkerung als eigenständige pädagogische Institutionen mit gesellschaftlichem Auftrag (Rabe-Kleberg 2006). Zwar lag in der DDR ein Erziehungs- und Bildungsplan vor (Regierung der Deutschen

---

54 In der DDR bestand ein gut ausgebautes Krippensystem sowie eine spezifische Ausbildung für die Krippenpädagogik, die auch medizinische Studienanteile beinhaltete.

Demokratischen Republik 1969), dieser orientierte sich aber nicht an klassisch humanistischen Bildungsideen, die der Autonomie des Subjekts und einer Erziehung zur Mündigkeit den Vorrang gaben, sondern am Leben in einer sozialistischen Gesellschaft:

>»Die vielfältigen Tätigkeiten der Kinder in der Kindergruppe sind so zu lenken, daß sich bei ihnen Verhaltensweisen herausbilden, die den sozialistischen Normen des Zusammenlebens entsprechen. Die Kinder sollen freundschaftlich miteinander tätig, ehrlich und bescheiden sein und sich gegenseitig achten und helfen. Auf die Entwicklung solcher Eigenschaften wie Ausdauer, Zielstrebigkeit und die Bereitschaft, Schwierigkeiten zu überwinden, muß ständig Einfluß genommen werden.« (Regierung der Deutschen Demokratischen Republik 1969, S. 7/8)

Der Kindergarten hatte eine herausgehobene Stellung, denn auch junge Kinder sollten von Anfang an für das »neue Leben« erzogen werden bzw. zum Aufbau einer sozialistischen Gesellschaft beitragen (Aden-Grossmann 2011; Stadtmüller 2023). So steht in der Anleitung »Zur Arbeit mit dem Bildungs- und Erziehungsplan im Kindergarten« unter »Die Entwicklung individueller Interessen und Wünsche«:

>»Das setzt voraus, daß wir die Kinder durch unsere gezielte Bildungs- und Erziehungsarbeit dazu befähigen. **Die Kinder müssen systematisch lernen, ihr Leben selbst zu gestalten und bestimmte Zeiten für eigene Wünsche und Interessen sinnvoll zu nutzen** [fett hervorgehoben im Original]. Die Richtung der Wünsche und Interessen der Kinder, denen sie nachgehen, werden im Wesentlichen durch das erworbene Wissen und Können der gemeinsamen Spiele, Arbeiten und Beschäftigungen bestimmt.« (Akademie der Pädagogischen Wissenschaften der Deutschen Demokratischen Republik 1973, S. 128 ff.)

Die Erziehung war großteils sozialistisch überformt und ihr Auftrag an die Pädagog:innen politisch (Aden-Grossmann 2011, S. 112/113; Sorokina 1955).

>»Als untrennbarer Bestandteil des Bildungssystems hat der Kindergarten einen bedeutenden Anteil an der Herausbildung der jungen sozialistischen Generation zu leisten. […] Eine solche Einordnung des Kindergartens in das einheitliche sozialistische Bildungssystem spiegelt die hohe Wertschätzung wider, die der sozialistische Staat bereits seinen jüngsten Bürgern zuteil werden läßt. […] Das höchste Ziel des Sozialismus ist, alles zu tun für das Wohl des Menschen, das Glück des Volkes, für die Interessen der Arbeiterklasse und aller Werktätigen. […] Auf der Grundlage der gesamtgesellschaftlichen Bedingungen sichert der Kin-

dergarten die sozialistische Lebensgestaltung des Vorschulkindes, er führt die Kinder im Kollektiv zusammen.« (Akademie der Pädagogischen Wissenschaften der Deutschen Demokratischen Republik 1973, S. 14/15)

In Westdeutschland wurde dagegen an die Weimarer Republik angeknüpft und der Kindergarten weiterhin der Fürsorge (Kinder-, Jugend- und Familienhilfe) zugeordnet. Gesetzlich war der Kindergarten im Jugendwohlfahrtsgesetz (JWG) verankert, einer Novellierung des Reichsgesetzes für Jugendwohlfahrt (RJWG) von 1922. Diese traditionelle Orientierung prägte in Westdeutschland nachhaltig die Vorstellungen über das Aufwachsen von jungen Kindern. Bis in die 1970er Jahre erhielt sich der bewahrpädagogische Charakter und die Einrichtungen wurden nur von einem kleinen Teil der Bevölkerung genutzt. Erika Hoffmann, Pädagogin und Fröbelforscherin am Pestalozzi-Fröbel-Haus, übte in dieser Zeit einen starken Einfluss auf die Kindergartenpädagogik aus. Sie verstand den Kindergarten u. a. als einen pädagogischen Schonraum (Reyer 2015).

Meike Baader diskutiert die Einflüsse der konkurrierenden Systeme DDR und BRD mit Blick auf den Kindergarten wie folgt:

»Die Systemkonkurrenz der beiden deutschen Staaten – als ein besonderer Effekt des Kalten Krieges zwischen dem Westen und der Sowjetunion – wurde in der Bundesrepublik der 1950er und 1960er Jahre insbesondere anhand der Themen Familie, weibliche Erwerbstätigkeit und Kinderbetreuung ausgetragen. Dabei spielte auch der Verweis auf den Nationalsozialismus eine Rolle. Während die DDR ihre kollektive Kinderbetreuung ausbaute und den Kindergarten in das öffentliche Bildungssystem integrierte, knüpfte die Bundesrepublik – genau wie mit der dreigliedrigen Struktur ihres allgemein bildenden Schulsystems – an die Weimarer Republik an. Der Kindergartenbereich wurde in der BRD – in der Weimarer Tradition des Reichsjugendwohlfahrtsgesetzes von 1922 – der Sozialfürsorge und nicht dem Bildungssystem zugeordnet. Erneut festgeschrieben wurde im Jugendwohlfahrtsgesetz von 1961 auch die Rolle der Kirche für die Kinderbetreuung.« (Baader 2009, S. 272)

Der öffentliche Kindergarten wurde so zu einem Politikum. Erst nach der Wiedervereinigung (1989) kommt es zum Rechtsanspruch auf einen Kindergartenplatz, allerdings erst im Jahr 1996 (tritt 1999 in Kraft) und nicht etwa unmittelbar nach der Wende bzw. mit dem novellierten Kinder- und Jugendhilfegesetz (KJHG) (1990).[55]

---

55 Diese Entwicklungen stehen auch im Zusammenhang mit dem § 218 (Abtrei-

Mit Bezug auf die Aufarbeitung des Nationalsozialismus geht es darum, kritisch-reflexive Momente einer Pädagogik der frühen Kindheit herauszuarbeiten. Die Aufarbeitung stieß im Allgemeinen in der Bevölkerung auf erhebliche Widerstände. Das zeigt sich in Westdeutschland exemplarisch anhand der Beschreibungen und des Engagements von Fritz Bauer. Er war Jurist und emigrierte als Jude während des Nationalsozialismus nach Dänemark und Schweden. Er kam nach Deutschland zurück, um den Aufbau einer demokratischen Haltung zu unterstützen. In seiner Funktion als Generalstaatsanwalt in Hessen arbeitete er daran, die Verantwortlichen an der Massenermordung von Millionen von Jüd:innen vor Gericht zu bringen. Er prägte die Remer- und Auschwitzprozesse (ab1963). Das Zitat »wenn ich mein Büro verlasse, betrete ich Feindesland« wird Fritz Bauer zugeschrieben. In seinen Aufzeichnungen schildert er den erheblichen Widerstand, den er in der Verwaltung und der Bevölkerung bei den Bemühungen um eine Aufarbeitung des Nationalsozialismus erlebte. Am Eichmannprozess (1961), der international auf große Resonanz stieß und u. a. von Hannah Arendt beobachtet wurde, hatte die deutsche Nachkriegsbevölkerung kaum Interesse (Arendt 2011). Der Prozess fand nicht zufällig in Israel und nicht in Deutschland statt. Die Muster der Verdrängung waren in Deutschland gesellschaftlich tief verankert, wie es auch Jahrzehnte später Harald Welzer, Sabine Moller und Karoline Tschuggnall in »Opa war kein Nazi« (Welzer et al. 2002) verdeutlichten. Das Buch zeigt, wie tief sich das Narrativ »Opa war kein Nazi« in das Familiengedächtnis eingeschrieben hatte und unreflektiert von Generation zu Generation weitergetragen wurde.

Vor diesem Hintergrund entwickelte sich in der Bundesrepublik die kritische Erziehungswissenschaft. 1965 fand die erste »Arbeitstagung« der Deutschen Gesellschaft für Erziehungswissenschaft (DGfE) an der Universität Kassel statt (Behrmann 2015, S. 221). Der Begriff »kritische Erzie-

---

bungsrecht). In der DDR waren Abtreibungen unter bestimmten Bedingungen erlaubt, in der BRD galt der Schwangerschaftsabbruch als verboten. Diese Verkettung unterschiedlicher Bedingungen führte im Bundestag 1992 dazu, dass sich in Verbindung mit einer besseren Familienunterstützung die Möglichkeiten der Einführung eines Rechtsanspruch auf einen Kindergartenplatz eröffneten (Rauschenbach 2018).

hungswissenschaft« wurde von Wolfgang Klafki (1927–2016) (ebd., S. 225) geprägt. Er hat mit dem Funk-Kolleg Erziehungswissenschaft in den 1970er Jahren zusammen mit Kolleg:innen versucht, das Verständnis einer kritischen Erziehungswissenschaft zu etablieren. Dabei orientierte er sich an den Arbeiten von Horkheimer und Adorno, d. h. der Kritischen Theorie der Frankfurter Schule. Unter der Begriffsklammer »Norm- und Zielvorstellungen« wurden im Funk-Kolleg Fragen der Erziehung diskutiert:

> »Soweit Sie ständig oder gelegentlich erzieherisch tätig sind – als Mutter oder Vater, als Kindergärtnerin oder Jugendleiter, als Lehrerin oder Lehrer, als Lehrlingsausbilder oder Dozentin – , orientieren Sie sich, mehr oder minder bewußt, dauernd an Ziel- oder Normvorstellungen; anderenfalls wäre ihre Arbeit richtungslos. Es könnte nun aber sein, daß Sie sich zwar von klar formulierten Zielen leiten lassen, dabei jedoch nicht erkennen, daß es sich vielleicht um z. T. überholte Leitvorstellungen handelt. Wer über die Berechtigung der von ihm verfolgten Erziehungsziele nicht kritisch nachdenkt, dem könnte es geschehen, daß seine pädagogischen Bemühungen, sein guter Wille, sein Einsatz für sein Kind, seine Schüler, seine Lehrlinge nicht eine Lebenshilfe, sondern ein Hemmnis bedeuten. Kurzum: Wir werden das Problem der Ziele und Normen hier zwar als Erziehungswissenschaftler behandeln, aber dieses Problem ist alles andere als eine ›bloß theoretische‹ Frage. Es ist von größter praktischer Bedeutung!« (Klafki et al. 1977, S. 15).

Ausgangspunkt für die kritische Erziehungswissenschaft bilden Studien, die sich bereits in den 1930er Jahren in den USA etablierten. Hier setzten sich Forschende mit weit in den Familien verbreiteten autoritären Interaktionsmustern auseinander und begründeten damit die sogenannte Erziehungsstil-Forschung. Diese ist geprägt von den Arbeiten um den Philosophen Theodor W. Adorno (1903–1969), der im Exil in den USA Antworten darauf suchte, was Menschen zum Antisemitismus trieb. Mit seinen Studien zum »autoritären Charakter« beeinflusste er diese Untersuchungen, die zunächst auf Führungsstile ausgerichtet war. Der Psychologe Kurt Lewin (1890–1947) legte weitere wichtige Grundlagen zur Erforschung von unterschiedlichen Führungsstilen, dem autoritären, dem demokratischen und dem Laissez-faire-Stil, auf das kindliche Verhalten. Die Grundannahme war, dass ein Zusammenhang zwischen Führungsstil und Gesellschaftskulturen bestehe. In den 1960er/70er Jahren wurden diese Forschungen erneut in Deutschland aufgegriffen, im Kontext einer kritischen Erziehungswissenschaft diskutiert und so u. a. auch in Kindergärten Daten zu den Erziehungsstilen von Kindergärtnerinnen erhoben (Tausch und Tausch 1998, S. 105). Adorno sah hier Handlungsbedarf:

»Angesichts der Tatsache jedoch, dass der Nationalsozialismus kein bloßes Oberflächen-Phänomen war, sondern tiefe ideologische und sozialpsychologische Wurzeln besass, ist es nicht damit getan, ihn lediglich auf der Ebene der eigentlich politischen Meinungsbildung zu bekämpfen, sondern eben in jene Prozesse einzugreifen, welche die Menschen für totalitäre Ideologien – gestern die nationalsozialistische, morgen vielleicht die kommunistische – empfänglich machen. Damit ein solcher Versuch aber wirklich die entscheidenden Punkte erreicht, ist es notwendig, sich ein wirklich zuverlässiges Bild von der Situation zu machen.
Wir schlagen daher Untersuchungen vor zu dem Thema: Woran fehlt es in der deutschen Erziehung?« (Adorno, zit. nach Behrmann 2015, S. 105).

Mit dem Werk »Dialektik der Aufklärung« (1. Auflage 1969) (Horkheimer und Adorno 1998) suchen Max Horkheimer und Theodor W. Adorno darauf eine Antwort. Kritisch beleuchten sie die Prozesse von Macht, Herrschaft und totalitärem Staat. Das Werk gilt als Jahrhundertlektüre, um die Barbarei[56] zwischen 1933 und 1945 kritisch zu durchdringen. Eine wichtige Einsicht der Lektüre ist, dass der Fortschritt stets den Rückschritt im Gepäck hat. Diese Kernaussage ist genuiner Bestandteil einer reflexiven Moderne, d. h. die Bewusstheit dafür, dass in jedem Handeln auch negative »Nebenwirkungen« eingeschrieben sind, die überdacht werden müssen. In der »Erziehung zur Mündigkeit« (erste Veröffentlichung 1966) (Adorno 1975), Adornos bedeutendstem Werk für die Erziehungswissenschaft, beschreibt er dieses Bewusstsein, zu dem erzogen werden soll:

»Das aber, was eigentlich Bewußtsein ausmacht, ist Denken in Bezug auf Realität, auf Inhalt: die Beziehung zwischen den Denkformen und -strukturen des Subjekts und dem, was es nicht selber ist. Dieser tiefere Sinn von Bewußtsein oder Denkfähigkeit ist nicht einfach der formallogische Ablauf, sondern er stimmt wörtlich mit der Fähigkeit, Erfahrungen zu machen, überein. Denken und geistige Erfahrungen machen, würde ich sagen, ist ein und dasselbe. Insofern sind Erziehung zur Erfahrung und Erziehung zur Mündigkeit, so, wie wir versucht haben, es auszuführen, miteinander identisch.« (Adorno 1975, S. 116)

---

56 Adorno meint damit die primitive physische Gewalt und menschenunwürdige Verhaltensweisen (Kupfer 2011, S. 60).

Mit Bewusstsein meint Adorno nicht ein bestimmtes Wissen, sondern die grundlegende Fähigkeit, überhaupt eigene Erfahrungen zu machen. Mündigkeit bedeutet also, sich einzulassen und erfahrungsorientiert eigene Ansichten auszubilden. Adorno wandte sich trotz seiner skeptischen Haltung zur Pädagogik Fragestellungen im Theorie-Praxis-Diskurs der Erziehung zu und teilte zwischen 1959 und 1969 im Rundfunk seine Ansichten mit einem breiten Publikum (Adorno 1975). Diese Gedanken ermöglichen auch heute Orientierungswissen für kritische Pädagog:innen.

Die Reflexionen beschränken sich aber nicht nur auf Theoriediskussionen, sondern sind auch Anliegen der praktischen Pädagogik. Erziehungsansätze zur antiautoritären Erziehung gewinnen in dieser Zeit wieder an Bedeutung. Das Konzept von Alexander Sutherland Neill (1883–1973), der vor allem über das Schulprojekt »Summerhill« bekannt wurde, ist dafür beispielhaft.[57] Erich Fromm (1900–1980) schreibt im Vorwort zur »Theorie und Praxis der antiautoritären Erziehung« von Alexander S. Neill:

> »Im achtzehnten Jahrhundert verkündeten fortschrittliche Denker die Idee der Freiheit, der Demokratie und der Selbstbestimmung. In der ersten Hälfte des zwanzigsten Jahrhunderts begannen diese Gedanken der Erziehung Früchte zu tragen. Das Hauptprinzip der Selbstbestimmung besteht darin, daß Autorität durch Freiheit ersetzt wird; das Kind lernt, ohne daß Zwang ausgeübt wird, indem an seine Neugier und seine spontanen Bedürfnisse appelliert und auf diese Weise sein Interesse an der Umwelt geweckt wird. Diese Einstellung kennzeichnet den Beginn der fortschrittlichen Erziehung – ein wichtiger Schritt in der Entwicklung der Menschheit.« (Neill 1969, S. 11)

Fromm macht deutlich, dass zu einer fortschrittlichen Erziehung die Freiheit gehört. Autorität muss durch Freiheit ersetzt werden. Auch Neill fokussiert auf diesen zentralen Aspekt. Seine Theorie greift auch auf das Konzept der sogenannten »Selbstregulation« von Wilhelm Reich (1897–1957) zurück (Aden-Großmann 2020). Reich ging davon aus, dass Kinder ihre Bedürfnisse selbst regulieren können, wenn Erziehung hier nicht vorschnell eingreift. Die »Selbstregulierung eigener Bedürfnisse« kristallisiert sich als Kernelement der antiautoritären Erziehung heraus. Der

---

57 Das Erziehungsprojekt von A. S. Neill ist in der Reformpädagogik zu verorten. Neill gründete 1921 die »Neue Schule« in Hellerau bei Dresden. 1924 führte er das Projekt in England unter dem Namen »Summerhill« fort (Hofmann 2018).

Spruch »Neill, Neill, Birnenstiel« wurde Neill von Generationen von Kindern hinterhergerufen. Neill ging es in seiner Reformschule darum, eine Erziehung ohne Angst zu praktizieren (Neill 1982):

> »Der Reim des kleinen Jungen zeigt, daß es den Abgrund zwischen Schülern und Lehrern nicht zu geben braucht, einen Abgrund, den Erwachsene geschaffen haben, nicht die Kinder. Lehrer wollen kleine Götter sein, die durch Würde geschützt sind. Sie fürchten, daß sie ihre Autorität einbüßen und daß sich ihr Klassenzimmer in ein Tollhaus verwandeln könnte, wenn sie sich menschlich benehmen. Sie haben Angst vor der Abschaffung der Angst. Zahllose Kinder haben Angst vor ihren Lehrern. Disziplin schafft Angst. Fragen Sie irgendeinen Soldaten, ob er vor seinem Feldwebel Angst hat; ich habe noch keinen erlebt, der nicht Angst hatte.
> […] Summerhill zeigt der Welt, daß eine Schule die Angst vor den Lehrern abschaffen kann – und, noch tiefer, die Angst vor dem Leben.« (Neill 1982, S. 9)

Auch in der Pädagogik der frühen Kindheit bzw. im Handlungsfeld der Kindertageseinrichtung wurden diese Konzepte zur Erziehung aufgegriffen. Die sogenannten »Kinderläden« entstanden als Teil der »Studentenbewegung« (Hofmann 2018) und spiegelten zugleich den Generationenkonflikt bzw. die Skepsis gegenüber autoritärem Verhalten und die Suche nach alternativen Pädagogiken.[58] Antiautoritäre Pädagogik meint aber nicht Laissez-faire-Erziehung. Die Erziehenden sind eben gerade nicht gleichgültig gegenüber den Kindern, sondern hinterfragen bewusst das Generationenverhältnis in Bezug auf autoritäre Handlungsmuster.

Die Ansätze hatten auch praktische Beweggründe, denn in der konservativen Bundesrepublik der Nachkriegszeit lag die Inanspruchnahme von Kindergartenplätzen für Kinder im Alter zwischen drei und sechs Jahren in

---

58 Die Kinderladenbewegung steht auch in Verbindung mit der »Alternativschulbewegung«. Hofmann schreibt dazu: »Die Alternativschulbewegung entstand im Wesentlichen aus drei starken Motiven bzw. inhaltlichen Bezügen. Der historische Bezug kann als ›Reform- und Versuchsschulbewegung‹ bezeichnet werden: In Landerziehungsheimen, Jena-Plan- und Montessori-Schulen nahm man an, sei eine Pädagogik ›vom Kinde aus‹ und ein ganzheitliches Lernen mit ›Kopf, Herz und Hand‹ praktiziert worden. (Vgl. Maas 1998, S. 15). Zielgruppe waren nun aber Kinder und Jugendliche, u. a. unter besonderer Einbeziehung von Arbeiterkindern. Der dritte Bezugspunkt für die Bildung von Freien Alternativschulen war die *Freeschool*-Bewegung in den USA.« (Hofmann 2018., S. 223)

den 1960er Jahren nur bei ca. 33% (Baader 2009; Der Bundesminister für Bildung und Wissenschaft 1970). Verwiesen wird im Bildungsbericht von 1970 auf Wartelisten, d.h., Angebot und Nachfrage stimmten nicht mehr überein. Darüber hinaus wird berichtet, dass nur etwa 45% des Personals über eine fachliche Ausbildung verfügten. Für jüngere Kinder gab es dagegen kaum Angebote in sogenannten Kinderkrippen – und wenn, dann eher im städtischen Umfeld.[59] Prinzipiell waren die Einrichtungen eher »bewahrpädagogisch« ausgerichtet und trafen daher kaum den Zeitgeist der bildungsbürgerlich orientierten Familien. Frankfurt und Berlin wurden im Kontext der Hochschulen zu den Hotspots der Kinderladenbewegung. 1967 gründete Monika Seifert-Mitscherlich[60] den ersten repressionsfreien Kindergarten, die sogenannte »Kinderschule« in Frankfurt (Aden-Grossmann 2018). Sie hatte in England ihre Tochter in der *Kirkdale School* (Ritter und Ritter 1959) angemeldet, einer unabhängigen Schule, die sich an dem Schulprojekt *Summerhill* von A. S. Neill orientierte und der Selbstregulierung der Kinder nach Wilhelm Reich eine hohe Bedeutung zuschrieb.[61] Meike Baader (Baader 2009) differenziert die ungenügende Passung zwischen den jungen Elterngenerationen jener Zeit und den bestehenden Kindergärten wie folgt:

> »In ihren Augen schienen sie eine Erziehung zu autoritärer Unterwürfigkeit zu befördern, die sie vor dem Hintergrund der Diskussionen um den ›autoritären Charakter‹ und seine Faschismusanfälligkeit ablehnten. So betont etwa Helke

---

59 Die Entstehung der Kindertagespflege in Westdeutschland ist auf einen Beitrag in der Zeitschrift *Brigitte* zu den schwedischen »Dagmammas« zurückzuführen (FKB 2014). 1973 rückte über diese Reportage die Tagespflege in den Fokus der Öffentlichkeit. Die Resonanz ist zurückzuführen auf die veränderten Lebens- und Arbeitsmodelle von Frauen und Müttern, die nach Alternativen für die Betreuung ihrer Kinder suchten. Ein erstes Bundesmodell mit Begleitstudie wurde zwischen 1974 und 1979 dazu durchgeführt (ebd., S. 79).
60 Monika Seifert-Mitscherlich war die Tochter von Melitta und Alexander Mitscherlich sowie Mitarbeiterin am Institut für Sozialforschung in Frankfurt.
61 Dieses Konzept umfasst auch die freie Sexualität der Kinder (Aden-Großmann 2020). Vorwürfen in Richtung Pädophilie erteilt Aden-Grossmann eine klare Absage, denn das würde heißen, dass »Erwachsene Macht über das Kind ausüben«. Die antiautoritäre Erziehung wirkt dem entschieden entgegen, d.h., dass »die Wahrung der Generationenschranke für eine freie Entwicklung des Kindes eine unabdingbare und notwendige Voraussetzung sei« (ebd., S. 23).

Sander, eine der ersten Gründerinnen von Kinderläden in Berlin, dass Kinder in den Kindergärten festgebunden würden. Die Mitglieder der Kommune II, die für ihre beiden Kinder einen Kindergartenplatz suchten und dann in Berlin-Charlottenburg einen eigenen Kinderladen gründeten, beschrieben paramilitärische Praktiken sowie Schlaf- und Essenszwang (vgl. Berndt 1965; Bookhagen u. a. 1969).« (Baader 2009, S. 274)

Die »Geburtsstunde« der Kinderläden geht auf eine Initiative des »Aktionsrats zur Befreiung der Frauen« zurück (Baader 2009). Sie organisierten 1968 auf dem Vietnamkongress in Berlin einen Kindergarten zusammen mit Eltern und freiwilligen Helfer:innen, um an dem Kongress teilzunehmen (ebd., S. 275). Daraus ging letztlich der »Zentralrat für Kinderläden« hervor. Der Zentralrat wurde von Männern des »Sozialistischen Deutschen Studentenbunds« (SDS) gegründet (Werder 2020). Die Kinderladenbewegung wurde so zu einem Teil der sozialistischen Bewegung. Werden die Kinderladen- und die Kindergartenbewegung in Bezug gesetzt, dann zeigen sich erstaunliche Parallelen. Beide Bewegungen sind an die Frauenbewegungen gebunden. Helke Sander hat dafür auch den Slogan geprägt: »Das Private ist politisch.« Frauen, die sich hier engagierten, hatten häufig in anderen Ländern Skandinavien oder England fortschrittliche Erziehungskonzepte (u. a. Summerhill) kennengelernt und wollten ihren Kindern diese auch ermöglichen, neben der Situation, dass sie als Frauen mit der Kindererziehung auch in einem linken Milieu allein gelassen wurden (ebd., S. 279). Die Bewegungen wurden sowohl 1848 als auch 1968 erst dann für Männer interessant, als die Einrichtungen zu einem Politikum in der Gesellschaft wurden. Meike Baader konkretisiert diesen Sachverhalt:

»Die Barrikadenkämpfer von 1848 engagierten sich in den Kindergärten und die Männer der Studentenbewegung versuchten die Kinderladenbewegung zu politisieren. In den Kinderläden gab es einen erstaunlich hohen Männeranteil von 17 %.« (Baader 2009, S. 284)

Nach einer Hochphase verloren auch die Kinderläden wieder an politischem Profil. Das enorme Engagement der Eltern war ein bedeutender Faktor ihres Bestehens. Dieser führte dazu, dass sich das Trägerspektrum im Elementarbereich erweiterte und Elterninitiativen heute auch die traditionellen Träger in der Kindertagesbetreuung ergänzen. Ein weiteres Verdienst der Kinderladenbewegung war es, dass sie die psychoanalytische

Pädagogik wiederentdeckte, die bereits in den 1920/30er Jahren in Deutschland im Rahmen der sogenannten Reformpädagogik einen wichtigen Beitrag zur Pädagogik der frühen Kindheit leistete. Damit wurden die Autor:innen Wilhelm Reich, Anna Freud, Nelly Wolffheim[62] und Vera Schmidt für die Erziehungswissenschaft wiederentdeckt (Aden-Grossmann 2018). Reinhardt Fatke kritisiert, dass die »Wiederbelebung« einer psychoanalytischen Pädagogik nur von kurzer Dauer war. Die pädagogischen Konzepte in der Frühpädagogik blendeten in der Folgezeit das sogenannte »unbewusste Seelenleben« der Kinder, das für diese Entwicklungsphase von hoher Bedeutung ist, weitgehend auch im Kontext des Spiels aus. Fatke sieht darin aber gerade zentrale Möglichkeiten, die Perspektiven der Kinder aufzugreifen (Fatke i. V.). Die Kinderladenbewegung steht aber auch dafür, dass sie das Generationenverhältnis kritisch im Hinblick auf seine Machtverhältnisse hinterfragt. Sie zählte damit zweifellos zu den zentralen Bewegungen einer reflexiven Moderne in der Pädagogik der frühen Kindheit.

---

62 Nelly Wolffheim (1879–1965) griff das Konzept »Psychoanalyse und Kindergarten« bereits 1930 auf. Wolffheim schrieb: »Wir müssen einen Weg suchen, der, ohne zur Anarchie zu führen, dem individuellen Kindsein Recht werden lässt. Unzweifelhaft ist die Art der von uns angestrebten Führung bei weitem schwieriger als eine autoritative Leitung« (zit. nach Werder 2020, S. 50). Selbstständigkeit, Zutrauen zu sich selbst und Milderung der Schuldgefühle waren für Seifert wie für Wolffheim Ziel jeder antiautoritären Kindererziehung. Wie Wolffheim hat auch Seifert die kindliche Sexualität nicht nur gekannt, sondern voll und ganz bejaht. Wolffheim schrieb: »Das Ziel ist, das Kind dahin zu führen, dass es die sexuellen Dinge natürlich nehmen lernt« (ebd., S. 50).

4.2 Erste Bildungsreform (1970)[63]

Der Begriff »Vorschulpädagogik« wurde mit der Bildungsdiskussion in den 1960er/70er Jahren des letzten Jahrhunderts eingeführt. Diese Neuordnung, den Kindergarten als erste Bildungsstufe zu etablieren, ist an Befunde aus den USA gekoppelt, welche nachweisen konnten, dass Kinder, die eine vorschulische Einrichtung besucht hatten, besser in der Schule zurechtkamen als Kinder, denen diese Möglichkeit nicht offenstand (Iben 1974; Weikart 1975). Hierbei war es ein Ziel, den Kindergarten in der breiten Öffentlichkeit als Bildungseinrichtung bekannt zu machen. Tatsächlich fand schrittweise ein gesellschaftliches Umdenken statt, das sich auch in der Kinderladenbewegung (Baader 2009; Aden-Großmann 2020) Ausdruck verschaffte. Im Fokus stand die Lebensphase zwischen drei und sechs Jahren. Während 1970 erst ein Drittel der Kinder eine vorschulische Einrichtung besuchte, gehört heute der Besuch eines Kindergartens in Gesamtdeutschland zur »Normalbiographie« eines Kindes. Die Bildungsdiskussion der 1970er Jahre wurde begleitet von einer empirischen Grundlage an Studien, Programmen und Untersuchungen mit der Zielsetzung, Kinder in ihrer Entwicklung zu fördern und zu unterstützen. Bezüglich dieser Studien lassen sich grob drei Schwerpunkte unterscheiden (Fried et al. 1992):

- Studien zur allgemeinen Schulfähigkeit und zu kognitiven Trainingsprogrammen,
- Studien zur Schuleingangsstufe vs. Verbleib der Fünfjährigen im Kindergarten,
- Studien zur Entwicklung spezieller Curricula für den Elementarbereich.

Der damalige Forschungsstand und die sich daraus entwickelnden Ansätze prägten über Jahrzehnte die Kindergartenpädagogik. Als Motor dieser Bildungsdiskussion, die vor allem eine Reform der institutionellen Vor-

---

63 Dieses Subkapitel beruht u. a. auf Weiterentwicklungen des Beitrags von Anke König (2009): Interaktionsprozesse zwischen ErzieherInnen und Kindern. Eine Videostudie aus dem Alltag des Kindergartens. Wiesbaden: VS.

schulerziehung ins Auge fasste, galt die gesellschaftliche Irritation nach dem Sputnik-Schock[64] (Winkelmann et al. 1977; Weinert 1983). Unterstützt wurde die gesellschaftliche Desorientierung durch internationale Vergleichsstudien, die belegten, dass in der Bundesrepublik Deutschland weit weniger Menschen das Abitur erwarben, als es dem internationalen Durchschnitt und den Prognosen für hoch entwickelte Industrieländer entsprach. Die Diskussion im Allgemeinen erinnert an die Post-PISA-Debatte, die in den 2000er Jahren die zweite Bildungsdiskussion hervorrief. Die amtlichen Statistiken zeigten u. a., dass die Bundesrepublik Deutschland weniger in ihr Bildungssystem investierte als vergleichbare Industrienationen. Die Frage, wie die Bildungsreserven für die Zukunft gesichert werden könnten, führte zu der Forderung nach größerer »Chancengerechtigkeit« in der Gesellschaft und gab den Anstoß dazu, Kinder aus bildungsfernen Schichten höher zu qualifizieren. Durch eine kompensatorische Früherziehung[65] sollte dieses Manko behoben werden. Die wissenschaftliche Diskussion kann dabei nur als Legitimation des gesellschaftlichen Verlangens nach »Chancengerechtigkeit« gesehen werden.

Winkelmann, Holländer, Schmerkotte und Schmalohr erwähnen, dass die Bildungsdiskussion etwa um 50 Jahre zu spät komme, denn bereits in den 1920er Jahren sei bewusst geworden, welche Bedeutung der frühen Kindheit für die Intelligenzentwicklung beizumessen sei (Winkelmann et al. 1977). Als Katalysator der Bildungsdiskussion der 1960er/70er Jahre gilt eine häufig genannte These von Benjamin Bloom (1913–1999), einem amerikanischen Psychologen und Erziehungswissenschaftler. Er stellte 1964 die provokante These auf, dass bis zum Alter von vier Jahren bereits 50 % der potenziellen Intelligenz eines Individuums festgelegt seien. Danach sei es nur noch möglich, maximal weitere 50 % der potenziellen

---

64 Der Begriff »Sputnik-Schock« bezieht sich auf die Situation, dass es der UdSSR 1957 vor einer westlichen Industrienation gelang, den ersten Satelliten ins Weltall zu schießen. In Zeiten des Kalten Kriegs wurde dieses Ereignis als Versagen des Kapitalismus gegenüber dem sozialistischen Gesellschaftssystem gedeutet. Im Zusammenhang mit der Bildungsdiskussion wurde daraus abgeleitet, dass es der UdSSR gelungen war, bessere Bildungsbedingungen zu etablieren.

65 »Kompensatorische Erziehung soll bisher Benachteiligte befähigen, sich ihrer Lage bewusst zu werden, ihren Gleichheitsanspruch aktiv durchzusetzen und so am Abbau der Ursachen sozialer Ungleichheit mitzuwirken.« (Iben 1974, S. 14)

Intelligenz zu nutzen. Nach dieser Theorie kommt der Förderung bereits sehr junger Kinder eine ausgesprochen große Bedeutung zu. Auch das 1961 erschienene Buch *Intelligence and Experience* des amerikanischen pädagogischen Psychologen Joseph McVicker Hunt (1906–1991) sorgte dafür, dass reifungstheoretische Ansätze von umwelttheoretischen Ansätzen in den Hintergrund gedrängt wurden (Weinert 1983). Franz Emanuel Weinert (1930–2001), ein deutscher Psychologe, wies darauf hin, dass Hunt wichtige Hypothesen aufgestellt habe, ohne jedoch auf bereits ermittelte Befunde zurückzugreifen, wodurch »abstrakte Hoffnungen« zu »konkreten Erwartungen« geworden seien (Weinert 1983).

Neben den Intelligenzmodellen führten in den 1960/70er Jahren auch verschiedene Phasenkonzepte (z. B. die Freudsche Phasenlehre) dazu, dass der vorschulischen Erziehung großes Interesse entgegengebracht wurde. Diese Konzepte weisen auf sensible bzw. kritische Phasen höchster Lernintensität hin (vgl. Fried 1985). In der Pädagogik wurde in dieser Zeit insbesondere auf dynamische Begabungskonzepte verwiesen, die die Bedeutung der frühen Kindheit herausstellten (Fried 1985). Der Psychologe und Pädagoge Heinrich Roth (1906–1983) sprach in diesem Zusammenhang davon, »daß Kinder nicht begabt seien, sondern daß man sie begaben müsse« (Schmidt-Denter 1987, S. 815). Die kompensatorische Früherziehung wurde in der Bundesrepublik Deutschland hauptsächlich über systematisch aufgebaute und stark strukturierte Trainingsprogramme auf den Weg gebracht. Die Bildung im Kindergarten sollte sich an den neu gewonnenen Befunden zur Intelligenzentwicklung orientieren und einer kompensatorischen Erziehung entsprechen. Insbesondere die Frühlesebewegung prägte diesen Ansatz. Die starke öffentliche Wirksamkeit dieser Strömung wird an den einschlägigen Zeitdokumenten deutlich. Exemplarisch hierfür ist die reduktionistische Behauptung des Pädagogen Glenn Domans (1919–2013) von 1962, dass das Lesenlernen nach dem zweiten Lebensjahr immer schwieriger würde. Seine Methode zum Erstlesen *How to teach your Baby to read* aus dem Jahr 1964 inspirierte Generationen und schlug sich auch in der Aufforderung der »BILD«-Zeitung von 1967 an ihre Leser:innen nieder, mit ihren zwei- bis sechsjährigen Kindern an einem Leseexperiment teilzunehmen (Weinert 1983).In der Bundesrepublik sind vor allem die Namen Correll und Lückert mit der Frühlesebewegung verbunden. Zum Lesenlernen bei vier- bis sechsjährigen Kindern wurden unterschiedliche Untersuchungen auch im deutschsprachigen Raum verglichen – mit dem Ergebnis, dass aufgrund der bisher noch nicht hinreichend gut kontrollierten Faktoren eine abschließende Bewertung für oder wider das Frühlesen noch ausstehe (Rost et al. 1973).

Letztlich wurden die Lernprogramme der kompensatorischen Erziehung vielfach beanstandet. Zum einem wurde kritisch angemerkt, dass sich diese auf unterschiedliche Lehr-Lern-Theorien stützten und dadurch zu einem vagen Verständnis über Lehr-Lern-Prozesse in der frühen Kindheit geführt hätten (Winkelmann et al. 1977; Fried 1985). Zum anderen wurde bemängelt, dass die komplexen theoretischen Überlegungen nur unzureichend umgesetzt worden seien. Beispielhaft ist hierfür die Sozialisationstheorie des englischen Soziologen Basil Bernstein (1924–2000). Die auf sozio-linguistischen Faktoren – sogenannten Sprachcodes – aufgebaute Hypothese (auch Bernstein-Hypothese) wurde dazu benutzt, reduktionistische Wortschatztrainings für Kinder aus bildungsfernen Schichten anzubieten, um die Sprachkompetenz bzw. Intelligenzleistungen zu verbessern. Diese vereinfachte Methode wird der Vielschichtigkeit der Theorie keineswegs gerecht. Sprache sei damit zu »ritualisiertem Sprechen« degradiert worden (Winkelmann et al. 1977).

Es zeigte sich, dass die kompensatorischen Programme nicht den an sie geknüpften Erwartungen entsprachen. Die z. B. in Sprachtrainings, Frühleseprogrammen, Denkspielen (Logischen Blöcken), Wahrnehmungstrainings etc. intendierte Steigerung der Intelligenzleistung konnte nicht eindeutig auf die Programme zurückgeführt werden. Häufig blieb unklar, welchen Einfluss dabei entwicklungsbedingte und strukturelle Faktoren auf den Fördereffekt haben (Schmidt-Denter 1987). Bei den Frühleseprogrammen zeigte sich ein kurzfristiger Erfolg des Trainings, die Kontrollgruppe holte den Vorsprung der Frühleser:innen jedoch innerhalb der ersten Schuljahre auf (Schmidt-Denter 1987; Fried 1985). Der Einfluss der Sprachprogramme auf die Intelligenzleistungen der Kinder wurde generell als nicht signifikant eingeschätzt. Als wesentlicher Einflussfaktor, der zum Erfolg der Trainingsprogramme führte, erwiesen sich weniger das Programm an sich als vielmehr die Moderator:innen, die dieses durchführten (Schmidt-Denter 1987; Weikart 1975). Auch aktuelle Reviews zeigen, dass die Prozessqualität ausschlaggebend ist für den Effekt der Programme, insbesondere auch bei Kinder aus sozioökonomisch benachteiligten Familien (Melhuish et al. 2015). Weikart (Pettinger und Süßmuth 1983) kritisiert die isolierte Ausrichtung der Programme der kompensatorischen Erziehung auf die Intelligenzleistungen der Kinder. Seiner Ansicht nach werde durch die Engführung der Programme auf die Steigerung des Intelligenzquotienten übersehen, dass zu einer erfolgreichen Integration in die Gesellschaftsstrukturen mehr gehöre als ein hoher IQ-Wert. Schon früh gerieten diese vorschulischen Programme daher in Misskredit. Dafür war nicht nur die fehlende Erfolgsbestätigung entscheidend, diskutiert wurde auch, dass diese Programme eher von engagierten Mittelschichtmüttern aufgenommen wurden, um ihre Kinder zu fördern, als dass dadurch eine kompensatorischen Erziehung realisiert worden wäre (Iben 1974).

Komplizierter stellt sich die Situation der institutionellen Zuordnung der Fünfjährigen im Bildungsbereich dar. Der Deutsche Bildungsrat hat im Strukturplan von 1970 vorgesehen, dass die drei- und vierjährigen Kinder im Kindergarten, die Fünfjährigen jedoch zukünftig im Primarbereich (Eingangsstufe) gefördert werden sollten.

> »Für Fünfjährige dürfte auch bei Berücksichtigung individueller Entwicklungsunterschiede als gesichert gelten, dass die meisten dieser Kinder in einem nur an rein spielerischen Tätigkeiten orientierten Kindergarten unterfordert sind und schon anspruchsvolle Aufgaben, auch solche, die das Kind längere Zeit beschäftigen, allein oder gemeinsam mit anderen Kindern bewältigen können.« (Deutscher Bildungsrat 1973, S. 40)

Für die Umsetzung wurde eine Übergangszeit von zehn Jahren angestrebt (Deutsches Jugendinstitut 1974). Dabei ging es nicht darum, das schulische Lernen in den Kindergarten vorzuverlegen, sondern »allgemeine Voraussetzungen für das schulische Lernen zu schaffen« (Deutscher Bildungsrat 1973). In der Folgezeit haben sich drei Modelle etabliert, die sich mit der institutionellen Zuordnung der Fünfjährigen befassten.

- Zweijährige Eingangsstufe: Eingangsstufe für die Fünfjährigen und 1. Grundschuljahr bilden hier eine Einheit. In dem zweijährigen Zug werden die Kinder vom spielorientierten zum schulischen Lernen geführt.
- Vorklasse: Die Vorklasse für die Fünfjährigen ist dem 1. Grundschuljahr vorgeschaltet und der Schule angegliedert.

- Kindergartenmodell: Verbleib der Fünfjährigen in der altersgemischten Gruppe im Kindergarten. Die Einschulung erfolgt wie gehabt nach der Vollendung des sechsten Lebensjahrs.

Die Interpretation der Ergebnisse der einzelnen Modellversuche weist aufgrund der unterschiedlichen Rahmenbedingungen große Mängel auf. So wurden häufig die Untersuchungs- und Vergleichsgruppen nicht sorgfältig genug ausgewählt, d. h., es wurde nicht erhoben, welchen Bildungshintergrund die Kinder hatten, welche Ausbildung die Mitarbeiter:innen aufwiesen oder wie strukturelle Faktoren die Qualität der Einrichtungen unterstützten (Fried et al. 1992). Exemplarisch sei hier auf die in Nordrhein-Westfalen durchgeführte Längsschnittuntersuchung verwiesen, die unter empirischen Gesichtspunkten als relativ reliabel gilt. An dem Modellversuch in Nordrhein-Westfalen nahmen N=550 Kinder teil. Im Laufe seiner fünfjährigen Dauer wurden zwölf Vorklassen und zwölf Modellkindergärten untersucht. Am Ende des 4. Schuljahres wurden die Leistungen der Kinder auf kognitiv-intellektuelle und schulbezogene Faktoren hin gemessen. Die Ergebnisse zeigten kurzfristige positive Effekte der Schuleingangsstufen bezüglich der Schulleistungen. Grundsätzlich ergab sich durch die vorschulische Förderung ein positiver Einfluss auf den Schulerfolg (Fried et al. 1992). Letztlich verblieben jedoch die Fünfjährigen auch weiterhin im Elementarbereich, wofür der gesellschaftliche Druck verantwortlich gemacht wurde. Bei den Modellversuchen der 1970er Jahre wurde allerdings zu wenig berücksichtigt, dass nicht prinzipiell der Kindergarten die Kinder besser auf die Schule vorbereitet, sondern die konstatierten Fördereffekte vielmehr fast ausschließlich auf die speziellen Vorklassen und Eingangsstufen zurückzuführen waren (Fried et al. 1992).

In den USA wurde die gescheiterte erste Phase der frühkindlichen Förderprogramme nach der Auswertung der Programmergebnisse durch Bronfenbrenner in eine zweite Phase überführt (Pettinger und Süßmuth 1983). Mit diesen Programmen wurde eine umfassendere vorschulische Förderung angestrebt und neben den Förderbereichen auch auf eine günstige strukturelle Einbettung der Maßnahmen etwa in das familiäre Umfeld geachtet (*Home Start, Child and Family Resource Program, Parent-*

Child Development Centers, Parent-Child-Centers). Diese wichtigen Maßnahmen konnten dabei u. a. aus der Studie von Uri Bronfenbrenner[66] (1917–2005) abgeleitet werden, der die Bedeutung der Familie für die Entwicklung der Kinder herausstellte (Weinert 1983). Trotz dieser sehr erfolgreichen Programme darf nicht übersehen werden, dass die Qualität des Systems vorschulischer Betreuungsangebote in den USA im Allgemeinen bis heute weit weniger professionell ausgebaut ist als z. B. in den europäischen Ländern, d. h., dass es einen großen Qualitätsunterschied zwischen den einzelnen Einrichtungen gibt (New 2004). Diese Diskrepanz ist u. a. auf das unterschiedliche Ausbildungsniveau der Pädagog:innen zurückzuführen, welches vom Universitätsabschluss bis hin zu nicht professionell ausgebildeten Betreuer:innen reicht, sowie auf die unterschiedliche Programmstruktur vom evaluierten und hoch qualitativ ausgestatteten Interventionsprogramm bis hin zu laienhaften Betreuungssettings. Das frühkindliche Bildungssystem ist in den USA ein privater Sektor, der Ausbau wurde und wird nicht durch die einzelnen Staaten unterstützt.

Die in der zweiten Phase der kompensatorischen Erziehung etablierten Fördermaßnahmen weisen auf den langfristigen positiven Einfluss der Programme auf die kindlichen Lernprozesse hin. Vor allem die Begleitforschungen zu den Interventionsprogrammen im Rahmen der »*Head Start*«-Bewegung[67] belegen den Erfolg dieser Maßnahmen. Beispielhaft ist

---

66   Uri Bronfenbrenner ist ein amerikanischer Entwicklungspsychologe. Insbesondere mit seinem Modell des sozio-ökonomischen Ansatzes beeinflusste er die bis dahin stark auf individuelle Leistungen (IQ) fokussierte Forschung und eröffnete damit für die Pädagogik wichtige Forschungszugänge. Insbesondere in der Pädagogik der frühen Kindheit sind diese Sichtweisen von ausgesprochen hoher Bedeutung bis heute, um soziale Ungleichheit in ihren Kontextbedingungen differenziert wahrzunehmen.

67   Unter dem Begriff »Head-Start« wird eine Vielfalt von kompensatorischen Förderprogrammen subsumiert, die es sich zur Aufgabe gemacht haben, den »Teufelskreis der Armut« in den USA zu durchbrechen. Durch die frühen Fördermaßnahmen soll den Kindern aus bildungsfernen Familien die Anschlussfähigkeit an die schulischen Anforderungen erleichtert werden. Damit ist bis heute die Hoffnung verbunden, den Kindern zu besseren Ausbildungsmöglichkeiten und damit zu einem erfolgreichen Start ins Berufsleben zu verhelfen. Die Programme sind vor allem auf drei- bis fünfjährige Kinder ausgerichtet. Mit den Programmen unter dem Begriff »Early Head Start« wurde in den 1990er

dafür die *High/Scope Perry Preschool*-Studie (Schweinhardt und Weikart 1997). Diese Studie gilt heute als bahnbrechend für Längsschnittstudien in der Frühpädagogik. Lawrence Schweinhardt hat früh erkannt, wie entscheidend die Kinder in ihrer Entwicklung von guten Lernumwelten profitieren. Grundsätzlich kann über die Förderprogramme der USA bzw. des angloamerikanischen Raums geurteilt werden, dass diese durchaus wirksame Maßnahmen zur Förderung der frühkindlichen Entwicklung darstellen (Pettinger und Süßmuth 1983). Anhand der verschiedenen Phasen der kompensatorischen Erziehung ist zu erkennen, dass kurzfristige Projekte von nur kurzer Dauer (8 Wochen) kaum Fördereffekte erzielen, wohingegen Ganzjahresprojekte als besonders effektiv eingestuft werden (Schmidt-Denter 1987). Weikart stellte grundsätzlich infrage, ob Kinder mit kompensatorischem Förderbedarf mehr von stark strukturierten als von weniger strukturierten Programmen profitieren. Er verwies in diesem Zusammenhang vielmehr auf die subjektiven Strukturierungsmaßnahmen der Erzieher:innen bzw. die Art und Weise, wie Erzieher:innen das Lernen des Kindes systematisch unterstützen (Brandt und Wolf 1985). Auch Lilian Katz[68] (Katz 1996) wies darauf hin, dass nicht kurzfristige Förderangebote oder Projekte die Entwicklung des Kindes angemessen zu unterstützen vermögen, sondern vor allem die zur Routine gewordenen Aktivitäten hohen Einfluss auf die Entwicklung der Kinder hätten. Dies bestätigt die Untersuchung von Iben (Iben 1974; Schmidt-Denter 1987). Vor dem Hintergrund dieses Diskussionsstandes begünstigen folgende Faktoren erfolgreiche Programme:

- Sorgfältige Planung und Definierung der Ziele,
- Schulung der Lehrer:innen in den verwendeten Methoden,

Jahren aufgrund neurobiologischer Befunde eine Förderwelle der unter Dreijährigen in den USA eingeleitet.

68 Lilian Katz (1932) ist Professorin für Pädagogik der frühen Kindheit in den USA, sie gründete zwei einflussreiche Zeitschriften für diesen Bereich: *Early Childhood Research Quarterly, Early Childhood Research & Practice.* Letztere ist die erste Online-Peer-Reviewed-Zeitschrift der Pädagogik der frühen Kindheit. Katz war von 1992 bis 1994 Präsidentin der Plattform National Association for the Education of Young Children (NAEYC).

- kleine individuelle Gruppen,
- Art des Unterrichts und Materials entsprechend den Bildungszielen,
- Einbeziehung der Eltern,
- intensive Arbeit mit den Kindern (Schmidt-Denter 1987).

Diese Erfahrungswerte spiegeln wider, dass den Kindern erst durch das Einbeziehen vielfältiger Faktoren eine erfolgreiche Unterstützung geboten werden kann. Die in den 1970er Jahren in der Bundesrepublik gestarteten Projekte zur vorzeitigen Einschulung der Kindergartenkinder in Vorschulklassen vernachlässigten diese Einflussfaktoren zum großen Teil. Die Bemühungen um Trainingsprogramme wurden von einer umfassenden Curriculumsdiskussion begleitet. Ziel war es, dadurch eine erhöhte Wissenschaftlichkeit im Elementar-, aber auch im Primarbereich zu erreichen (Einsiedler 2003). Dabei sollten die bisherigen vorschulischen Konzepte durch Curricula ersetzt werden, die einen engeren Zusammenhang zwischen Lernziel-, Lerninhalts- und Lernorganisationsentscheidungen aufweisen. Grob lassen sich vier Curriculumskategorien am Grad ihrer Strukturiertheit und der Aktivität der zu Erziehenden bzw. der Erziehenden unterscheiden (Weikart 1975): das kindzentrierte, das offene, das stark strukturierte und das »behütend-bewahrende Curriculum«, heute besser spielbasierte Ansätze oder Lernen im Spiel.[69] Welche Curriculumskategorie nun am ehesten geeignet wäre, Kindern optimale Entwicklungsbedingungen zu bieten, ließ sich nachweislich nicht auf einen einzigen Curriculumsansatz zurückführen. Vielmehr war es Realität, dass keinem spezifischen Curriculum diese Wirksamkeit allein zugesprochen werden konnte (Weikart 1975). Diese Befunde werden heute auch durch die Lernpsychologie bestätigt. Sylva et al. erwähnen, dass eine Mischform von strukturierten Lernaktivitäten und frei gewähltem Spiel eine besonders günstige Lernumwelt für das Kind darstellt (Sylva et al. 2004).

---

69 Die Curriculum-Kategorien sind als stark vereinfachte, ideale Modelle der Wirklichkeit zu verstehen und dienen hier nur zur groben Einschätzung der einzelnen Curricula.

4.2.1 Curriculumsdiskussion

Die Diskussion um neue Curricula im Bildungssystem der Bundesrepublik wurde durch den Erziehungswissenschaftler Saul B. Robinsohn (Robinsohn 1967) ausgelöst. Er stellte den Curriculumsbegriff dem traditionellen Lehrplan gegenüber. An den Lehrplänen kritisierte er, dass diese ausschließlich Lernstoffsammlungen seien, die jedoch keine übergeordneten Ziele, Planungen und Lernkontrollen einschlössen. Der Deutsche Bildungsrat unterschied 1975 vier unterschiedliche curriculare Ansätze (Aden-Grossmann 2011):

- Der funktionsorientierte Ansatz orientiert sich an den psychischen Funktionen und Fertigkeiten des Menschen, unabhängig von soziokulturellen Bedingungen. Er setzt sich mit der Frage auseinander, welche Fähig- und Fertigkeiten Kinder erlernen müssen, um den gesellschaftlichen Ansprüchen gewachsen zu sein.
- Der situationsorientierte Ansatz geht vom Auffinden und Bearbeiten bestimmter Lebenssituationen der Kinder aus. Bildungsziel ist es, die Kinder zu autonomem und kompetentem Handeln zu erziehen. Der Situationsansatz stellt das soziale vor das fachwissenschaftliche Lernen. Schlüsselsituationen sollen Lernen und Erfahrung stärker an die Lebenssituationen der Individuen anpassen.
- Der sozialisationsorientierte Ansatz orientiert sich speziell am Erwerb von Kompetenzen des sozialen Handelns, wie z. B. Normenflexibilität, Rollendistanz, Rollenflexibilität, Bedürfnisrepräsentation, Frustrationstoleranz und Empathie.
- Der wissenschaftsorientierte Ansatz geht davon aus, dass wissenschaftliche Disziplinen und fächerorientierte Aufgabenfelder Ausgangspunkte für alles Lernen in der Gesellschaft sind. Für Kinder gilt der frühe Zugang zu den Bezugswissenschaften als wesentliche Orientierung, um Begriffe, Methoden und Theorien systematisch zu ordnen.

Die ersten drei Ansätze spielen für den Kindergartenbereich in den 1970er Jahren eine wesentliche Rolle. Während sich unter dem Begriff des Funktionsansatzes vor allem die verschiedenen Trainingsprogramme subsumieren lassen, richtet der wissenschaftsorientierte Ansatz das Augenmerk auf sachlogisches Wissen. Das wissenschaftsorientierte Curriculum hatte zu jener Zeit keinen wesentlichen Einfluss auf den vorschulischen Bildungsbereich – diese Auffassung änderte sich mit der zweiten Bildungsreform nach 2000. Der Bildungsanspruch an den Kindergarten orientierte sich im Zeitraum der frühen 1960er bis Anfang der 70er Jahre an der kompensatorischen Erziehung bzw. an Lern- und Trainingsprogrammen. Schon bald wurde dem Funktionsansatz eine vorzeitige Intellektualisierung bzw. eine Verschulung des Elementarbereichs vorgeworfen. Von unterschiedlicher Seite wird heute jedoch infrage gestellt, ob der Funktionsansatz überhaupt Teil der Kindergartenpraxis war (Barres 1973). Die anfängliche Euphorie, die mit der Hoffnung verbunden war, die Intelligenzleistungen der Kinder durch Trainingsprogramme zu fördern, relativierte sich mit dem Ausbleiben einschlägiger Erfolge, was zu einer Abkehr von schulvorbereitenden Aktivitäten im Kindergarten führte. Mitte der 1970er Jahre wendete sich der Blick daher eindeutig in Richtung sozialisatorische und situationsorientierte Bildungsprogramme, die die Lebenssituationen der Kinder in den Mittelpunkt stellen und sie vor allem befähigen sollen, ihr Leben kompetent und autonom zu gestalten. Diese beiden Bildungsprogramme lassen sich in ihrer pädagogischen Konsequenz kaum voneinander unterscheiden. Da für den frühpädagogischen Bildungsbereich der Begriff des Situationsansatzes prägend wurde, soll im Folgenden vereinfacht von situationsorientierten Programmen gesprochen werden.

Diese gelten als offene Rahmencurricula, die vor allem soziale und sachbezogene Themen zum Anlass der pädagogischen Arbeit nehmen. Zur Planung der Aktivitäten im Kindergarten werden Arbeitspläne oder Rahmenrichtlinien verwendet. Es stehen Materialien zum Schwerpunktthema der Sozialerziehung, aber auch zu bereichsbezogenen Themen wie z. B. der ästhetischen Erziehung und spezielle Trainingsmaterialien zur kognitiven Entwicklung oder auch Wahrnehmungstrainings, u. a. von Frostig (Fried et al. 1992), zur Verfügung. Bei der Einführung dieser situationsorientierten Programme wurde jedoch eine empirische Evaluation im Anfangsstadium vernachlässigt. Vielfach wurde auf prozessorientierte Begleitforschung bzw. Handlungsforschung gesetzt, die eher zur Umsetzung des Ansatzes in der Praxis als zu dessen evidenzbasierter Evaluation diente (Fried et al. 1992). Prinzipiell fehlte es daher an detaillierten Befunden bezüglich der

Auswirkungen dieser Curricula auf die Entwicklung der Kinder. Erst Ende der 1990er Jahre wurde der Situationsansatz empirisch evaluiert.

Situationsansatz

Der Situationsansatz ging als Reformprojekt aus der Bildungsdiskussion der 1970er Jahre hervor. In diesem Zusammenhang wird hier insbesondere die Arbeitsgruppe »Vorschulerziehung« am Deutschen Jugendinstitut unter Leitung von Jürgen Zimmer betrachtet; sie hatte den Auftrag des Deutschen Bildungsrats, ein attraktives Bildungsangebot für den Kindergarten zu entwickeln. Der Situationsansatz ist kein klassischer Theorieansatz, sondern wurde im Dialog mit der Praxis (Erzieher:innen und Eltern) in Hessen und Rheinland-Pfalz entwickelt (Haberkorn 2009). Er ist kein spezifisches frühpädagogisches Konzept, denn seine Grundorientierung vom »sozialen Lernen« ist altersunabhängig und hat sich aus der Arbeit mit Erwachsenen und Jugendlichen entwickelt (Haberkorn 2009, S. 76). Mit seiner Orientierung am sozialen Lernen versteht er sich als Gegenbewegung zum sogenannten »verschulten« Lernen. Die Konzepte wurden bundesweit in 120 Kindergärten über drei Jahre erprobt. Letztlich verstummte die Diskussion um die Zuordnung der Fünfjährigen und es folgte der kontinuierliche Ausbau der Kindergärten, ohne die Reformempfehlungen der Arbeitsgruppe bzgl. Rahmenbedingungen oder auch das systematische Einbeziehen des Ansatzes in die Ausbildung hinreichend zu berücksichtigen (ebd., S. 77). In den 1980er Jahren avancierte der Ansatz zum leitenden Curriculum in den vorschulischen Einrichtungen und gilt bis heute als »dominierender konzeptioneller Rahmen« für Kindergärten (Colberg-Schrader und Krug 1999; Fthenakis und Textor 2000; Smidt und Roßbach 2021).

Die Entwicklung des Situationsansatzes basiert auf folgenden Orientierungen (Colberg-Schrader 1994):

- Curriculumstheorie: Sie ging von der Forderung aus, dass Lernziele ständig überprüft und an die gegenwärtige Lebenssituation angepasst werden sollen. Der Situationsansatz hat diesen Gedanken weitergeführt,

indem Lernziele nicht konkret festgelegt, sondern prinzipiell unter Erzieher:innen, Eltern und Kindern ausgehandelt werden sollen.
- Elterninitiativen der Studentenbewegung: Diese Bewegung stellte der traditionellen Vorschulerziehung alternative Erziehungskonzepte entgegen. Im Mittelpunkt stand die Partizipation der Kinder an den strukturellen und prozessorientierten Faktoren im Kindergarten.
- Der »Streit um die Fünfjährigen«, d. h. darüber, ob das zielorientierte schulische Lernen oder die spielorientierte Pädagogik im Kindergarten die Kinder besser zu fördern vermag, führte zur Ausrichtung des Kindergartens an einem eindeutig sozialpädagogischen Förderkonzept als Alternative zu den altershomogenen Schulklassen. Dies stellte der Situationsansatz mit seinem Primat des sozialen Lernens und seiner Orientierung an der Lebenssituation der Kinder bereit.

Im Folgenden soll der Situationsansatz kurz umrissen werden, wie er von der Arbeitsgruppe »Vorschulerziehung« am Deutschen Jugendinstitut entwickelt wurde, und darüber hinaus die Kritik aufgezeigt werden, die die Entwicklungen in den 1990er Jahren wesentlich beeinflusste und letzlich zur Qualitätsdiskussion in der Vorschulpädagogik führte.

Ausgangspunkt seiner Entwicklung war das Curriculum »Soziales Lernen«, welches Kinder unterschiedlicher Herkunft und mit unterschiedlichen Lernerfahrungen befähigen soll, in verschiedenen Situationen ihres gegenwärtigen und künftigen Lebens autonom und kompetent zu handeln (Aden-Grossmann 2011). Mit der Curriculumsentwicklung sollte der Versuch unternommen werden, »Bezug zu Lebenssituationen von Kindern und Erwachsenen [herzustellen] [...] [und damit] Bildungsprozesse stärker auf die gesellschaftliche Praxis zu beziehen« (Zimmer 1973, S. 31). Das Curriculum »Soziales Lernen« und die Erstellung der Didaktischen Einheiten gelten als Teil der fünf Projekte, die 1977 im Rahmen der OECD-Studie in Paris vorgestellt wurden. Die Projekte umfassten folgende Aufgaben, um die Bedingung der frühkindlichen Betreuung und Erziehung zu verbessern:

- Ausbau der öffentlichen Kinderbetreuungseinrichtungen in den beteiligten Staaten,

- Ausrichtung der Bildungsangebote an der kindlichen Entwicklung und der sozialen und kulturellen Lebenswelt der Kinder,
- keine direkten schulvorbereitenden Maßnahmen.

Dabei wurde der Anspruch verfolgt, ganzheitliche, soziale, kognitive und körperliche Ziele zu erfüllen. Der Situationsansatz orientiert sich an der Curriculumstheorie von Shaul B. Robinsohn[70] und der »Pädagogik der Unterdrückten« von Paulo Freire (1921–1997) (Bundesministerium für Familie, Senioren Frauen und Jugend/DJI 2004; Haberkorn 2009). Diese Ausrichtung beinhaltet einen gesellschaftskritischen Diskurs. Robinsohn stellt in seiner situationsorientierten Didaktik seiner Curriculumstheorie den fachwissenschaftlichen Diskurs in den Kontext des Lebensweltbezugs. Aufgabe der Wissenschaft sei es nicht nur, die Welt zu deuten, sondern vielmehr auch, für die damit zusammenhängenden sozialen Konsequenzen zu sensibilisieren. Wissen spielt innerhalb dieser Theorie eine Rolle hinsichtlich der Qualität der Lebenshaltung und dient dazu, das Subjekt zu emanzipieren und zu einem unabhängigen Urteil zu befähigen. Robinsohn stellt den fachwissenschaftlichen Bezug in den direkten Zusammenhang mit der Lebenssituation der Lernenden. Die Arbeitsgruppe des Deutschen Jugendinstituts in München unter Leitung von Jürgen Zimmer bezieht sich mit dem Begriff »Soziales Lernen« auf den hier beschriebenen Rückzug des instrumentellen Lernens. Der situationsorientierte Ansatz nimmt Bezug auf die Kritische Erziehungswissenschaft, die eine Fundierung der Bildungstheorie als Gesellschaftskritik zu etablieren versuchte (Haberkorn 2009). Der Situationsansatz gilt als offenes Curriculum. Seine wesentlichen Merkmale sind (Aden-Grossmann 2011; Haberkorn 2009):

- der Bezug zur Lebenssituation der Kinder,
- das Lernen in Erfahrungszusammenhängen,
- das Lernen in der altersgemischten Gruppe,

---

70 Robinsohn war in den 1960er Jahren Direktor am Max-Planck-Institut für Bildungsforschung in Berlin. Mit einer Forschungsgruppe entwickelte er das Strukturkonzept der Curriculumsrevision, das nicht mehr von Fächern, sondern von Verwendungssituationen ausgeht.

- das Mitwirken der Eltern an der pädagogischen Arbeit,
- die enge Verbindung von Kindergarteneinrichtung und Gemeinwesen.

Als Stärke des Situationsansatzes gilt, dass die aktuelle Lebenssituation der Kinder zum Ansatzpunkt für die pädagogische Arbeit genommen wird. Die jeweiligen Lernsituationen werden adaptiv auf die »Schlüsselsituationen« der Kinder bezogen. Damit werden Situationen bezeichnet, die für die Kinder zu einem bestimmten Zeitpunkt als besonders bedeutungsvoll eingeschätzt werden. Solche Schlüsselsituationen sollen mit Hilfe einer Situationsanalyse erschlossen werden. Schlüsselsituationen führen zu neuen Themen im Kindergartenalltag, an die der Anspruch gestellt wird, Kindern und Erwachsenen neue Erfahrungen zu ermöglichen. Fach- und sachbezogenes Lernen wird dem sozialen und kommunikativen Lernen untergeordnet.

> »*Sachbezogenes Lernen* in sozialen Sinnzusammenhängen: der Erwerb von Wissen, Fähigkeiten und Fertigkeiten wird nur dann zum handlungsrelevanten Können, wenn er in sinnvollen und für die Kinder bedeutsamen Zusammenhängen geschieht. Wenn sachbezogenes Lernen im sozialen Kontext geschehen soll, bedeutet das nicht, dass so genannte Wissensbestände ohne Bedeutung sind. Sie werden abgerufen, nachgefragt und dann auch begriffen, wenn deren Relevanz deutlich ist. In Projekten umschreibt das der Begriff der Didaktischen Schleifen. Es ist der Exkurs in plausible Wissensbestände. So kann es sein, dass Erwachsene und vielleicht auch die Kinder selbst Informationsdefizite feststellen, ohne deren Erschließung das Projekt nicht weiter verfolgt werden kann. Oder etwa ein Kind, das sich für den Geburtstagskalender verantwortlich fühlen möchte, tut gut daran, sowohl die Zahlen der Wochentage als auch deren Schriftbild und das der Monate zu erkennen. Isoliertes Training würde nicht unbedingt zu kompetentem Handeln führen. Der Transfer gelingt umso leichter, wenn der Sinnzusammenhang von Beginn an deutlich ist. Und der Begriff des Sozialen Lernens, der dem Curriculum der Arbeitsgruppe Vorschulerziehung den Titel gab, meinte keineswegs eine ungefragte Einübung von sozial erwünschten Verhaltensweisen, wie es später oft verkürzt interpretiert wurde. Im Gegenteil geht es um ein komplexes Lernen, das die Kinder in die Lage versetzt, Zusammenhänge in der Welt auf ihre Weise zu begreifen. Dabei ist davon auszugehen, dass Kinder ebenfalls über Möglichkeiten verfügen, Wirklichkeiten mit anderen gemeinsam mitzugestalten und zu verändern (heute sprechen wir von der Erfahrung der Selbstwirksamkeit).« (Haberkorn 2009, S. 81/82)

Aufgabe des Situationsansatzes ist es, wie oben bereits erwähnt, das Gemeinwesen in die Arbeit einzubinden und so auch auf strukturelle Bedingungen Einfluss zu nehmen. Der Situationsansatz versucht, die Komplexität, in der die Kinder aufwachsen, zu erfassen sowie Erziehung und Bildung gesellschaftskritisch zu verwirklichen. Mit den Erziehungszielen Autonomie, Solidarität und Kompetenz (Priebe und Wolf 2003) orientiert sich der Situationsansatz an demokratischen und gesellschaftlichen Grundwerten. Rita Haberkorn schreibt, dass der Situationsansatz nie »nur ein Konzept zur Qualifizierung von Menschen [war], sondern immer auch ein Ansatz zur Gestaltung von Wirklichkeit« (Haberkorn 2009, S. 80). Der Situationsansatz ist als Programm nicht einfach zu vermitteln; um das Konzept zu durchdringen, braucht es Projektarbeit und diskursive Auseinandersetzungen. Die Idee des Situationsansatzes ist so auch mit der *Community Education*[71] verbunden.

In den 1990er Jahren erfuhr der Situationsansatz insbesondere im Rahmen der »Nationalen Qualitätsinitiative« (NQI)[72] neue Schubkraft und regte wichtige Weiterentwicklungen an. Dazu zählen insbesondere die Projekte »Orte für Kinder« und »Kindersituationen«.

Kritik wird heute am Situationsansatz von verschiedener Seite geübt. Smidt und Roßbach differenzieren, dass in der »praxisbezogenen Literatur« eher auf die Vorzüge des Ansatzes, in der »wissenschaftsbezogenen Literatur« aber auch auf die Problematiken des Ansatzes verwiesen wird (Smidt und Roßbach 2021, S. 176). Vor allem die große Offenheit des

---

71 Mit *Community Education* wird der unabdingbare Zusammenhang von Bildungs- und Gemeinwesenarbeit für ein sinnstiftendes Lernen herausgestellt. Diese Ideen finden sich u. a. in den pädagogischen Ansätzen von John Dewey und Paulo Freire.

72 Die Internationale Akademie Berlin für innovative Pädagogik, Psychologie und Ökonomie gGmbH (INA) wurde 1996 von Prof. em. Dr. Jürgen Zimmer, Dr. Christa Preissing und weiteren Gesellschafter:innen an der Freien Universität Berlin gegründet. Heute zählen folgende Institute zur INA: Berliner Kita-Institut für Qualitätsentwicklung (BeKi), Institut für den Situationsansatz (ISTA), Institute for Youth and Community Empowerment (IYCE), Institut für Qualitative Forschung (IQF), Institut für Mediative Kommunikation und Diversity Kompetenz (IMK), Institut für Innovationstransfer und Projektmanagement (IfI), Institut für Internationale Stadtforschung (InUrban), Institute Heritage Studies (IHS) und das Paulo Freire Institut (PFI).

Ansatzes führte Anfang 2000 zu Unzufriedenheit. Dabei wird dem Ansatz u. a. vorgeworfen, kein konkretes Bildungsverständnis entwickelt zu haben, sodass es in den einzelnen Einrichtungen zu unterschiedlichen Interpretationen kommen konnte (Colberg-Schrader und Krug 1999; Netz 1998). Insbesondere als sich 1990 die Aufgabe stellte, in den Bundesländern im Osten Deutschlands,[73] die bisher mit einem geschlossenen Rahmencurriculum arbeiteten, das offene Rahmencurriculum des Situationsansatzes zu vermitteln, wurden die Umsetzungsschwierigkeiten konkret, denn präzise Hilfen zum pädagogischen Handeln wurden den Erzieher:innen dabei nicht vermittelt (Fried 2003). Die in dem Programm vorgeschlagene »Situationsanalyse« kann zwar über die Schritte »Beobachtung«, »Auswahl«, »Planung« und »Reflexion« zu einer Strukturierung des Handelns beitragen, doch bleibt dabei unklar, was unter dem Begriff »Situation« letztlich gefasst werden soll bzw. wann der Anlass für eine »Schlüsselsituation« gegeben scheint (Zimmer 2000). Die beiden Evaluationsstudien, die über den Ansatz durchgeführt wurden, weisen darauf hin, dass seine Wirksamkeit weit hinter seinen Zielen zurückbleibt. Nachdenklich macht dabei das Ergebnis der internen Evaluation, dass Einrichtungen, die nach dem Situationsansatz arbeiten, häufig nicht von jenen zu unterscheiden sind, die sich nicht konkret an diesem Ansatz orientieren (ebd.). Etwas weniger kritisch fällt dagegen die Externe Empirische Evaluation des Situationsansatzes der Landauer Forscher:innengruppe innerhalb des Modellprojekts »Kindersituationen« aus: »Es existieren deutliche Hinweise dafür, dass das Modellvorhaben ›Kindersituationen‹ nachweisbare pädagogische Wirkungen erzielt hat (Wolf et al. 1999, S. 9)«. Aber auch hier werden die Schwachstellen des Ansatzes darin gesehen, dass es über weite Teile der pädagogischen Arbeit keinen Unterschied macht, ob nach dem Situationsansatz gearbeitet wird oder nicht.

---

73 In der DDR (1946–1990) war der Kindergarten nicht dem Jugendhilfesystem, sondern dem Bildungssystem zugeordnet. Grundlage der professionellen Arbeit war ein geschlossenes Curriculum. Zur Orientierung diente den Erzieher:innen der Bildungs- und Erziehungsplan für Kindergärten in der DDR.

Developmentally Appropriate Practice (DAP)

Im Gegensatz zum Situationsansatz, der eine kritische Erziehung in den Vordergrund rückte, verortete sich der Ansatz *Developmentally Appropriate Practice* (DAP) stärker im Kontext relationaler Ansätze, die auf die kindliche Weltaneignung differenzierter eingehen und stellte bewusst das Spiel bzw. Lernen im Spiel in den Fokus der Pädagogik.

Der Ansatz der *Developmentally Appropriate Practice* (Bredekamp und Copple 1997) geht im Sinne Vygotskys vom Kind als »Akteur seiner Entwicklung« aus und hat das Handeln in der »Zone der nächsten Entwicklung« zum Ziel. Dieser Ansatz versucht, über die pädagogische Interaktion Entwicklungs- und Lernprozesse zu stimulieren und eine Ausgewogenheit zwischen der Selbstbestimmung des Kindes und der Förderung und Unterstützung durch die Erwachsenen zu erreichen (Siraj-Blatchford 1999). Dabei spielen sowohl eine anregungsreiche Umgebung als auch die pädagogische Interaktion zwischen Erzieher:in und Kind eine wesentliche Rolle für den pädagogischen Prozess. Als günstige Handlungsformen gelten zum einen Fragen, die das Kind zu weiteren Auseinandersetzungen anregen, und zum anderen die Beobachtung des Kindes bei seinen Spielprozessen. Der Ansatz des *Developmentally Appropriate Practice* betont die Bedeutung des kindlichen Spiels für die Entwicklung der Kinder im Vorschulalter und distanziert sich damit von akademischen Lehrinhalten für die vorschulische Erziehung (New 2004). International wird der Ansatz des *Developmentally Appropriate Practice* als Grundsatz für das pädagogische Handeln in vorschulischen Einrichtungen betrachtet. Große Schwierigkeiten ergeben sich allerdings bei der Umsetzung des pädagogischen Konstrukts der »entwicklungsangemessenen Erziehung« (Winsler und Carlton Latorre 2003; Siraj-Blatchford 1999). Katz (Nutbrown 2006) verweist darauf, dass das, was gelernt wird bzw. wie es am besten gelernt werden kann, davon abhängig ist, was wir über den Entwicklungsstand der Lernenden sowie über die Beziehung zwischen Erfahrungen und den daraus resultierenden Entwicklungen des Individuums wissen. Daraus werden auch die mit dem Ansatz am häufigsten verbundenen Fragen ersichtlich: Wie wissen Erziehende, was gelernt werden soll? Wie werden die Entscheidungen getroffen, was als Nächstes gelernt wird? Und wie können die Erziehenden einen Zusammenhang erkennen zwischen den Erfahrungen, die den zu Erziehenden ermöglicht werden, und deren Entwicklungsprozess? Die zwölf Schlüsselprinzipien, die die *National Association for Education of Young Children* (NAEYC) zum *Developmentally Appropriate Practice* 1997 von Bredekamp und Copple als Richtlinien differenziert hat, geben dazu nach den bisherigen Befunden zu wenig Orientierung.

»• Domains of children's development – physical, social, emotional and cognitive – are closely related. Development in one domain influences and is influenced by development in other domains.
- Development occurs in a relatively orderly sequence, with later abilities, skills and knowledge building on those already acquired.
- Development proceeds at varying rates from child to child as well as unevenly within different areas of each child's functioning.
- Early experiences have both cumulative and delayed effects on individual children's development; optimal periods exist for certain types of development and learning.
- Development proceeds in predictable directions toward greater complexity, organisation and internalisation.
- Development and learning occur in and are influenced by multiple social and cultural contexts.
- Children are active learners, drawing on direct physical and social experience as well as culturally transmitted knowledge to construct their own understandings of the world around them.
- Development and learning result from interaction of biological maturation and the environment, which includes both the physical and social worlds that children live in.
- Play is an important vehicle for children's live in.
- Development advances when children have opportunities to practice newly acquired skills as well as when they experience a challenge just beyond the level of their present mastery.
- Children demonstrate different modes of knowing and learning and different ways of representing what they know.
- Children develop and learn best in the context of a community where they are safe and valued, their physical needs are met and they feel psychologically secure.« (Nutbrown 2006, S. 24)

Obwohl die Prinzipien die Bedeutung der Förderung und Unterstützung der Kinder durch das pädagogische Handeln der Erzieher:innen betonen, zeigte sich in der Praxis, dass die Erzieher:innen den direkten Interaktionsprozess mit den Kindern nicht für eine gemeinsame Auseinandersetzung nutzten, da sie einen für die Entwicklung womöglich wertvollen Spielprozess nicht unterbrechen wollten (Wilcox-Herzog und Ward 2004; Kontos und Dunn 1997). Diese Befunde führten zu einer wachsenden Unzufriedenheit mit den »kindzentrierten« Programmen. Dabei wird insbesondere das mit dem *Developmentally Appropriate Practice* einhergehende Kindbild dafür verantwortlich gemacht, dass das pädagogische Handeln beim Beobachtungsprozess stehen bleibt. Winsler und Charlton beschreiben das Dilemma, mit welchem sich die Erzieher:innen konfrontiert sehen, folgendermaßen: Einerseits soll die bestmögliche Unterstützung für die Kinder ermöglicht werden, andererseits ist die Autonomie des Kindes zu stärken (Winsler und Carlton Latorre 2003). Dieses Kindbild, welches vom genuin neugierigen, kompetenten und weitgehend autonomen Kind ausgeht (Siraj-Blatchford 1999), verdrängt u. a. auch die Tatsache, dass Sprachaneignung oder Ausbildung von unterschiedlichen Interessenfeldern keine Selbstläufer sind und Gruppenmoderation z. B. über Immersionsansätze in heterogenen Kindergartengruppen an ihre Grenzen stoßen. Insbesondere aus der Sonderpädagogik wurde international Kritik an der Theorie der »entwicklungsangemessenen Erziehung« geübt (Bodrova et al. 2004). Mahoney und Wheeden belegen, dass ein nur auf responsives Interaktionsverhalten ausgerichteter Erziehungsstil zwar die Aktivität der Kinder positiv beeinflusst, jedoch zeigen Kinder in direktiven Interaktionen eine höhere Aufmerksamkeit für die Aktivität an sich. Unter der Voraussetzung, dass für das Lernen das Involvement der Kinder in die Aktivität als wesentlicher Indikator gilt, muss davon ausgegangen werden, dass ein Interaktionsstil mit hoher Responsivität und moderater Lenkung als optimal gilt (Mahoney und Wheeden 1999). William (1994) diskutiert den Ansatz im Kontext der Fragestellung, mit welchen Freiheitsgraden hier pädagogisch gehandelt wird. Er kritisiert, dass vor allem westlich orientierte Vorstellungen eines »angemessenen Handelns«, welches sich an den klassischen Entwicklungstheorien ausrichtet, verwirklicht werden, die aber nicht unmittelbar auf jedes Kultursystem übertragbar sind. Auch New kritisiert die monopolare Ausrichtung des Ansatzes an der westlichen

Entwicklungspsychologie, die die entwicklungsangemessene Erziehung bestimmt (New 2004). Damit kann dem Anspruch einer wachsenden Pluralität in den verschiedenen Gesellschaften in keiner Weise gerecht werden (Williams 1994). Von großer Bedeutung wäre daher ein reflektierter Umgang mit dem Begriff »Angemessenheit« bzw. den damit verbundenen Erwartungen und Vorstellungen (New und Mahoney 1994). Heute werden diese Auseinandersetzungen zu spielbasierten Ansätzen bzgl. des Verhältnisses von Instruktion und Konstruktion eher als ein Kontinuum angesehen. Qualität wird entfaltet zwischen dem freien Spiel der Kinder bis hin zu von Erwachsenen geführten Aktivitäten in Abhängigkeit vom Kontext (Zosh et al. 2017).

Situationsansatz und *Developmentally Appropriate Practice (DAP)* wenden sich gegen das »verschulte« Lernen und weisen relativ viele Ähnlichkeiten ihrer Grundsätze auf. Kritisch anzumerken bleibt, was New und Willams im Kontext des DAP vorbringen, dass ein Großteil der Forschung und der wichtigsten Theorien, die in der Vergangenheit die Praxis in der Pädagogik der frühen Kindheit geleitet haben, in erster Linie Werte widerspiegeln, die auf westlichen wissenschaftlich-kulturellen Modellen basieren (Souto-Manning und Rabadi-Raol 2018).

4.3 Zweite Bildungsreform (2000)

Im Hintergrundbericht zur OECD-Analyse »*Early Childhood Policy Review 2002–2004*« (Bundesministerium für Familie, Senioren Frauen und Jugend/DJI 2004) wurde über den Stand der Vorschulpädagogik in Deutschland Anfang 2000 geschlussfolgert: »So führt eine Eigen- und Fremdeinschätzung, ob eine jeweilige Tageseinrichtung mehr dieser oder jener Richtung zuneigt oder wie sie ihre pädagogische Arbeit konzeptionell bezeichnet, meist nicht zu mehr Klarheit« (ebd., S. 53). Prinzipiell könne aber von einem Grundkanon der Einrichtungen ausgegangen werden, dessen Leitbild das sich »ganzheitlich entwickelnde Kind« (ebd.)

sei. Dabei zeigte sich insbesondere vor dem Hintergrund der Diskussion in den 1960er/70er Jahren, dass die Bedeutung einer kritisch-reflexiven Erziehung und Bildung im Elementarbereich in Deutschland auf lange Sicht unterschätzt wurde und auch gegenwärtig – trotz der Hervorhebung der Sprachbildung und -förderung als zentraler Aufgabe der Kita – in der Umsetzung hinter den Möglichkeiten zurückbleibt (Lengyel et al. 2023; König 2009). Sowohl mit dem in den USA entwickelten Ansatz *Developmentally Appropriate Practice* (DAP) als auch mit dem Situationsansatz bestehen Unzufriedenheiten (Kontos und Dunn 1997; Wilcox-Herzog und Ward 2004). Auf beiden Seiten wird kritisiert, dass es an bewussten Handlungsmustern mangelt. Herausgestellt wird, dass die Erzieher:innen den direkten Interaktionsprozess mit den Kindern nicht für intensive gemeinsame Spiel- und Lernphasen nutzen, da sie Bedenken haben, einen für die »Entwicklung« wertvollen Spielprozess zu unterbrechen, zugleich bleiben aber so den Kindern u. U. wichtige Erfahrungsräume verschlossen, wenn sie nicht von selbst den Zugang dazu finden (Fried 2003). Diese Form der Zurückhaltung basiert auf dem Vertrauen in die eigenaktiven Bildungsprozesse bzw. in die Vorstellung von Entwicklung als Selbstläufer, ohne bewusst die Perspektiven der Kinder wahrzunehmen und aufzugreifen. Historisch orientieren sich diese Kindbilder am »romantischen Kindheitsmythos«, der auch den sogenannten kindorientierten Programmen nahesteht. Sie basieren auf genuin ablaufende innere Entwicklungsprozesse, was im 19. Jahrhundert zunächst überhaupt zur Wertschätzung der Lebensphase Kindheit geführt hat.

Diese Vorstellungen sind tief in den Praktiken der vorschulischen Erziehung verwurzelt. Sie vernachlässigen aber, was Friedrich Fröbel mit dem Lernen im Spiel verbunden hat, nämlich dass Bildung relational erwirkt wird. Das Wissen über die Bedeutung von dyadischen Interaktionen sowie geteilter Aufmerksamkeit für das Aufwachsen von jungen Kindern sind hier handlungsleitend (Ahnert 2019). Dass eine bewusste Begleitung im pädagogischen Prozess ein wesentlicher Bestandteil der pädagogischen Arbeit im Kindergarten sein sollte, belegen heute nicht nur zahlreiche Qualitätsstudien (Melhuish et al. 2015), sondern erweist sich auch infolge der Anerkennung der Pluralität von Lebensverhältnissen als unabdingbare

Kompetenz von Pädagog:innen im Elementar- und Primarbereich[74] (Bundesministerium für Familie, Senioren Frauen und Jugend/DJI 2004), um die unterschiedlichen Perspektiven und Erfahrungswelten der Kinder überhaupt erst in ihre Pädagogik einbeziehen zu können. In der Praxis bestehen die Herausforderungen, dass aufgrund der unterschiedlichen sozialen Aufwachs-, Bildungs-, Kultur- und Spracherfahrungen der Kinder, welche die Einrichtungen besuchen, Theorien häufig als unterkomplex empfunden werden, da sie den Pädagog:innen keine hinreichend differenzierten Handlungsalternativen bereitstellen (Fried 2003). Dies führt dazu, dass sich Erzieher:innen von den theoretischen Konzepten distanzieren und ihren subjektiven Alltagstheorien und Praktiken eine größere Bedeutung für das konkrete Handeln zuschreiben (Netz 1998). Die Problematik der subjektiven Handlungskonzepte liegt darin, dass diese zu kurz greifen, um die Vielschichtigkeit der sozialen Situationen hinreichend aufzulösen, aber auch um unbeabsichtigte Nebenfolgen des eigenen Handelns zu erkennen (Egloff 2011). Tiefgreifendes Wissen über die strukturtheoretischen Herausforderungen professionellen pädagogischen Handelns ist unerlässlich für eine bewusste pädagogische Praxis (Helsper 2021).

An dem Einfluss von Kindern auf ihre Umwelt, d.h. auch dem Kita-Alltag, bemisst sich heute das Verständnis von Qualität der pädagogischen Praxis. Befunde der soziologischen Kindheitsforschung verstärken diesen Perspektivwechsel und fragen mittels des Konzepts der *Agency* (Moran-Ellis 2013) nach der Wirkmacht der Kinder in einer komplexen sozialen Welt. Kinderkulturen (Corsaro 2018) auf der einen und das Handeln im Generationenbezug (Hungerland und Kelle 2014) auf der anderen Seite bilden die zentralen Säulen einer Pädagogik der frühen Kindheit. Pädagogi-

---

74 Gegenüber den weiterführenden Schulen (Haupt-, Realschulen und Gymnasien), die noch immer vom Prinzip der Selektion geprägt sind, findet sich im Elementar- und Primarbereich am ehesten der Gedanke der Bildung für *alle*. Deutlich wird dies auch mit Blick auf die Forderung nach Inklusion »Education for All«. In dem Bericht wird 1990 bereits auf den schnell anwachsenden Sektor der frühen Bildung hingewiesen und verdeutlicht, dass der Einfluss des Besuchs von frühpädagogischen Einrichtungen auf den Schulerfolg erheblich ist, bisher aber insbesondere Kinder aus Familien mit höherem sozioökonomischen Status die Einrichtungen weltweit besuchen (ebd., S. 29/30).

sche Praxis erweist sich als komplexes relationales Gefüge (Liegle 2017; Prengel 2016). Kinder von Anfang an als einflussreiche Akteur:innen ernst zu nehmen und nicht zu Adressat:innen von Erziehungs- und Bildungsanliegen Erwachsener zu reduzieren, kennzeichnet diese kritisch-konstruktiven Diskussionen. Dabei tritt die Berücksichtigung unterschiedlicher Sichtweisen in einer pluralen Welt im Kontext von Qualität immer deutlicher in den Vordergrund (Souto-Manning und Rabadi-Raol 2018).

Im Folgenden werden vier Grunddimensionen herausgestellt, die mit der zweiten Bildungsdiskussion in der Pädagogik der frühen Kindheit nachhaltig verknüpft sind:

- Rechtsanspruch und Qualitätsdiskussion
- Bildungs- und Orientierungspläne
- Inklusive Bildung
- Professionalisierungsdiskussion

4.3.1 Rechtsanspruch und Qualitätsdiskussion

Mit dem Inkrafttreten des Kinder- und Jugendhilfegesetzes im Jahr 1990 (SGB VIII) und der Wiedervereinigung von West- und Ostdeutschland nahm das bildungspolitische Interesse an frühkindlichen Institutionen wieder zu. Ausgelöst wurden die Debatten zunächst durch den 1996 kodifizierten Rechtsanspruch auf einen Kindergartenplatz.[75] Mit den Rechtsansprüchen auf einen Kindergartenplatz im Jahr 1996 und 2013 für Kinder unter drei Jahren ist ein massiver Ausbau der Kindertageseinrichtungen in Gesamtdeutschland verbunden. Laut Statistischem Bundesamt haben 2023 ca. 90 % der Drei- bis Sechsjährigen und ca. 36 % der unter Dreijährigen eine Kindertageseinrichtung besucht. Damit haben sich die Betreuungsquoten bei den unter Dreijährigen in den letzten zehn Jahren

---

75 Der uneingeschränkte Rechtsanspruch auf einen Kindergartenplatz war zunächst für den 01.01.1996 vereinbart – dessen Umsetzung wurde letztlich auf das Jahr 1999 festgesetzt. Der Rechtsanspruch, der ursprünglich bereits mit dem neuen Kinder- und Jugendhilfegesetz in Kraft treten sollte, wäre ohne die Wiedervereinigung in dieser Konsequenz nicht vorstellbar gewesen (Rauschenbach 2018, S. 8).

um 43 % erhöht (u. a. Autor:innengruppe Bildungsberichterstattung 2024, S. 111).

Mit dem Bezug auf § 22, 2 (1) KJHG ist es die Aufgabe der Kindertageseinrichtungen, »die Entwicklung des Kindes zu einer selbstbestimmten, eigenverantwortlichen und gemeinschaftsfähigen Persönlichkeit [zu] fördern«. Mit diesem Anspruch steht die ›Nationale Qualitätsinitiative im System der Tageseinrichtungen der Kinder‹ (NQI), die 1999 vom Bundesfamilienministerium ins Leben gerufen wurde, in engem Zusammenhang. Deren Ziel war es, Instrumente und Verfahren zur Überprüfung und Weiterentwicklung der Qualität in der Tagesbetreuung und bei Trägerverbänden zu entwickeln. Untersuchungen zur Qualität der Erziehung und Bildung in Kindertageseinrichtungen beleg(t)en, dass die vorschulischen Bildungseinrichtungen insbesondere in Bezug auf die pädagogische Qualität zum großen Teil recht unbefriedigende Strukturen aufwiesen (Tietze 1998; Wolf et al. 1999; Tietze et al. 2013).

Qualitätsfragen standen im Handlungsfeld der Kindertageseinrichtungen seit den 1990er Jahren international im Fokus (Moss und Pence 1994). Insbesondere in den USA wurde mit der Qualitätsforschung auf den quantitativen Ausbau und die wachsende Pluralität von Anbietern reagiert. Effektivitätsstudien, wie u. a. das Perry Preschool oder Abecedarian Projekt, zeigten über eine Zeitspanne von 40 bis 50 Jahren auf, wie einflussreich eine »qualitativ« hochwertige frühkindliche Erziehung und Bildung über die Lebensspanne sein kann. An diese Studien angeschlossen entwickelte sich auch in Deutschland eine Forschung zu Qualitätsfragen, die bis heute stark angloamerikanisch ausgerichtet ist und dazu geführt hat, unterschiedliche Assessmentverfahren (Beobachtungsinstrumente), wie u. a. die *Early Childhood Environment Ratingscale* (ECERS), im deutschsprachigen Raum auch als »Kindergarten Einschätzskala« (KES), nutzbar zu machen (König 2022, S. 268).

Der Fokus auf Qualität in der Kindertageseinrichtung brachte auch zutage, dass für die Betreuungseinrichtungen der unter Dreijährigen ein konzeptioneller Nachholbedarf bestand (Tietze und Viernickel 2002) bzw. es auch an wissenschaftsbasiertem Wissen dazu mangelte (Viernickel et al. 2012). Aber auch im Zusammenhang mit den internationalen Leistungsvergleichsstudien (wie z. B. PISA, TIMSS) wurde erneut der Ruf nach einer Reform der Kindertagesbetreuung lauter.

Studien belegen heute, dass Kindertageseinrichtungen auf die Entwicklung von Kindern positiv einwirken können (Anders 2013; Melhuish et al. 2015; Spieß 2014; Sylva et al. 2020). Es ist aber auch bekannt, dass die Kindertageseinrichtungen in ihrer Qualität derzeit noch »stark ausbaufähig« sind (Anders und Roßbach 2019, S. 441). Denn der Besuch einer Kindertageseinrichtung allein (Autor:innengruppe Bildungsberichterstattung 2022) wirkt sich noch nicht positiv auf die Entwicklung der Kinder aus. Die Qualität bemisst sich vielmehr an der unmittelbaren Prozessqualität, d. h. der Beziehungs- und Interaktionsqualität, die das Kind in der direkten Interaktion mit den Pädagog:innen erfährt (Sylva et al. 2004; Siraj et al. 2016; Slot 2018; Tietze 2020). Hoch qualitative Interaktionen werden insbesondere in Situationen beim wechselseitigen Erzählen von Geschichten, Klären von Problemen, Aushandlungen von Aktivitäten und dem Austausch von unterschiedlichen Vorstellungen etc. gemessen (Siraj-Blatchford 2002; Sylva et al. 2020). Darüber hinaus zeigen sich solche Situationen mit hohen Anregungspotenzial auch im Spiel der Kinder (Skolnick Weisberg et al. 2016; Zosh et al. 2017; Nesbitt et al. 2023).

4.3.2 Bildungs- und Orientierungspläne

Die Auswirkungen der zweiten Bildungsreform gipfelten für den Elementarbereich im Beschluss der Jugend- und Kultusministerkonferenz zum »Gemeinsamen Rahmen der Länder für die frühe Bildung in Kindertageseinrichtungen« (Jugend- und Kultusministerkonferenz 2004, i. d. F. 2022). Für den Sektor der Kindertagesbetreuung, der über das Subsidiaritätsprinzip überwiegend in Regie der freien Träger verantwortet und durch das Elternrecht moderiert wird, stellten die Bildungspläne auf struktureller und inhaltlicher Ebene eine enorme Neuerung dar (Diskowski 2008). Das zeigt sich auch daran, dass ihr Stellenwert und die Verbindlichkeit im Aufgabenspektrum der Länderausführungsgesetze zunächst kaum geklärt waren und erst nachgeordnet abgestimmt wurden (Kaul et al. 2023). Die Einführung von Bildungs- und Orientierungsplänen in der Kita hatte dennoch einen nachhaltigen Einfluss auf das Arbeiten in den Einrichtungen. Insbesondere die Aspekte »Beobachtung und Dokumentation«, aber auch »Sprachbildung« sind damit in den Fokus gerückt.

Frühe Bildung wurde damit enger als je zuvor an die bildungspolitischen Herausforderungen gebunden (König 2013).

Die Besonderheit deutscher Bildungsdiskussionen besteht darin, dass – anders als im angloamerikanischen Raum, wo unter dem Begriff *education* sowohl Erziehungstheorien als auch Teilbereiche der Bildungstheorien subsumiert sind – zwischen Konzepten der Bildung und Theorien des Lernens sowie der Erziehung differenziert wird (König 2024). In Deutschland wurde die Diskussion um eine Neuorientierung der Elementarpädagogik demnach nicht nur über die Lerntheorie[76] geführt, sondern es wurde auch versucht, das Bildungsverständnis, d. h. das Subjekt-Welt Verhältnis von Kindern im Vorschulalter klarer zu bestimmen. Diese Auseinandersetzungen schließen an historische Diskurse an, die auf Wilhelm von Humboldt zurückgehen (Dörpinghaus et al. 2009):

> »In Anlehnung an Wilhelm von Humboldt kann man davon ausgehen, dass jedes Verständnis von Bildung, ungeachtet der Gewichtungen und Nuancierungen, […], die Beziehungen und Verhältnisse zur Sprache bringt, die – erstens – Menschen zu sich selbst, – zweitens – zu ihren Mitmenschen und drittens – zum Gesamt der Welt eingehen bzw. eingegangen sind« (ebd., S. 10).

Ansatzpunkt dieser differenzierten Auseinandersetzung sind die Arbeiten von Gerd Schäfer zur »Selbstbildung« (Schäfer 2005) und das von Hans-Joachim Laewen und Beate Andres (Laewen und Andres 2002) begleitete

---

76 Seit den 1990er Jahren setzt sich international ein konstruktivistisches Bildungsverständnis für den frühpädagogischen Bereich durch (vgl. Bertram und Pascal 2002). Konstruktivistische Ansätze knüpfen an Piaget an, dessen Lerntheorie vor allem im angloamerikanischen Sprachraum die Kindergartenpädagogik stark beeinflusst hat (Penn 2004). Sie gehen von dem Verständnis aus, dass sich Lern- und Entwicklungsprozesse durch die aktive Auseinandersetzung des Individuums mit seiner Umwelt vollziehen. Um Lernprozesse auszulösen und zu fördern, gilt es danach für die Pädagog:innen als unabdingbar, ihr Handeln am Subjekt auszurichten und so an dessen gegebenem Erfahrungsschatz anzuknüpfen. Heute tragen neue Erkenntnisse der Entwicklungspsychologie sowie neurobiologische Begründungszusammenhänge und die Befunde aus der Interaktionsforschung zwischen Peers sowie Erwachsenen und Kindern entscheidend dazu bei, die Bedeutung der konstruktivistischen Theorien, insbesondere der soziokulturellen Lerntheorien (Anning et al. 2004), für den individuell ausgerichteten Lernprozess in der frühen Kindheit zu untermauern.

Modellprojekt zum Bildungsauftrag im Kindergarten. Entsprechend stehen insbesondere Perspektiven im Mittelpunkt, die die Kinder in ihren selbst initiierten Bildungsprozessen fokussieren und damit Sichtweisen, die kindzentrierten Ansätze traditionell eigen sind. Laewen und Andres orientieren sich dabei an dem Bildungsbegriff von Humboldt und betrachten Bildung als »Aneignung der Welt«. Kinder sehen sie als Subjekte, die ihre Bildung selbst vorantreiben. Auch der Begriff Autopoiesis, der von Ludwig Liegle (Fthenakis et al. 2007) in diesem Zusammenhang eingeführt wurde, ist hier anschlussfähig. Die Einflussmöglichkeiten der Erziehenden auf die zu Erziehenden begrenzen sich hierbei darauf, Anregungen zu geben. Eigenständige Fördermaßnahmen oder Bildungsziele werden durch dieses Bildungsverständnis ausgeschlossen. Auch Schäfer rekurriert mit seinem Bildungsbegriff für die frühe Kindheit auf die »Selbstbildung«. Er lehnt sich an der konstruktivistischen Entwicklungspsychologie an (Fthenakis et al. 2007) und greift insbesondere auf die Theorie Piagets als Erklärungsansatz zurück. Auch durch dieses Verständnis wird die Eigenständigkeit des kindlichen Bildungsprozesses betont, was oft einseitig als »Selbstläufer« missinterpretiert wurde.

Beide Ansätze gehen somit davon aus, dass subjektive Erfahrungen dazu führen, eigene Vorstellungen über die Welt aufzubauen, welche die Entwicklung des Individuums bestimmen. Heute sind die Bildungsdiskurse in der Kindheitspädagogik vielfältig ausdifferenziert, u. a. liefern phänomenologische Zugänge weitere Einsichten zum Selbst und Weltverhältnis der Kinder (Kaul et al. 2023, S. 45).

> »In diesem Verständnis wird »Anfänglichkeit« (Stieve 2019) als zentraler Bezugspunkt von früher Bildung gerahmt und in Verwirklichung von Geist und Leib, in der Differenz von Subjekt und Objekt, von Innen und Außen, von aktiv und passiv in Anschlag gebracht, in dann nach Stenger (2019) Individualität und Sozialität des Menschen phänomenologisch aufeinander bezogen sind.« (ebd., S. 45/46)

Unterschiedliche Diskurslinien zeigen die Bedingtheiten von Bildung und betonen die notwendige Akteurschaft der Kinder und die Bedeutung sozialer Beziehungen (Pestalozzi-Fröbel-Verband e. V. 2023[77]). Das unab-

---

77 Siehe im Detail zur Komplexität der Begriffsklammer frühkindliche »Bildung, Erziehung und Betreuung« die Expertise »Rethinking frühkindliche Erziehung,

dingbare Bedürfnis nach Aktivität, Ausdruck und Aneignung von Welt, wie es sich selbstbestimmt im Spiel und im Alltag, möglichst wiederholbar, zeigt, gilt heute als Konsens in der Pädagogik der frühen Kindheit. Wie in der klassischen Bildungstheorie bei Dietrich Benner oder Karl Jaspers wird auch hier Bildung als ein ganzheitlicher Prozess aufgefasst.

> »Bildung bringt den einzelnen durch sein eigenes Sein in die Mitwissenschaft des Ganzen. [...] der Mensch vermag um so entschiedener er selbst zu werden, je klarer und erfüllter die Welt ist, mit der seine eigene Wirklichkeit eins wird« (Jaspers 1931, 92 ff., zit. nach Mertens 2006, S. 9).

Die Rolle der Erziehenden bleibt in den Erklärungsansätzen von Laewen und Schäfer aber relativ unklar. Auch sind die Bildungsvorstellungen sehr ideal ausgerichtet. Fthenakis stellt diesen an der »Selbstbildung« orientierten Bildungsbegriffen einen stärker aus der angloamerikanischen Forschung bestimmten Handlungsansatz gegenüber, der sich eher einem »sozialkonstruktivistischen« Konzept zuordnen lässt und der Interaktion zwischen Subjekten eine hohe Bedeutung zuschreibt (Fthenakis et al. 2007). Dieses Verständnis mit seiner innerhalb der frühkindlichen Pädagogik soziokulturell ausgerichteten Lerntheorie (Anning et al. 2004) geht davon aus, dass sich das Kind in Wechselwirkung mit seinen Bezugspersonen entwickelt. Der sozialen Umwelt wird unter dieser Perspektive eine besondere Rolle zugeschrieben. Die Interaktions- und Ko-Konstruktionsprozesse mit Peers und erwachsenen Bezugspersonen sind demnach für den Wissensaufbau des Individuums von entscheidender Bedeutung. Ein an diesen Erkenntnissen ausgerichteter pädagogischer Ansatz macht es möglich, den Erziehenden eine aktive Rolle für den Entwicklungsprozess des Kindes zuzusprechen. Er postuliert das Wissen um die je eigenen Vorstellungswelten der Individuen und setzt auf ein dynamisches Handlungsvermögen, welches in der hauptsächlich durch Rahmenprogramme (Schmidt et al. 2021) gesteuerten Kindergartenkultur im deutschen Sprachraum bis heute vernachlässigt wird. Dieses Handeln knüpft an die Kompetenzen von bereits sehr jungen Kindern zur Herausforderung von Resonanz und *joint attention* (geteilte Aufmerksamkeit)

Bildung und Betreuung. Fachwissenschaftliche und rechtliche Vermessungen zum Bildungsanspruch in der Kindertagesbetreuung«.

an. Geteilte Aufmerksamkeit und gelenkte Interaktion führen zu kooperativen Austauschprozessen (Bonello 2023). Dieses komplexe Bedingungsgefüge ist aber kein Selbstläufer. Erziehungs- und Bildungstheorien orientieren sich heute zwar weniger an den Vorstellungen einer organisch ablaufenden Entwicklung oder eines inneren Bauplans – aber auch die neueren Leitbilder erweisen sich als dem sogenannten romanischen Kindheitsmythos nahestehend, wenn von einem genuin »kompetenten Kind« ausgegangen wird, das sich als »Akteur:in der eigenen Entwicklung« aktiv mit der Umwelt auseinandersetzt. Wir handeln aber nie allein, sondern wir brauchen von Anfang an die Eingebundenheit in ein interagierendes Netzwerk, um uns entwickeln zu können. Die einseitige Fokussierung auf das Subjekt erweist sich als Hemmschuh einer differenzierten Pädagogik, denn Bildung wird von unterschiedlichen Seiten moderiert. Dieses komplexe Bedingungsgefüge ist mit seiner Herausforderung in der Praxis bisher nur unterkomplex ins Blickfeld gerückt (▶ Kap. 5).

Seit 2004 wurden in Deutschland in den einzelnen Bundesländern sukzessive Bildungs- und Orientierungspläne bzw. Curricula für den vorschulischen Bildungsbereich zur Erprobung in der Praxis vorgelegt.[78] Diese Curricula unterscheiden sich insofern von den sonstigen Programmen/Ansätzen in der frühen Bildung (Situationsansatz, Reggiopädagogik etc.), als hier Bildungs- und Qualitätsdiskussionen, d.h. auch theoretische und empirische Erkenntnisse, zusammengeführt wurden (König 2007). Studien zum bereichsspezifischen Wissen bzw. Kernwissen von sehr jungen Kindern (Siegler et al. 2016) setzten Impulse zur Ausdifferenzierung der unterschiedlichen Domänen. Dahinter stand die Intention, Bildungs- und Lernprozesse junger Kinder differenzierter wahrzunehmen und an die bestehenden Wissenskonstrukte gezielt anzudocken (König 2005). Als Bildungsbereiche galten z.B. sprachliche Bildung, Musik, bildnerisches Gestalten, Bewegungserziehung, mathematische Grunderfahrungen, Naturwissenschaft etc. Je nach Bundesland wurde für die einzelnen Bereiche mehr oder weniger umfangreiches Material zur Verfügung gestellt, das es den Pädagog:innen erleichtern sollte, den Alltag im Kindergarten anre-

---

78 Für detaillierte Einblicke siehe Bildungsserver: http://www.bildungsserver.de/zeigen.html?seite=2027, Zugriff am 24.03.2024.

gender zu gestalten. Die Bildungs- und Orientierungspläne gingen so über die bisherigen offenen Rahmencurricula oder einfachen Rahmenrichtlinien hinaus.

Die Erwartung, hier ein strukturierteres Lernen in der frühen Bildung einzuziehen, hat sich aber nicht erfüllt, denn eine dafür notwendige Didaktik für die frühe Bildung konnte sich nicht durchsetzen (König 2010; Kasüschke 2010). Prinzipiell weisen die Bildungspläne in Deutschland mit ihrer Orientierung an soziokulturellen Lerntheorien, die den Erziehenden eine aktive Rolle im Lernprozess zuschreiben, eine den angloamerikanischen Ansätzen vergleichbare Tendenz auf. Im angloamerikanischen Raum führt die Orientierung an soziokulturellen Theorien in der Pädagogik der frühen Kindheit dazu, durch Beobachtungsverfahren Praktiker:innen zu einem stärkeren gemeinsamen Austausch über die Lernprozesse des Kindes zu führen (Anning et al. 2004). Auch in Deutschland wurde in dieser Richtung gearbeitet, insbesondere durch sogenannte Feststellungsmaßnahmen zur Erfassung der Qualität der Einrichtungen, wie z. B. das Teilprojekt I/II der »Nationalen Qualitätsinitiative«. Diese Feststellungsverfahren können als Verbindungsstück zwischen Bildungs- und Qualitätsdiskussion gesehen werden, wenn die Pädagog:innen daraus Informationen ziehen, welche Einfluss auf ihr pädagogisches Handeln nehmen (König 2007; Anning et al. 2004). Ansatzpunkte dafür bieten Assessmentverfahren (Einschätzinstrumente, Beobachtungsbogen, Checklisten etc.), die es der pädagogischen Praxis ermöglichen, die Bildungs- und Lernprozesse der Kinder genauer zu erfassen. In den Bildungsplänen spiegelt sich dieser Bereich unter den Kategorien Beobachtung und Dokumentation. Das Nutzen der Beobachtung für den pädagogischen Handlungsprozess ist in der Pädagogik kein neues Verfahren, sondern schon immer Inspiration der Kindheitsforschung. Mit der Einführung von Assessments sollte die Beobachtung stärker als bisher differenziert und die Alltagsbeobachtung um einen distanzierteren und spezifischeren Blick ergänzt werden. Nach Cowie und Carr (Anning et al. 2004) soll die Einführung von Assessmentverfahren in der Praxis mit drei Zielen verbunden sein.[79] Neben dem Aufbau einer Lerngemeinschaft zwischen Peers, Päd-

---

79 Diese Ziele werden in der angloamerikanischen Literatur mit den 3 Cs beschrieben: »community«, »competence« und »continuity«.

agog:innen und Eltern geht es darum, die Kompetenzen der Lernenden durch eine genaue Beobachtung bewusst wahrzunehmen. Der kontinuierlichen Dokumentation der Beobachtungen kommt dabei eine besondere Bedeutung zu, um die bereits erworbenen Kompetenzen der Lernenden herauszustellen, so dass die Pädagog:innen weiterführende Lernprozesse für das Kind herausfordern und unterstützen können (Nutbrown 2006). Exemplarisch wird hier auf drei Verfahren verwiesen, die Anfang 2000 die ersten Impulse setzten: zum einen die im Zuge des Bildungsprojekts von Laewen und Andres (Laewen und Andres 2002) entwickelten, relativ offenen Beobachtungsbogen, zum anderen die international diskutierten Verfahren von Margret Carr, die vom Deutschen Jugendinstitut in mehreren Projektphasen in die Praxis implementiert wurden (Bildungs- und Lerngeschichten) (Leu et al. 2007), und drittens die Leuvener Engagiertheitsskala (Leavers 2007). Die damit implizierten Praktiken von Beobachtung und Dokumentation im Handlungsfeld der Kindertageseinrichtungen wurden kritisch-reflexiv aufgegriffen und diskutiert (Cloos und Schulz 2011).

Im »Gemeinsamen Rahmen der Länder« (Jugend- und Kultusministerkonferenz 2004, i.d.F. 2022) wird der spielorientierte Ansatz der Kindertageseinrichtungen explizit hervorgehoben, das Spiel wird als »zentrales Ausdrucksmittel und elementare Form des Lernens« (ebd., S. 9) beschrieben. Die Bildungsansätze spiegeln sich in den Aufführungsgesetzen der Länder eher Uneinheitlich. Kritisiert wird, dass unterschiedliche Theorieansätze vermischt werden und dadurch Unschärfen entstehen (Kaul et al. 2023). Gegenwärtig ist ein neues Bestreben erkennbar, diese Form des aktiven Lernens der jungen Kinder mit Fokus auf die Perspektive der Kinder interdisziplinär besser zu verstehen und in seiner praktischen Konsequenz aufzugreifen (Nesbitt et al. 2023).

4.3.3 Inklusion[80]

Inklusion und Sprachliche Bildung wurden in den Zehnerjahren des 21. Jahrhunderts als »Schlüssel zur Bildung« hervorgehoben. Mit diesen Forderungen wurde die Idee verknüpft, gesellschaftliche Teilhabe zu erwirken (König und Friederich 2014, S. 9). Hier liegen aber auch zentrale Impulse, die frühpädagogischen Praxisansätze überhaupt erst mit den Theoriediskussionen einer *Diversity*-Pädagogik zu verbinden (Prengel 2014, 2016; Banks 2016). Die Verbindung von Inklusion und Menschen- und Kinderrechten begreift nun erst explizit Kinder von Geburt an als Menschen mit einer eigenen Würde und als Träger eigener Rechte. Menschen- und Kinderrechte sind universal und müssen nicht verdient werden. Sie gelten für alle unabhängig von Alter, Hautfarbe, Geschlecht, Behinderung, Sprache, Kultur, Religion etc. Im Rahmen ihrer Umsetzung wird auf das Erwirken von Partizipation und Teilhabe in der Praxis verwiesen. Dabei gilt es, den Kinderwillen, d.h. das Selbstbestimmungsrecht der Kinder zu achten. Teilhabe kann also nicht das unbedingte Ziel sein, wenn es gegen den Kinderwillen verstößt.

Das Thema Inklusion in der Frühpädagogik rückt soziale Eingebundenheit und Partizipation junger Kinder ins Zentrum wissenschaftlicher und praxisbezogener Auseinandersetzung, um angemessene Bildungskonzeptionen zu entwickeln (vgl. Prengel 2014) (▶ Kap. 2.3). Deren Kern ist nicht neu, er ist verbunden mit der Idee einer Bildung für alle.

Erste Ansätze dazu finden sich bereits im 18. Jahrhundert bei den Philanthropen, aber auch der »Allgemeine deutsche Kindergarten« von Friedrich Fröbel hatte theoretisch den Anspruch, alle Kinder unabhängig von ihrer sozialen Herkunft einzubeziehen (Baader 2004, S. 63). Auch in der zweiten Hälfte des 20. Jahrhunderts wurde im Anschluss an die erste Bildungsreform über soziale Ungleichheit debattiert und es kam zur Ausdifferenzierung von integrativen und interkulturellen Programmen im Elementarbereich. Erste Initiativen zu einer gemeinsamen Erziehung von behinderten und nichtbehinderten Kindern gehen auf den Kinderarzt Theodor Hellbrügge Ende der 1960er Jahre zurück. Für die Umsetzung seines Projekts »Aktion Sonnenschein« beruft er sich auf Maria Montessori.

---

80 Der Absatz basiert in Teilen auf dem Beitrag König 2021b.

Die Idee der gemeinsamen Bildung und Erziehung von Kindern mit und ohne Behinderung von Anfang an beruht in dieser Zeit insbesondere auf dem sogenannten Sozialisationsansatz (Hössl 1999; Speck 1991) und der Annahme, dass aus gesellschaftlichen Zuschreibungen resultierende Vorurteile und Einstellungen den Lebensbereich des Vorschulkindes zum größten Teil noch nicht tangieren. Entsprechend wurde vorausgesetzt, dass Kinder über eine größere Unbefangenheit verfügen, mit der sie ihre eigenen Erfahrungen machen. Auch wenn solche Gedanken in der Vorschulreform der 1970er Jahre noch nahezu ausgeblendet blieben, wurden sie doch durch die Empfehlungen des Deutschen Bundesrates von 1973 unterstützt (vgl. Dichans 1990). Die Entwicklungen im Elementarbereich gingen in der Folge weit über den Modellcharakter einzelner Projekteinrichtungen hinaus, etablierten sich flächendeckend und führten Mitte der 1980er Jahre zu einem Ausbau sogenannter integrativer Einrichtungen. Seit den 2000er Jahren nimmt die internationale Bildungspolitik (UNESCO 1997) auf Grundlage der Erklärung von Jomtien über Education for All (Inter-Agency Commission 1990) verstärkt Einfluss auf den Elementarbereich und verleiht einer inklusiven Bildung Dringlichkeit auch durch das Inkrafttreten der UN-Behindertenrechtskonvention (2006) im Jahr 2009.

> »Inklusion wird gegenwärtig zunehmend verwendet, um sich von Verfallsformen integrativer Praxis, die mit internen Separationen innerhalb von Regeleinrichtungen einhergehen, zu distanzieren und um – über die Differenzlinie behindert/nichtbehindert hinausgehend – die Einbeziehung von pluralen Dimensionen der Heterogenität zu betonen« (Prengel 2014, S. 17).

Die Anzahl von Kindern mit Eingliederungshilfe, d. h. einer (drohenden) Behinderung in Angeboten der Kindertagesbetreuung, ist seither kontinuierlich gestiegen. 2019 besuchte fast die Hälfte der Kinder Angebote, in denen der Anteil der Kinder mit Eingliederungshilfe unter 20 % lag. Inklusive Ansätze im Elementarbereich stützen sich auf eine *Diversity Education* und verfolgen ein breites Inklusionsverständnis, welches nicht nur Kinder mit Behinderung, sondern sämtliche Heterogenitätsdimensionen der Gesellschaft berücksichtigt, wie u. a. Migration, Sprache, Kultur, Armut oder Geschlecht (Heimlich 2013). Inklusive Ansätze stehen daher auch in Bezug zur sogenannten interkulturellen Erziehung, welche die

Arbeit in Kindertageseinrichtungen seit den 1970er Jahren beeinflusst (Zimmer 2013). Dennoch bleibt zu konstatieren, dass Kinder mit Behinderungen und Kinder mit Migrationshintergrund Kindertageseinrichtungen in der Regel seltener und später besuchen (Autorengruppen Bildungsberichterstattung 2020). Diese Differenz ist auch darauf zurückzuführen, dass Kindertageseinrichtungen keinen universellen Zugang bieten, sondern sich am Bedarf der Eltern ausrichten. Darüber hinaus finanzieren sich die Einrichtungen u. a. über Elternbeiträge und gibt es gezielt gesetzte Priorisierungen, z. B. über die Berufstätigkeit beider Eltern (Hogrebe et al. 2021).

Die Anerkennung des Elementarbereichs als Bildungsort ist in Deutschland nur halbherzig umgesetzt, was u. a. auch im Neunten Sozialgesetzbuch (Rehabilitation und Teilhabe von Menschen mit Behinderungen) zum Ausdruck kommt. Hier werden im § 75 die Leistungen zur Teilhabe an Bildung an die Schulpflicht gekoppelt. Dennoch kann davon ausgegangen werden, dass der Elementarbereich international in ein inklusives Bildungssystem eingeschlossen wird (Heimlich 2013). Neuere familien- und bildungspolitische Entwicklungen (Kinder- und Jugendhilfeinklusionsgesetz) fokussieren derzeit eine »inklusive Lösung« im Achten Sozialgesetzbuch; aufgrund der historisch komplexen Rehabilitationsförderungen ist diese Systemveränderung nicht einfach umzusetzen und daher auch umstritten (KomDat 2024, S. 13). Die Einrichtungen sind im Vergleich zur Schule kleinräumige Organisationseinheiten. Die sozioökonomischen Verhältnisse des sozialen Umfelds spiegeln sich in der Kindertageseinrichtung unmittelbar, die Heterogenität der Lebensverhältnisse hingegen nur eingeschränkt (Weiß 2020). Nicht nur für junge Kinder in Armutslagen fehlt es in der öffentlichen Erziehung und Bildung großteils an Bewusstheit, auch stehen Ablehnungen und Verletzungen prinzipiell noch zu selten im Fokus frühpädagogischer Thematiken (Tellisch und Prengel 2019).

Die Forderung nach Inklusion ist mit dem Recht auf Teilhabe in allen Lebensbereichen und damit der Grundfrage nach sozialer Gerechtigkeit verbunden. Die Verlautbarungen der Vereinten Nationen (UN) haben der Forderung nach Inklusion bildungs- und sozialpolitische Dringlichkeit verliehen (Erklärung der Menschenrechte, Kinderrechtskonvention). Sie gehen aber weit darüber hinaus und sind in diverse Gesetzesgrundlagen eingeflossen, die die Anerkennung von Vielfalt hervorheben, wie es den menschenrechtlich-demokratischen Prinzipien von Freiheit, Gleichheit und Solidarität entspricht. Folgende Aufzählung zeigt exemplarisch die rechtliche Implikationen dieser Kerngedanken und damit auch, dass Kindertageseinrichtungen und also Pädagogik eben eng mit gesellschaftlichen Bewegungen verbunden sind (Auszüge Autor:innengruppe Inklusion, Bildungs- und Orientierungsplan Baden-Württemberg, in Arbeit):

- Das Grundgesetz Art. 3 Abs. 3 verweist darauf, dass niemand wegen seiner Behinderung benachteiligt werden darf.
- Die UN-Behindertenrechtskonvention (UN-BRK): Mit der Ratifizierung erkennt Deutschland Inklusion als völkerrechtlich verbindlichen Auftrag an. Art. 4 Abs. 3 der UN-BRK schreibt die Partizipation von Menschen mit Behinderungen an allen sie betreffenden Entscheidungen vor.
- Das Allgemeine Gleichbehandlungsgesetz (AGG) regelt den Schutz vor Diskriminierung wegen der ethnischen Herkunft, des Geschlechts, der Religion oder Weltanschauung, einer Behinderung, des Alters oder der sexuellen Identität durch private Akteur:innen.
- Das Kinder- und Jugendstärkungsgesetz (KJSG) (2021) stärkt die Rechte von Kindern, Jugendlichen und jungen Volljährigen mit und ohne Behinderung. Es soll auch Kinder, die benachteiligt sind, unter belastenden Lebensbedingungen aufwachsen oder Gefahr laufen, in ihrer sozialen Teilhabe eingeschränkt zu werden, besser unterstützen und fördern.
- Das Bundesteilhabegesetz (BTHG) gewährleistet die langfristige Sicherstellung der Teilhabe für Menschen mit Behinderung in allen Lebensbereichen.

4.3.4 Professionalisierungsdiskussion

Trotz beeindruckender bildungspolitischer Reformbemühungen im Handlungsfeld der Kindertageseinrichtungen, die auch eine Professionalisierung der Pädagogik der frühen Kindheit, d. h. insbesondere (Teil-)

Akademisierung eingeschlossen hat (Pasternack 2015; Hechler et al. 2021), bleibt die Erschließung wissenschaftlich-reflexiven Wissens für die Praxis der Kindertageseinrichtungen unbefriedigend. Nach wie vor liegt der Anteil an Personen mit einer akademischen Qualifikation in Kindertageseinrichtungen bei unter 10 % (2006: 3 %; 2022: 6 %) (FKB 2023, S. 33). Das ist nicht verwunderlich, denn ein akademisches Tätigkeitsprofil wurde in der Struktur der Kindertagesbetreuung nicht etabliert. Alltagsnähe und Ungewissheit zeichnen die strukturellen Bedingtheiten pädagogischen Handelns aus (Helsper 2021) und erfordern gerade deshalb intersubjektives Orientierungswissen und die Perspektive einer reflexiven Pädagogik (Musolff 2010). Diese Form professionellen Handelns lässt sich nicht über Programme oder festgelegte Handlungsabläufe erschließen, wie es die Lernfeldorientierung – worauf Fach- und Berufsfachschulausbildungen setzen – aufzeigt. Sie haben ihre Stärke im Aufrechterhalten des Alltags. Zwar ist auch die Didaktik der Persönlichkeitsentwicklung fest in sozialpädagogischen Ausbildungsformaten etabliert – sie ermöglicht einen ersten Schritt, um die relative Autonomie der Handlungsstrukturen zu hinterfragen –, bleibt aber subjektive Praxis, wenn diese nicht professionell fundiert wird. Für die Weiterentwicklung von Alltagsroutinen und Handlungsmustern sowie den Umgang mit Komplexität und Ambiguität im Zuge des sozialen Wandels ist dagegen forschendes Lernen unverzichtbar. Wissenschaftliche Studiengänge erschließen kritisches Wissen über die strukturtheoretische Bedingtheit pädagogischen Handelns, intersubjektives Begründungswissen und schaffen Bewusstheit für erweiterte Erfahrungsebenen, wie Forschung, interdisziplinäre Befunde, Fachpolitik, Berufskultur und Disziplin. Dieser konsequente Schritt Richtung Wissenschaftlichkeit fehlt im Rahmen der Reformbemühungen und damit auch die Möglichkeit, das vorhandene Wissen und Potenzial für die Weiterentwicklung der Einrichtungen unmittelbar nutzbar zu machen. Hier manifestiert sich die Kluft zwischen beruflicher Aus- und Weiterbildung und wissenschaftlichen Auseinandersetzungen in der Pädagogik der frühen Kindheit (Cloos 2021). So ist es auch nicht verwunderlich, dass die Reformschübe für das Handlungsfeld bisher eher extern und weniger aus diesem selbst heraus ausgelöst wurden (Wellmeyer 2022).

Die enorme Expansion der Kindertageseinrichtungen mit einem Wachstum – trotz beklagten Personalmangels – von noch immer 4 % pro Jahr (FKB 2023, S. 137) markiert einen tiefgreifenden sozialen Wandel, denn dieses seit Jahren bestehende Wachstum[81] verweist auf ein verändertes Aufwachsen von sehr jungen Kindern. Fachpolitik (Kultus-, Sozialministerien, Kinder- und Jugendhilfeausschüsse), Verwaltung (Landesjugendämter, Jugendämter, Kommunen) und Träger von Kindertageseinrichtungen setzen aber nach wie vor auf Beständigkeit und vernachlässigen die Anfang 2000 noch als erforderlich empfundenen Reformbewegungen in der frühen Bildung. Der Ruf nach mehr Fachkräften ist aber selbstredend auch an Veränderungen gebunden: ein Mehr an Planung und Organisation, Verantwortung, Personal- und Organisationsentwicklung, Beratung, Supervision, Beteiligung an Ausbildung oder den Aufbau von Praxismentor:innenschaften.

4.4 Resümee

Sowohl die erste als auch die zweite Bildungsreform haben den Kindertageseinrichtungen nicht den erhofften Reformschub gegeben, um eine veränderte und kritisch-konstruktive Praxis zu etablieren. Auf struktureller Ebene hat der Erfolg der ersten Bildungsreform zur Etablierung der Ausführungsgesetze der Länder und damit zur Stärkung der Länder geführt. Aus der zweiten Bildungsreform sind die Bildungs- und Erziehungspläne (Jugend- und Kultusministerkonferenz 2004, i. d. F. 2022) hervorgegangen. Beide Elemente wirken auf der Steuerungsebene und nehmen indi-

---

81 »Ausgehend von 129.804 Beschäftigten im Jahr 1978 hat sich die Anzahl der Beschäftigten in der Frühen Bildung in Westdeutschland bis 2011 fast verdreifacht. Damit hat sich die Frühe Bildung weitestgehend entkoppelt von den allgemeinen Veränderungen des Arbeitsmarkts entwickelt. Dieser weist im gleichen Zeitraum nur ein geringes Wachstum auf (+14 % in Westdeutschland gegenüber +189 % in der Frühen Bildung) und ist durch konjunkturelle Schwankungen gekennzeichnet« (FKB 2014, S. 47).

rekt Einfluss auf die Qualität. Mit Bezug auf die Kinderladenbewegung wurde bewusst, welche kritisch-reflexive Dynamik eine Pädagogik der frühen Kindheit entfalten kann. Diese Entwicklungen zeugen aber nicht von Kontinuität (▶ Abb. 26). Zwar gab es während der ersten und zweiten Bildungsreform auch Professionalisierungsbestrebungen, letztlich blieb das Handlungsfeld Kindertageseinrichtung aber seiner historischen Verortung verhaftet. Die berufliche Aus- und Weiterbildung, die für den Zugang in das Arbeitsfeld der Pädagogik der frühen Kindheit gefordert wird, ist bis heute weitgehend getrennt von wissenschaftlichen Auseinandersetzungen (Cloos 2021). Eine kritisch-reflexive Pädagogik und forschendes Lernen sind aber auch in der Pädagogik der frühen Kindheit notwendige Aspekte, um die Bildungs- und Erziehungsbereiche im Kontext des sozialen Wandels überhaupt erst weiterentwickeln zu können.

Gegenwärtig zeigen sich gerade im sozialen Wandel die Sollbruchstellen des Systems. Dazu zählt auch die Einführung der Bildungs- und Erziehungspläne (Jugend- und Kultusministerkonferenz 2004, i. d. F. 2022), die in Kapitel 4.3 als einer der zentralen Reformschübe beschrieben wurden. Entlang dieser Herausforderungen werden sogenannte »Umsetzungsdilemmata« deutlich (Viernickel et al. 2013, S. 18). Diese werden zwar vor allem in Verbindung mit strukturellen Schwierigkeiten diskutiert, sie offenbaren aber auch enorme Beharrungskräfte auf der Ebene des pädagogischen Handelns in Kindertageseinrichtungen, weshalb Susanne Viernickel und Iris Nentwig-Gesemann auf die Bedeutung der Leitungskräfte für die Steuerung dieser Prozesse verweisen.

Über das Praxisfeld der Pädagogik der frühen Kindheit im Kontext des sozialen Wandels zu sprechen, heißt historisch und aktuell zwei Entwicklungslinien zu differenzieren:

- Vereinbarkeit von Familie und Beruf
- Bewusstheit und Reflexion in der Erziehung und Bildung von jungen Kindern

Die enorme Expansionsdynamik und der Fokus auf den Zuwachs an Plätzen haben in den letzten Jahren den Professionalisierungsdiskurs und damit auch die Perspektive der jungen Kinder zurückgedrängt. Gleichstellungs- und familienpolitische Motive prägen die Auseinandersetzungen. Zugleich berichtet der Informationsdienst des Instituts der deutschen Wirtschaft (Hickmann und Koneberg 2022), dass Personallücken in typischen Frauen- und typischen Männerberufen am größten sind. Die größten Fachkräftelücken lagen zwischen Juli 2021 und Juni 2022 in der Sozialpädagogik und der Kindertagesbetreuung. Diese Zahlen sollten nachdenklich stimmen, denn sie sind eng verknüpft mit der Etablierung dieser Arbeitsfelder als klassischer Frauenarbeitsmarkt (Mayer 1999). Die Verortung der Kindertageseinrichtungen zwischen Tradition und Moderne verwehrt bisher den notwendigen Reformschub in Richtung kritisch-reflexive Pädagogik.

4 Institutionelle Entwicklungen

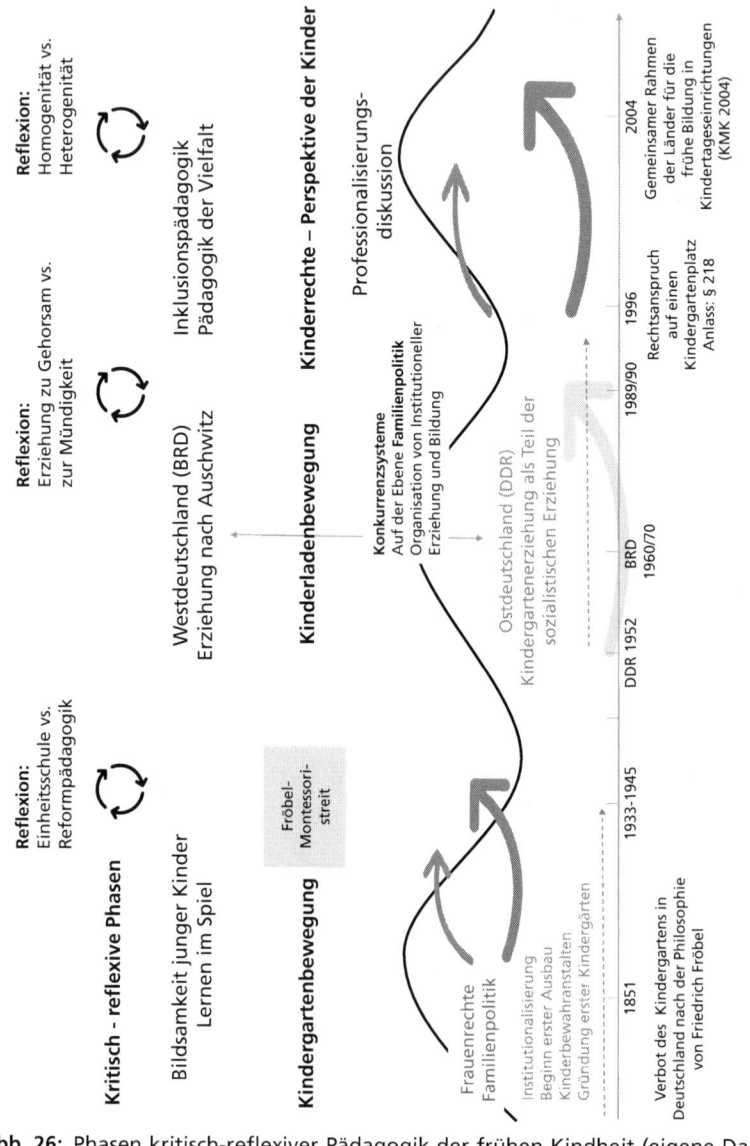

Abb. 26: Phasen kritisch-reflexiver Pädagogik der frühen Kindheit (eigene Darstellung)

5 Going Beyond

In den letzten Jahren trägt ein zunehmend interdisziplinäres Interesse an der Kindheit dazu bei, den Reflexionshintergrund in der Pädagogik der frühen Kindheit zu erweitern. Nicht mehr nur die Erziehungswissenschaften bzw. ihre Teildisziplin Pädagogik der frühen Kindheit und die Entwicklungspsychologie setzen sich mit Kindheit und Entwicklung differenziert auseinander, vielmehr ist das Hinterfragen der Selbstverständlichkeiten im Generationenverhältnis in den Fokus der Nachbardisziplinen gerückt. Kindheitssoziologie (Kelle 2018; Qvortrup et al. 1994), Kindheitsgeschichte (Winkler 2017) und Philosophie der Kindheit (Drerup und Schweiger 2019; Gheaus et al. 2019; Prengel 2020) stehen u.a. für diese Ausdifferenzierungsprozesse. Zugleich sind damit moralische, politische und rechtliche Fragen in Bezug auf Kindheit und Gesellschaft in den Mittelpunkt getreten. Dies führt dazu, Kindheit nicht mehr nur im Kontext von Familie und spezifischen Institutionen zu verhandeln, sondern das Generationenverhältnis auch als gesellschaftliches Schlüsselthema anzuerkennen.

5.1 Perspektiven der Kinder

Die Differenz Erwachsene vs. Kinder erweist sich insbesondere mit Fokus auf das Zugeständnis von Rechten als keine einfach zu bestimmende Kategorie (Wapler 2019). Traditionelle Einordnungen, die Kinder als »unfertige Erwachsene« beschrieben haben, sind kaum anschlussfähig an aktuelle Diskurslinien. Im Allgemeinen gibt es einen Konsens darüber, dass Kinder selbstverständlich eigene Rechte haben. Aber die Unterscheidung in Menschenrechten auf der einen und Kinderrechten auf der anderen Seite muss auch nachdenklich stimmen. »Menschenrechte beziehen sich darauf, die Würde eines jeden Menschen zu respektieren, ihm Freiheiten zu garantieren und Möglichkeiten der verantwortlichen Beteiligung am gemeinsamen Leben zu eröffnen« (Krappmann 2019, S. 307). Menschen- und Kinderrechte gründen sich zunächst auf ethisch subjektive Rechte (Wapler 2019, S. 122). Die Würde des Menschen wird im Allgemeinen an die Selbstbestimmung und damit an die Autonomie des Menschen gekoppelt. Dazu zählen eigene Regeln, Ziele und Werte sowie Vorstellungen von Selbstkontrolle, Unabhängigkeit und eigenem Willen (Betzler 2019, S. 61). Mit Blick auf junge Kinder gibt es aber Einschränkungen. Autonomie einerseits und die Rechtfertigung von »Paternalismus« und »Erziehungszielen« (ebd., S. 62) andererseits müssen in der Beziehung zwischen Erwachsenen und Kindern ausgelotet werden. Was hier juristisch als Besonderheit bearbeitet wird, ist auch eine Herausforderung an das pädagogische Handeln. Denn Autonomie ist mit der Würde des Menschen verbunden und darf nicht beschnitten werden. Kinderrechte »wurden postuliert, um wichtigen Belangen von Kindern ein besonderes Gewicht zu verleihen« (Wapler 2019, S. 122). Mit Rückgriff auf die Willenstheorie formuliert Wapler: »Für die Willenstheorie kann Rechtsträger nur sein, wer einen autonomen Willen bilden kann. In dem Maße, in dem man Kinder als nicht oder eingeschränkt autonomiefähig versteht, können sie demnach keine eigenen Rechte haben« (ebd.). Kinder sind aber nicht »rechtlos«, die Willenstheorie versucht vielmehr Dritten – zumeist den Eltern – Pflichten zum Schutz der Kinder zu übertragen. Hier zeigt sich auch, dass Menschen- und Kinderrechte historisch auf grundverschiedenen Fundamenten basieren. Menschenrechte sind in erster Linie Freiheitsrechte, Kinderrechte dagegen wurden auf der Basis von Schutzrechten entwickelt. Das Elternrecht im Grundgesetz hat in Deutschland diese Funktion. »Das Recht der Eltern, ihre Kinder zu versorgen und zu erziehen, ist in diesem Sinne ein pflichtgebundenes Recht« (ebd.). In Bezug auf die Rechte der Kinder wird auch unterschieden zwischen Rechtsträger und Rechtsausübung, d. h., solange das Kind nicht selbst entscheiden kann, kann das Recht von Dritten ausgeübt werden. Kritik an diesem Rechtsmodell besteht vor allem mit Blick darauf, dass Kinder hier zu Objekten degradiert werden und ihr Streben nach Autonomie außer Acht bleibt. Im Rechtediskurs wird heute versucht, im Rahmen des »menschenrechtlichen Gleichheitsversprechens« Kinder als Rechtsträger zu behandeln. Dabei gilt der unterschiedliche Erfahrungshintergrund von Kindern und Erwachsenen als minimale Beschreibung der Differenz, die zugleich Bewusstheit und Verantwortung der älteren Generation gegenüber der jüngeren fordert. Denn die Lebensphase der Kindheit ist endlich und verlangt daher eine besondere Beachtung, damit die Kinder ihr Anfänger:innen-Sein auch leben können (Gheaus, forthcoming):

> »Weil jeder Mensch auf Grund des Geborenseins ein *initium*, ein Anfang und Neuankömmling in der Welt ist, können Menschen Initiative ergreifen, Anfänger werden und Neues in Bewegung setzen.« (Arendt 2018, S. 215)

5.2 Kritsch-reflexive Pädagogik der frühen Kindheit

Erst mit einer kritisch-reflexiven Pädagogik der frühen Kindheit können die genannten Aspekte im Kontext des soziokulturellen Wandels adressiert und eine generationengerechte Pädagogik, die die Perspektiven der Kinder hervorhebt, entsprechend umgesetzt werden. Die Pädagogik der frühen Kindheit steht vor der Herausforderung, die intuitive Praxis zu hinterfragen – auf die sie von der Politik immer wieder zurückgeworfen wird. Das wird offensichtlich, wenn in Zeiten des Fachkräftemangels Laien, Fachfremde oder niedere Qualifikationsniveaus mit pädagogischen Fachkräften (Erzieher:innen) gleichgesetzt werden oder auch, wenn einschlägig akademische Fachkräfte in ihrem Kompetenzniveau keine Anerkennung finden (exemplarisch NKiTaG § 9 Abs. 2 Satz 1 Nr. 4). Dann zeigt sich, dass die Pädagogik der frühen Kindheit noch immer in erster Linie als Praxis verstanden wird. Doch Praxis ist nicht unmittelbar auch an ideales Handeln gebunden.

Die Pädagogik der frühen Kindheit ist im Kern aber eine hoch anspruchsvolle Pädagogik (Helsper 2021). Denn professionelle Pädagogik ist eine gekonnte Koordinationsleistung. Das zeigt folgende Szene, die am Anfang dieses Buches bereits angeführt wurde (▶ Kap. 1):

> Sina (Mutter) steht an der Kinderzimmertür. Nina wirft die blaue Strumpfhose in die Luft und kommentiert ihr Handeln: »Die zieh ich nicht an!«
> »Was ist denn damit los? Du wolltest doch das Kleid anziehen und wir hatten doch schon beschlossen, dass das nur mit Strumpfhose bei den Temperaturen möglich ist.«
> »Ja, aber nicht die doofe blaue!«, schreit Nina und ist den Tränen nahe.
> Aus der Küche drängt Leo (Vater) zur Eile, während der elfjährige Jo am Esstisch mit seinem älteren Bruder um die letzten Reste in der Milchflasche streitet.

Die Szene zeigt eine sogenannte Krisensituation. Nina »ist den Tränen nahe«. Sie steht unter dem Erwartungsdruck, eine Strumpfhose anzuziehen und eine Vereinbarung mit ihrer Mutter einzuhalten. Offensichtlich kann das Kind diese Krise nicht allein lösen, das zeigt die Aussage – die ein Dilemma markiert: »Ja, aber nicht die doofe blaue!«

Reaktionen, die in der Familie unter Umständen noch über den Handlungsdruck des Alltags erklärt werden können, reichen für eine professionelle Pädagogik nicht aus.

> Die Besonderheit des pädagogischen Handelns liegt nach Werner Helsper (Helsper 2021) in der strukturtheoretischen Bedingtheit von Interaktionsberufen. Hierbei geht es darum, in der Unmittelbarkeit der wechselseitigen Interaktionen zu wirken und das Individuum optimal zu unterstützen. Dabei treten gleich mehrere Problemfelder auf. Zum einen basieren Interaktionen auf einer wechselseitigen Offenheit der Individuen. Wer als Pädagog:in nach Anerkennung im pädagogischen Prozess sucht (Kowalski 2020), dem fehlt die Offenheit für die Belange

und Perspektiven des Kindes.[82] Das gleiche Problem kann bei Stress der Fachkräfte beobachtet werden. In Interaktionsberufen ist daher die Selbstsorge ein zentrales Prinzip.

Pädagogik ist in Hinsicht auf die stellvertretende Verantwortung für das Kind an eine normative Ethik gebunden. Denn in der Interaktion liegt das Potential für Veränderung und Transition, aber auch die Möglichkeit für Verletzung. Zum anderen gilt es in der Pädagogik der frühen Kindheit, den Perspektiven des jungen Kindes gekonnt Raum zu geben, d. h. in unserem Fall herauszufinden, warum die »doofe blaue« hier aus Ninas Sicht nicht akzeptabel sei. Die Beachtung der Selbstbestimmung und der Würde des Kindes sind ebenso wie die Entfaltung von Autonomie ein zentrales Ziel der Pädagogik. Letzteres markiert die immer mitgedachte mögliche Entbehrlichkeit der Pädagog:innen, worauf sich jedes pädagogische Handeln hin prüfen lassen muss, d. h. Abhängigkeitsverhältnisse sind zu vermeiden (Helsper 2021, S. 197). Erziehung zeigt sich in der Vorbildfunktion der Erziehenden, aber auch in der Form der absichtsvollen Beeinflussung durch Anerkennung und die bewusste Vermittlungen von Regeln, Normen und Werten. In dieser Mikroschnittstelle des Interaktionshandelns verortet sich die Qualität des »stellvertretenden Krisenlösens« nach Ulrich Oevermann. Diese Formulierung nimmt darauf Bezug, dass die Pädagog:innen die vom Kind als krisenhaft empfundene Situation wahrnehmen und das Kind lösungsorientiert unterstützen, sodass die Situation von ihm »nahezu« allein bewältigt werden kann. Dieses Konstrukt erinnert an Lev Vygotsky und dessen Lernen in der »Zone der nächstfolgenden Entwicklung«, das heißt: »Was das Kind heute in Zusammenarbeit und unter Anleitung vollbringt, wird es morgen selbständig ausführen können« (Ahnert und Haßelbeck 2014, S. 34).

---

82 Dass auch Pädagog:innen nach Anerkennung streben, ist unbestritten und wichtig, denn Anerkennung ist ein Grundbedürfnis von Kindern und Erwachsenen. Die pädagogische Beziehung bzw. das Arbeitsbündnis ist davon aber als reflektierte:r Pädagog:in zu differenzieren. Denn hier geht es nicht in erster Linie um die Pädagog:innen, sondern um die Kinder. Der Ort der gesellschaftlichen Anerkennung des/der Pädagog:in liegt auf einer anderen Ebene (Leitung, Eltern, Träger, Politik etc.).

Beide Konstrukte markieren die hohe Kunst pädagogischen Handelns, vernachlässigen aber den zentralen Aspekt der advokatorischen Ethik, denn für ein solches Arbeitsbündnis ist die anerkennende Beziehung von Bedeutung. Die Qualität des pädagogischen Handelns muss also im Wechselspiel mit dem Subjekt aufgebaut werden. Dazu braucht es neben Einfühlungsvermögen und responsivem Verhalten (König 2009, u. v. a.) Bewusstheit und Reflexion, um Erziehung und Bildung in ihren komplexen soziokulturellen Bezügen zu erkennen (▶ Kap. 3.7) sowie Handlungsmuster auf unterschiedlichen Handlungs- und Strukturebenen zu reflektieren, aber auch aufbrechen und verändern zu können.

> Sina (Mutter) steht an der Kinderzimmertür. Nina wirft die blaue Strumpfhose in die Luft und kommentiert ihr Handeln: »Die zieh ich nicht an!«
> »Was ist denn damit los? Du wolltest doch das Kleid anziehen und wir hatten doch schon beschlossen, dass das nur mit Strumpfhose bei den Temperaturen möglich ist.«
> »Ja, aber nicht die doofe blaue!«, schreit Nina und ist den Tränen nahe.
> Sina besinnt sich trotz des gefühlten Zeitdrucks und wendet sich Nina zu: »Komm setz dich zu mir – erzähl mal, was ist jetzt mit der blauen Strumpfhose los, warum ist die doof?«
> Nina springt vom Bett, schluchzt und kickt gegen die blaue Strumpfhose und versucht, auf dem rutschigen Fußboden wieder Halt zu gewinnen. Sina beobachtet ihre Tochter und atmet tief ein. Dann setzt sich Nina zu ihrer Mutter auf die Bettkante.
> »Die kratzt«, murmelt Nina.

Ninas Belange finden hier Gehör. Das ist aber keine Selbstverständlichkeit, auch nicht in pädagogischen Einrichtungen. Insbesondere die Studienlage zu ablehnendem und verletzendem Verhalten (Prengel 2019; Hildebrandt et al. 2021) zeigt die Schwachstellen im Interaktionshandeln, die nach Bewusstheit und Reflexion in den Handlungsfeldern der Pädagogik der frühen Kindheit verlangen.

»Studienlage zu ablehnendem und verletzendem Verhalten

Im Rahmen des Projektnetzes INTAKT (Prengel 2019, S. 95 ff) wurde die Gestaltung pädagogischer Beziehungen in den Fokus gestellt. In einem Zeitraum von 15 Jahren wurde mit mehr als 100 Abschlussarbeiten in pädagogischen und sozialwissenschaftlichen Studiengängen ein Korpus an Beobachtungsprotokollen erstellt, die Aussagen über die Gestaltung pädagogischer Beziehungen zulassen.[83]

Die Grundfrage lautete: »Wie und wie oft werden Kinder in pädagogischen Interaktionen anerkannt oder verletzt?« Ziel war es, auch soziale Interaktionen in Kitas, Schulen und anderen pädagogischen Arbeitsfeldern zu erheben, die als wertvolle Impulse für eine an der Menschenrechtsbildung und demokratisch-inklusiver Erziehung ausgerichtete Pädagogik gelten können. Die Befunde verweisen überwiegend darauf, dass Interaktionen in Kitas und Schulen anerkennend oder neutral (Allgemein 75 % | Kita 73 %) gestaltet werden. Allerdings können auch 20 % (Kita 27 %) der Interaktionen als verletzend und ca. 5 % (Kita 7 %) als sehr verletzend eingestuft werden. Für den Elementarbereich wurden dafür 1.590 Feldvignetten im Zeitraum 2015–2017 in 28 Kitas analysiert. Die Ergebnisse der Teilstudie Kita weist dabei Besonderheiten auf. So war die Streuung der Befunde wesentlich größer als im Schulbereich. In vier der teilnehmenden Einrichtungen waren bis zu 62 % der interaktiven Handlungsanweisungen der Erziehenden mit Verletzungen der Kinder verbunden (Tellisch und Prengel 2019).

Tellisch und Prengel kommen bezogen auf die Ergebnisse der INTAKT-Teilstudie Kindertageseinrichtungen zu folgendem Schluss:

»Die qualitativen Szenenanalysen zeigen, dass Einfühlungsvermögen und sensibles Vorgehen in Interaktionen zwischen Erziehenden und Kindern im frühpädagogischen Alltag zu finden sind. Dies entspricht den Anforderungen der Kinderrechtskonvention, in der unter anderem das Recht auf Partizipation, das Recht auf Ruhe, das Recht auf Teilhabe an Kultur und das Recht auf individuell fördernde Lernangebote fest-

---

83 Die Studienergebnisse im Detail finden sich in Annedore Prengel (2019, S. 95–126) und für den Kita-Bereich spezifisch in Tellisch und Prengel (2019, S. 35–52).

gehalten sind. [...] Auf der anderen Seite deckt die Analyse jedoch auch Szenen auf, die zeigen, dass Erzieherinnen und Erzieher aggressiv, ironisch, verletzend und sogar körperlich ausfallend sowie ignorierend mit Kindern umgehen. Solche Verhaltensweisen entsprechen nicht den Anforderungen der Kinderrechtskonvention.« (Tellisch und Prengel 2019, S. 49)

Zu Kindertageseinrichtungen existieren weitere Studien, die die Befunde des INTAKT Projektnetzwerks unterstützen, auch wenn sie nicht explizit unter dem Fokus eines anerkennungstheoretischen Diskurses erhoben wurden. Dazu zählt in jüngster Zeit die BIKA-Studie (Hildebrandt et al. 2021), die in Kinderkrippen (unter Dreijährige) die Möglichkeiten von Partizipation (Beteiligung) der Kinder untersucht hat. Diese kommt zu dem alarmierenden Ergebnis, dass die Signale der Kinder zur Beteiligung in der jungen Altersgruppe nur unzulänglich berücksichtigt werden. Aber auch ältere Studien in Kindertageseinrichtungen im Kontext der Erziehungsstilforschung weisen darauf hin, dass das Sozialklima in den Einrichtungen in den 1960er Jahren (Westdeutschland) durch relativ große Unfreundlichkeit geprägt war (Tausch 1968), auch die Befunde von Barres legen dies nahe (Barres 1973). Seither hat sich das Erziehungsverständnis und die Gestaltung der Beziehungen im Generationenverhältnis in unserer Gesellschaft stark verändert (Ecarius 2002). So zeigen jüngere Interaktions- und Qualitätsstudien unter der Anwendung der »Caregiver Interaction Scale« (CIS) (Arnett 1989), die zur Erfassung der sozial-emotionalen Beziehung in Kindertageseinrichtungen international eingesetzt wird, dass Kinder von Fachkräften überwiegend Wertschätzung erfahren, sie legen aber auch offen, dass der Alltag nicht frei von Ablehnungen und Formen von Gehorsam und Kontrolle sind (Tietze 1998; König 2009; Sommer und Sechtig 2016).« (König 2023, S. 153)

Pädagogisches Handeln ist strukturtheoretisch anspruchsvoll und muss im Kontext der frühen Kindheit ihre verantwortungsvolle Sorge mit Bezug auf das Machtgefälle und die darin liegenden Einschränkungen der Autonomie der Kinder bewusst reflektieren. Gerade weil in Interaktionsberufen hohe Unschärfen liegen, ist es wichtig, dass die Professionellen bzw. das professionelle Feld befähigt werden, diese Schwachstellen zu kontrollieren. Denn dieses Rationalisierungsdefizit, das Interaktionsberufen aufgrund der Unmittelbarkeit des Handelns zu eigen ist, birgt im Kern erst die professionelle Herausforderung (Baethge 2013). Diese Leistung ist nicht allein subjektiv zu erbringen, sondern braucht das Grundverständnis einer Berufs- und Arbeitsfeldkultur, die auch nicht gebotenes Handeln offen kritisiert und aufgreift. Berufskulturen bestimmen sich über einen Kodex, was und wie etwas getan wird. Diese Selbstbeschreibungen sind wichtig, um eine Berufskultur[84] zu etablieren (Nittel et al. 2014, S. 15; Wellmeyer 2022) und im Arbeitsfeld deren Wirkkraft erfahrbar zu machen. Sie schützt darüber hinaus das Berufsfeld davor, die betreffende Arbeit als »alltäglich« und damit »einfach« und »niederschwellig« wahrzunehmen, die nötigenfalls von jedem ohne wesentliche Grundfertigkeiten verrichtet werden könne. Eine kritisch-reflexive Pädagogik der frühen Kindheit ist zudem nach vorne gerichtet und setzt sich damit auseinander, wie sich Erfahrungen von heute auf die Zukunft auswirken.

5.3 Pädagogikethik

Eine Pädagogikethik ist als Bereichsethik zu bezeichnen. Bereichsethiken nehmen Besonderheiten spezifischer Praxisbereiche in den Blick. Bekannt sind etwa die Medizinethik, Forschungsethik oder Tierethik. Eine der jüngsten Ethiken ist die Kommunikations- und Medienethik (Werner 2021a). Die Ethik ist ein Teilgebiet der Philosophie, sie beschäftigt sich im Kern mit der Frage, »woran wir unser Handeln in letzter Hinsicht orientieren sollen?« (Werner 2021b, S. 3). Sie hat im Abendland eine lange und einflussreiche Geschichte, ethische Perspektiven finden sich jedoch weltweit (Yousefi und Seubert 2014). Die Fragestellung der Ethik ist mit der

---

84 Der Begriff Berufskultur steht in der Tradition des Symbolischen Interaktionismus (Chicago School). Die Erforschung von Arbeit unter dieser Perspektive wurde in Deutschland bisher kaum genutzt (Wellmeyer 2022; Nittel et al. 2014).

Würde des Menschen eng verknüpft. Was eine Ethik leisten kann, ist in ihrer Geschichte nicht unumstritten. Sie gehört daher trotz ihrer grundlegenden Fragestellungen nicht zu den renommiertesten Wissenschaftsbereichen – in den letzten Jahrzehnten zeichnet sich aber eine Trendwende ab, auch wenn die normative Ausrichtung und die damit einhergehende Einengung des Handelns weiterhin in der Diskussion bleiben.

> »Philosophische Abhandlungen zu den Bedingungen eines guten und gelingenden Lebens stoßen gegenwärtig auf breites öffentliches Interesse, ebenso Beiträge zu den ethischen Herausforderungen, die aus den tiefgreifenden wissenschaftlichen, technologischen und politischen Entwicklungen des 20. und 21. Jahrhunderts resultieren.« (Werner 2021b, S. 4)

Die Pädagogikethik widmet sich der Aufgabe, für erziehungswissenschaftliche Handlungsfelder zu untersuchen, wie insbesondere pädagogische Beziehungen im beruflichen Handeln gestaltet und begründet werden können. Bisher ist die Pädagogikethik in der angewandten Ethik ein »blinder Fleck« (Krämer und Bagattini 2015; Giesinger 2019; König und Prengel 2024). Das verwundert zumindest teilweise, denn »Ethik galt einmal als Grundwissenschaft der Pädagogik« (im Überblick Prengel 2019, S. 48 ff.). Wie in anderen Bereichen der Gesellschaft stellen sich vor allem auch in der Pädagogik Fragen nach dem angemessenen Handeln. Dafür spricht auch die empirische Erkenntnislage (▶ Kap. 5.2) (Prengel 2019; Hildebrandt et al. 2021). Ethische Kodizes können gleichsam als »Vertrag« zwischen dem Berufsstand und der Gesellschaft wirken.

Die Fragen nach einer Ethik in der Pädagogik der frühen Kindheit wirft die Frage nach der Gestaltung der Beziehung zwischen Kindern und Erwachsenen in pädagogischen Einrichtungen auf. Sie hebt damit explizit die Würde des jungen Kindes hervor und steht in Bezug zu den Menschen- und Kinderrechten. Mit einer Pädagogikethik wird der sensible Kern pädagogischen Handelns deutlich ins Bewusstsein gehoben. Diskussionen zur Ethik in der Pädagogik der frühen Kindheit stecken in Deutschland bisher in den Kinderschuhen. So findet sich im Rahmenlehrplan für die Fachschulen für Sozialpädagogik (Kultusministerkonferenz 2020) lediglich im Zuge der Lernfelder der Begriff »Ethik« neben Gesundheit und Natur; dies bestätigt auch eine Analyse der Bildungs- und Orientierungspläne. Über die Suchfunktion lässt sich »Ethik« vor allem im Kontext von

Religion, Philosophie oder Bildung für nachhaltige Entwicklung oder ethisch-moralisches Handeln im Allgemeinen auffinden. Nur einmal erscheint ein konkreter Absatz zu den »Reckahner Reflexionen zur Ethik pädagogischer Beziehungen« (Rochow-Akademie 2017). Im internationalen Kontext hingegen ist die Auseinandersetzung mit einem »*Code of Ethic*« insbesondere im Kontext der UN-Kinderrechtskonvention und der Ausdifferenzierung von Institutionen in der Pädagogik der frühen Kindheit umfangreicher und vielfältiger.

Eine Pädagogikethik orientiert sich an den Kinder- und Menschenrechten und stellt die Würde des Kindes in den Mittelpunkt. Pädagogikethik ist jedoch nicht dahingehend misszuverstehen, dass sie ein unerreichbares Ideal pädagogischen Handelns postuliert, demgegenüber es geradezu unmöglich erscheint, richtig zu handeln. Vielmehr geht es um ein pädagogisches Handeln, das sich als erreichbar im Sinne von »genügend gut«[85] (Prengel 2020, S. 67) darstellt:

> »Es ist möglich, gutes, wenn auch nicht perfektes pädagogisches Handeln zu realisieren, um Entwicklung und Lernen von Kindern und Jugendlichen genügend gut zu unterstützen. Sowohl Perfektionsansprüche auf der einen als auch Scheiterungserwartungen auf der anderen werden den realistischen Möglichkeiten einer ethisch begründeten Pädagogik nicht gerecht.« (Prengel 2020, S. 68)

Historische und aktuelle erziehungswissenschaftliche Diskussionen zur Ethik sowie das Modell der *Caring Communities* (Noddings 2013), die für ein wertschätzendes Netzwerk als Grundlage für positive pädagogische Beziehungen stehen, dienten Annedore Prengel als Grundlage für die Entwicklung von sieben Prinzipien einer Pädagogikethik, die sie entlang der Prinzipien der Medizinethik (Nicht-Schaden, Wohltun, Autonomie, Gerechtigkeit) entfaltet. Prinzipien einer Pädagogikethik entsprechen allgemeinen soziokulturellen Werten auf unterschiedlichen Ebenen des zwischenmenschlichen Zusammenlebens (Yousefi und Seubert 2014):

- Individualethik
- Sozialethik
- Institutionenethik

---

85 Das Prinzip »genügend gut« bzw. »*good enough*« geht auf Donald W. Winncott zurück.

> **Prinzipien ethischer Pädagogik (Prengel 2020, S. 114; König und Prengel 2024)**
>
> »**1. Selbstsorge:** Pädagogisch verantwortliche Menschen tragen für ihr persönliches Wohlbefinden, ihre fachliche Kompetenz und ihre ethische Orientierung Sorge. Das Prinzip der Selbstsorge ist inspiriert durch die Individualethik, durch Studien zur Lehrer:innengesundheit und durch die folgenethische Verpflichtung, sich im eigenen Interesse und im Interesse der Entwicklung und des Lernens der Kinder und Jugendlichen fachlich zu qualifizieren. Auch Studien zu Stress und Belastung im Kita-Alltag (Nürnberg 2018). Das Prinzip der Selbstsorge korrespondiert mit dem Prinzip des »Selbstschutzes« oder der »Eigensicherung« im Rettungswesen, wo nur so die Handlungsfähigkeit der Rettenden sichergestellt werden kann.
>
> **2. Nicht-Schaden:** Pädagogische Handlungsweisen dürfen Kindern und Jugendlichen nicht schaden. Das Prinzip des Nicht-Schadens ist gesinnungs-, tugend- und folgenethisch begründet. In sozial- und institutionenethischer Perspektive verpflichtet es darauf, zu überprüfen, ob institutionelle Strukturen und pädagogische Handlungsweisen sich schädlich auf Kinder und Jugendliche auswirken können. Bisher spielt Nicht-Schaden als ethisches Prinzip explizit im Bildungswesen kaum eine Rolle. Dennoch drehen sich vielseitige einzelne Debatten um die Frage, ob bestimmte Maßnahmen oder Strukturen als schädlich oder förderlich einzustufen sind. Dazu gehören vor allem Auseinandersetzungen um die Personalausstattung von Kindergärten und Schulen oder zum Beispiel um die Separation. Das Prinzip des Nicht-Schadens dient der Verwirklichung der in der Kinderrechtskonvention verankerten Schutzrechte und nimmt auch Bezug darauf, welche Folgen das Handeln für die Zukunft hat.
>
> **3. Wohltun:** Das Prinzip des Wohltuns bezieht sich in der Pädagogik auf die körperliche, seelische, soziale und kognitive Entwicklung der Kinder und Jugendlichen. Daraus folgt, dass pädagogische Handlungsweisen sowohl dem Wohlbefinden als auch der Potentialentfaltung in den Entwicklungs- und Lernprozessen der Kinder und Jugendlichen dienen sollen. Wohltun schließt auch eine

entwicklungsangemessene Vermittlung von Wissen und eine Aneignung der Fähigkeiten ein, sich sowohl anzustrengen als auch Lernfreude zu genießen. Das Prinzip des Wohltuns beruht auf den Maximen der normativen Ethik und ist sozial- und institutionenethisch ausgerichtet. Wohltun dient hier vor allem den in der Kinderrechtskonvention verankerten Förderrechten.

4. Entwicklungsangemessene Autonomie: Gute Pädagogische Vorkehrungen berücksichtigen die Selbstbestimmung der Kinder und Jugendlichen in entwicklungsangemessenen Hinsichten im Sinne der *Evolving Capacities*. Von Anfang des Lebens an können wir kindliche Eigentätigkeit in jeweils entwicklungsentsprechenden Formen erkennen. Dabei ist Autonomie nicht zu verstehen als eine Eigenschaft isolierter Individuen, sondern als eine Qualität relationaler Prozesse. Partizipative Ansätze in Kindergärten und Schulen ermöglichen Offenheit für Vielfalt. Sie kultivieren Autonomie, zum Beispiel im Freispiel, in der Freiarbeit, in der Projektarbeit und in Schülervertretungen. Wenn jedes Kind, jeder Jugendliche Wertschätzung als freies eigenständiges Subjekt erfährt, kommt darin die Orientierung an wesentlichen Einsichten der normativen Ethik zum Ausdruck. Die Aufmerksamkeit für entwicklungsangemessene Autonomie entspricht dem Recht der Kinder und Jugendlichen auf Partizipation.

5. Advokatorische Verantwortung: Pädagogische Entscheidungen werden aus advokatorischer Verantwortung heraus für Kinder und Jugendliche getroffen. Stellvertretend werden ihre Interessen wahrgenommen in Bereichen, in denen sie selbst noch nicht dazu fähig sind. Kindergärten und Schulen sind Räume, die nicht bestehen könnten ohne eine Fülle an Entscheidungen, die von verantwortlichen Erwachsenen getroffen wurden. Themen wie Bildungspläne und Schulpflicht sind exemplarische Beispiele der advokatorischen Ethik. Es gehört zu den Pflichten der Erziehenden, ihre stellvertretenden Entscheidungen, wenn immer es möglich ist, zu begrenzen und Freiräume für kindliche Eigenständigkeit zu sichern. Es wäre ein Fehler, Autonomie einseitig überzogen zu verstehen, die advokatorische Verantwortung gering zu achten und sie so zu vernachlässigen. Darum sind die Prinzipien der entwicklungsangemessenen Autonomie und der advokatorischen Verantwortung nicht voneinander zu trennen. Advokatorische Verantwortung stärkt im Sinne der Kinderrechte vor allem die Schutzrechte und die Förderrechte und verbindet sie mit den Partizipationsrechten.

6. Gerechtigkeit: Pädagogische Handlungsweisen dienen der Chancengleichheit ebenso wie der Teilhabe aller Kinder und Jugendlichen. Nach wie vor sind Teile der Kinder und Jugendlichen aufgrund ihrer Herkunft oder aufgrund etikettierender Zuschreibungen benachteiligt. Strukturen und alltägliche Interaktionen tragen in weiten Teilen des Bildungswesens zur Bildungsbenachteiligung bei, während an einigen Orten erfolgreiche Förderung gelingt, so dass Aufstieg durch Bildung möglich ist. Gerechtigkeit beinhaltet aber nicht nur die Teilnahme am Wettbewerb. Ebenso unverzichtbar gehört dazu die Anerkennung jedes individuellen Beitrags zur Gemeinschaft jenseits der Leistungsvergleiche. Das Prinzip der Gerechtigkeit ist der Inklusion verpflichtet, weil es die Rechte ausnahmslos aller Kinder ernst nimmt. Diese inklusive Tendenz entspricht den Partizipationsrechten der Kinder.

7. Fürsorgliche Gemeinschaft: Kindertageseinrichtungen und Schulen werden als Bildungshäuser im Sinne der Caring Community konzipiert. Das Prinzip der fürsorglichen Gemeinschaft berücksichtigt, dass in Kindergärten und Schulen Gruppen zusammenkommen, so dass Spielen und Lernen in einem vielseitigen Beziehungskosmos stattfinden. Inspiriert durch die Care-Ethik, auch in ihren Versionen der Ethik der Achtsamkeit und der Ethik der Wertschätzung gehört es zu pädagogischen ethischen Prinzipien, Kreisläufe der anerkennenden Fürsorge zu kultivieren, und zwar zwischen Erwachsenen und Kindern und Jugendlichen, zwischen den Peers, zwischen den Professionellen, zwischen Leitungen und allen anderen Gruppen und schließlich auch zwischen Trägern und politisch Verantwortlichen und den Institutionen, für die sie zuständig sind« (Prengel 2020, S. 69–72).

Diese Prinzipien einer Pädagogikethik verleihen den Elementen einer kritisch-reflexiven Pädagogik der frühen Kindheit eine Basis im Hinblick auf die Gestaltung der pädagogischen Beziehungen in der Praxis. Die Pädagogikethik ist damit die zentrale Voraussetzung, um den Anspruch an eine kritisch-reflexive Pädagogik der frühen Kindheit in der Praxis zu erfüllen, d.h. im Team und in den jeweiligen Handlungsfeldern und -ebenen. Vor dem Hintergrund der geschichtlichen Aufarbeitung sind Grundorientierung an Menschen- und Kinderrechten zentral. Damit werden wichtige Grundsteine gelegt für eine andere im sozialen Wandel neu auszurichtende Pädagogik der frühen Kindheit mit dem Anspruch einer generationengerechten Erziehung.

6 Literaturverzeichnis

Abels, Heinz; König, Alexandra (2016): Sozialisation. Über die Vermittlung von Gesellschaft und Individuum und die Bedingungen von Identität. 2., überarbeitete Aufl. Wiesbaden: Springer.

Aden-Grossmann, Wilma (2011): Der Kindergarten. Geschichte, Entwicklung, Konzepte. Weinheim: Beltz.

Aden-Grossmann, Wilma (2018): Kinderläden. Zur Geschichte und Wirkung der antiautoritären Erziehungsbewegung. In: *Sozial Extra* (2), S. 26–29. DOI: 10.1007/s12054-018-0017-3.

Aden-Großmann, Wilma (2020): Monika Seifert – Gründerin der antiautoritären Erziehungsbewegung. In: Karin Bock, Nina Göddertz, Franziska Heyden und Miriam Mauritz (Hg.): Zugänge zur Kinderladenbewegung. Wiesbaden: Springer VS, S. 9–26.

Adorno, Theodor W. (1975): Erziehung zur Mündigkeit. 4. Aufl. Frankfurt/Main: Suhrkamp.

Ahlheim, Klaus (2014): Frühkindliche Bildung und Lebenslanges Lernen. In: Klaus Ahlheim und Rose Ahlheim (Hg.): Frühe Bildung – früher Zugriff? Hannover: Offizin Verl., S. 167–182.

Ahnert, Lieselotte (2011): Wie viel Mutter braucht das Kind? Bindung – Bildung – Betreuung: öffentlich und privat. Heidelberg: Springer.

Ahnert, Lieselotte; Haßelbeck, Hendrik (2014). Entwicklung und Kultur. In: Lieselotte Ahnert (Hrsg.). Theorien in der Entwicklungspsychologie. Heidelberg: Springer VS, S. 26–59.

Ahnert, Lieselotte (Hg.) (2019): Frühe Bindung. Entstehung und Entwicklung. 4. Aufl. München: Reinhardt.

Akademie der Pädagogischen Wissenschaften der Deutschen Demokratischen Republik (1973): Zur Arbeit mit dem Bildungs- und Erziehungsplan im Kindergarten. Unter Mitarbeit von einem Autorenkollektiv unter der Leitung von Renate Pfütze. Berlin: Volk und Wissen.

Albert, Mathias; Hurrelmann, Klaus; Quenzel Kantar Gudrun (2019): Jugend 2019 – 18. Shell Jugendstudie. Eine Generation meldet sich zu Wort. Weinheim: Beltz.

Allen, Ann T. (1982): Spiritual Motherhood: German Feminists and the Kindergarten Movement, 1848–1911. Special Issue: Educational Policy and Reform in Modern Germany. In: *History of Education Quarterly* 22, S. 319–339.

Allen, Ann T. (1989): Kommt, lasst uns unsern Kindern leben. Kindergartenbewegungen in Deutschland und den Vereinigten Staaten, 1840–1914. In: *Zeitschrift für Pädagogik* 35 (1), S. 65–84.

Anders, Yvonne (2013): Stichwort: Auswirkungen frühkindlicher institutioneller Betreuung und Bildung. In: *Zeitschrift für Erziehungswissenschaften* 16, S. 237–275.

Anders, Yvonne; Roßbach, Hans-Günther (2019): Qualität in der Kindertagesbetreuung. In: Olaf Köller, Marcus Hasselhorn, Friedrich W. Hesse, Kai Maaz, Josef Schrader, Heike Solga et al. (Hg.): Das Bildungswesen in Deutschland. Bestand und Potenziale. Bad Heilbrunn: Verlag Julius Klinkhardt, S. 441–470.

Andresen, Sabine (2000): »Das Jahrhundert des Kindes« als Vergewisserung. Ellen Keys Echo im pädagogischen Diskurs der Moderne. In: *Zeitschrift für Soziologie der Erziehung und Sozialisation* 20 (1), S. 22–38.

Andresen, Sabine; Baader, Meike Sophia (1998): Wege aus dem Jahrhundert des Kindes. Tradition und Utopie bei Ellen Key. Neuwied: Luchterhand.

Anning, Angela; Cullen, Joy; Fleer, Marilyn (Hg.) (2004): Early Childhood Education. Society and Culture. London: SAGE Publications Ltd.

Arendt, Hannah (2011): Eichmann in Jerusalem. Ein Bericht von der Banalität des Bösen. München: Piper.

Arendt, Hannah (2018): Vita activa oder Vom tätigen Leben. Ungekürzte Taschenbuchausgabe. 19. Aufl. München, Berlin, Zürich: Piper.

Ariès, Philippe (2000): Geschichte der Kindheit. Unter Mitarbeit von Hartmut von Hentig. 14. Aufl. München: Deutscher Taschenbuch-Verlag (Dtv Wissenschaftliche Reihe, 4320).

Arnett, Jeffrey D. (1989): Caregivers in Day-Care Centers. Does Training Matter? In: *Journal of Applied Develommental Psychology* 10 (4), S. 541–552.

Arnold, Klaus (1987): Die Einstellung zum Kind im Mittelalter. In: Bernd Herrmann (Hg.): Mensch und Umwelt im Mittelalter. 3. Aufl. Stuttgart: Deutsche Verlags-Anstalt, S. 53–64.

Autorengruppen Bildungsberichterstattung (2020): Bildung in Deutschland. Ein indikatorengestützter Bericht mit einer Analyse zu Bildung in einer digitalisierten Welt. Bielefeld: wbv.

Autoren:innengruppen Bildungsberichterstattung (2022): Bildung in Deutschland. Ein indikatorengestützter Bericht mit einer Analyse zum Bildungspersonal. Bielefeld: wbv.

Autoren:innengruppen Bildungsberichterstattung (2024): Bildung in Deutschland. Ein indikatorengestützter Bericht mit einer Analyse zu beruflicher Bildung. Bielefeld: wbv.

Baader, Meike Sophia (2002): Die romantische Idee der Kindheit. Fröbels Kindergärten als politisch und finanziell bedrohte ›Oasen des Glücks‹. In: Hanno Schmitt und Silke Siebrecht (Hg.): Eine Oase des Glücks. Der romantische Blick auf

Kinder. Begleitbuch zur Ausstellung im Rochow-Museum Reckahn vom 31. August bis 1. Dezember 2002. Unter Mitarbeit von Rochow-Museum Reckahn und Kulturland Brandenburg e. V. Berlin: Henschel, S. 57–71.

Baader, Meike Sophia (2004): Der romantische Kindheitsmythos und seine Kontinuität in der Pädagogik und Kindheitsforschung. In: *Zeitschrift für Erziehungswissenschaften* 7, S. 216–230.

Baader, Meike Sophia (2009): Öffentliche Kleinkinderziehung in Deutschland im Fokus des Politischen. Von den Kindergärten 1848 zu den Kinderläden in der 68er Bewegung. In: Jutta Ecarius, Carola Groppe und Hans Malmede (Hg.): Familie und öffentliche Erziehung. Theoretische Konzeptionen, historische und aktuelle Analysen. Weinheim: VS Verl. für Sozialwissenschaft, S. 267–289.

Baader, Meike Sophia (2014): Die Kindheit der sozialen Bewegungen. In: Meike Sophia Baader, Florian Eßer und Wolfgang Schröer (Hg.): Kindheiten in der Moderne. Eine Geschichte der Sorge. Frankfurt/Main, New York: Campus, S. 154–189.

Baader, Meike Sophia (2018): Kinder als Akteure oder wie ist das Kind als Subjekt zu denken? Historische Kontexte, relationale Verhältnisse, pädagogische Traditionen, neue Perspektiven. In: Bianca Bloch, Peter Cloos, Sandra Koch, Marc Schulz und Wilfried Smidt (Hg.): Kinder und Kindheiten. Frühpädagogische Perspektiven. Weinheim, Basel: Beltz Juventa, S. 22–39.

Baader, Meike Sophia; Eßer, Florian; Schröer, Wolfgang (Hg.) (2014): Kindheiten in der Moderne. Eine Geschichte der Sorge. Frankfurt/Main, New York: Campus.

Baethge, Martin (2013): Professionalisierungspfade bei personenbezogenen Dienstleistungen. Anmerkungen zu einer aktuellen Debatte. In: Felix Berth, Angelika Diller, Carola Nürnberg und Thomas Rauschenbach (Hg.): Gleich und doch nicht gleich. Der Deutsche Qualifikationsrahmen und seine Folgen für frühpädagogische Ausbildungen. München: Deutsches Jugendinstitut e. V., S. 101–129.

Bandelj, Nina; Spiegel, Michelle (2022): Pricing the priceless child 2.0. children as human capital investment. In: *Theory and Society* (52), S. 805–830. DOI: 10.1007/s11186-022-09508-x.

Banks, James A. (2016): Cultural diversity and education. Foundations, Curriculum, and Teaching. 6. Aufl. New York: Routledge.

Barres, Egon (1973): Erziehung im Kindergarten. Eine empirische Untersuchung, zugleich ein hochschuldidaktischer Versuch. 3. Aufl. Weinheim: Beltz.

Barschkett, Mara; Gambaro, Ludovica; Schäper, Clara; Spieß, C. Katharina; Ziege, Elena (2022): Oma und Opa gefragt? Veränderungen in der Enkelbetreuung – Wohlbefinden von Eltern – Wohlergehen von Kindern. Wiesbaden: Bundesinstitut für Bevölkerungsforschung.

Bartels-Ishikawa, Anna (2015): Die deutsche Expat-Community in der Meiji-Zeit in Tokyo am Beispiel der Familien Roesler und Delbrück. In: *OAG Notizen* (5), S. 10–34.

Barz, Heinz (2018): Reformpädagogik. Innovative Impulse und kritische Aspekte. Weinheim: Beck.

Baumeister, Antonia E. E.; Rindermann, Heiner (2021): Montessoripädagogik in der wissenschaftlichen Evaluation. In: Thilo Schmidt, Ulf Sauerbrey und Wilfried Smidt (Hg.): Frühpädagogische Handlungskonzepte. Eine wissenschaftliche Bestandsaufnahme. Münster, New York: Waxmann (utb Pädagogik, 5685).

Behling, Katja; Manigold, Anke (2021): Die Malweiber. Unerschrockene Künstlerinnen um 1900. 5. Aufl. Berlin: Insel.

Behrmann, Günter C. (2015): Wie Adorno zum Pädagogen, die Soziologie zur Bildungswissenschaft und die Pädagogik zur kritischen Erziehungswissenschaft wurde. In: Sandra Rademacher und Andreas Wernert (Hg.): Bildungsqualen. Kritische Einwürfe wider den pädagogischen Zeitgeist. Wiesbaden: Springer VS, S. 221–259.

Berger, Manfred (2014): Anna Beata Warburg (1881–1967). Online verfügbar unter https://www.nifbe.de/fachbeitraege/autorinnen-der-fachbeitraege?view=item&id=457:anna-beata-warburg-1881–1967&catid=37, zuletzt geprüft am 07.02.2024.

Berger, Manfred (2015a): Bertha Ronge (1818–1863). Online verfügbar unter https://www.kindergartenpaedagogik.de/fachartikel/geschichte-der-kinderbetreuung/manfred-berger-frauen-in-der-geschichte-des-kindergartens/514/, zuletzt geprüft am 16.02.2024.

Berger, Manfred (2015b): Clara Grunwald (1877–1943). Online verfügbar unter https://www.kindergartenpaedagogik.de/fachartikel/geschichte-der-kinderbetreuung/manfred-berger-frauen-in-der-geschichte-des-kindergartens/123/, zuletzt geprüft am 17.02.2024.

Berger, Manfred (2015c): Pauline Christine Wilhelmine Fürstin zur Lippe-Detmold (1769–1820). Online verfügbar unter https://www.kindergartenpaedagogik.de/fachartikel/geschichte-der-kinderbetreuung/manfred-berger-frauen-in-der-geschichte-des-kindergartens/973, zuletzt geprüft am 08.02.2024.

Berger, Manfred (2017): Helene Klostermann. In: *Internetportal Rheinische Geschichte*. Online verfügbar unter https://www.rheinische-geschichte.lvr.de/Persoenlichkeiten/helene-klostermann/DE-2086/lido/5e0ddefd7fa072.08784069, zuletzt geprüft am 06.02.2024.

Berger, Manfred (2019): Der Kindergarten im Nationalsozialismus »Drum beten wir deutschen Kinder: Den Führer erhalte uns Gott«. Ein Beitrag zur Geschichte der öffentlichen Kleinkinder-/Kindergartenpädagogik in den Jahren 1933 bis 1945. Göttingen: Gulliver.

Berger, Manfred (2022): Geschichte des Kindergartens. In: *socialnet Lexikon*. Online verfügbar unter https://www.socialnet.de/lexikon/29584, zuletzt geprüft am 06.02.2024.

Bernfeld, Siegfried (1973): Sisyphos oder die Grenzen der Erziehung. Frankfurt/Main: Suhrkamp.

Betzler, Monika (2019): Autonomie. In: Johannes Drerup und Gottfried Schweiger (Hg.): Handbuch Philosophie der Kindheit. Berlin: J. B. Metzler Verlag, S. 61–69.

6 Literaturverzeichnis

Bilstein, Johannes (2002): Die Kraft der Kinder. Romantische Imaginationen von Kindheit und ihre Vorgeschichte. In: Hanno Schmitt und Silke Siebrecht (Hg.): Eine Oase des Glücks. Der romantische Blick auf Kinder. Begleitbuch zur Ausstellung im Rochow-Museum Reckahn vom 31. August bis 1. Dezember 2002. Unter Mitarbeit von Rochow-Museum Reckahn und Kulturland Brandenburg e. V. Berlin: Henschel, S. 25–39.

Bloch, Ernst (1973): Erbschaft dieser Zeit. Frankfurt: Suhrkamp.

BMFSFJ (2016): Frühe Bildung – Mehr Qualität für alle Kinder. Erklärung der Bund-Länder-Konferenz. Online verfügbar unter https://www.bmfsfj.de/resource/blob/112482/637f7d53eeea62363305df51ace10dba/zwischenbericht-bund-laender-konferenz-fruehe-bildung-data.pdf.

BMFSFJ (2021a): Familie heute. Daten. Fakten. Trends. Familienreport 2020. 2. Aufl. Berlin. Online verfügbar unter https://www.bmfsfj.de/resource/blob/163108/ceb1abd3901f50a0dc484d899881a223/familienreport-2020-familie-heute-daten-fakten-trends-data.pdf, zuletzt geprüft am 12. 12. 2023.

BMFSFJ (2021b): Neunter Familienbericht. Eltern sein in Deutschland – Ansprüche, Anforderungen und Angebote bei wachsender Vielfalt. Berlin: BMFSFJ. Online verfügbar unter https://www.bmfsfj.de/resource/blob/179392/195baf88f8c3ac7134347d2e19f1cdc0/neunter-familienbericht-bundestagsdrucksache-data.pdf, zuletzt geprüft am 13. 12. 2023.

Bodrova, Elena; Leong, Deborah; Shore, Rima (2004): Child Outcome Standards in Pre-K Programs. What Are Standards; What Is Needed to Make Them Work? In: *NIEER* 5, S. 1–10.

Bohnsack, Fritz (2010): John Dewey (1859–1952). In: Heinz-Elmar Tenorth (Hg.): Klassiker der Pädagogik. Von John Dewey bis Paulo Freire. 2., durchgesehene Aufl., Originalausgabe. 2 Bände. München: Beck (Beck'sche Reihe), S. 44–60.

Bollig, Sabine (2020): Children as becomings. Kinder, Agency und Materialität im Lichte der neueren ›neuen Kindheitsforschung‹. In: Jutta Wiesemann, Clemens Eisenmann, Inka Fürtig, Jochen Lange und Bina E. Mohn (Hg.): Digitale Kindheiten, Medien der Kooperation – Media of Cooperation. Weinheim: Springer VS, S. 21–38.

Bonello, Charmaine (2023): A Mother's Intentional Use of Serve and Return Interactions: A Start to Child Participation, Decolonized Parenting, and Child-led Play. In: *Journal of Education and Practice*, S. 54–69.

Bradbury, Alice (2013): Understanding Early Years Inequality. Policy, assessment and young childrens's identities. London und New York: Routledge Taylor & Francis Group.

Brandt, Walter; Wolf, Bernhardt (1985): Erzieherverhalten und Lernumwelt des Kindergartens. In: Horst Nickel (Hg.): Sozialisation im Vorschulalter. Weinheim: VCH Edition Psychologie, S. 122–140.

Bredekamp, Sue; Copple, Carol (1997): Developmentally Appropriate Practice in Early Childhood Programs. Washington, DC: National Association for the Education of Young Children.

Brockhaus (2024): Brockhaus online. Unter Mitarbeit von Brockhaus GmbH. Online verfügbar unter https://brockhaus.de/info/.

Brumlik, Micha (2017): Advokatorische Ethik. Zur Legitimation pädagogischer Eingriffe. 3. Aufl. Hamburg: Europäische Verlagsanstalt.

Bühler-Niederberger, Doris; Sünker, Heinz (2014): Die proletarische Kindheit. In: Meike Sophia Baader, Florian Eßer und Wolfgang Schröer (Hg.): Kindheiten in der Moderne. Eine Geschichte der Sorge. Frankfurt/Main, New York: Campus, S. 72–96.

Bundesministerium für Familie, Senioren Frauen und Jugend/DJI (Hg.) (2004): OECD Early Childhood Policy Review 2002–2004. Hintergrundbericht Deutschland. München: Deutsches Jugendinstitut e. V.

Chase, John H. (1905): Street Games of New York City. In: *Pedagogical Seminary* (1/12), S. 503–504.

Clausen, John Adam (1968): A historical and comparative view of socialization theory and research. In: John Adam Clausen (Hg.): Socialization and Society. Boston: Little Brown, S. 18–72.

Cloos, Peter (2021): Professionalisierung im System Kindertagesbetreuung. Chancen, Ambivalenzen und Widersprüche. In: Anke König (Hg.): Wissenschaft für die Praxis. Erträge und Reflexionen zum Handlungsfeld Frühe Bildung. Weinheim: Beltz Juventa, S. 136–155.

Cloos, Peter; Schulz, Marc (Hg.) (2011): Kindliches Tun beobachten und dokumentieren. Perspektiven auf die Bildungsbegleitung in Kindertageseinrichtungen. Weinheim: Juventa.

Colberg-Schrader, Hedi (1994): Der Situationsansatz. In: *Kinderzeit* (4), S. 40–43.

Colberg-Schrader, Hedi; Krug, Marianne (1999): Arbeitsfeld Kindergarten. Pädagogische Wege, Zukunftsentwürfe und berufliche Perspektiven. Weinheim: Beltz.

Corsaro, William A. (2018): The sociology of childhood. Fifth edition, international student edition. Los Angeles, London, New Delhi, Singapore, Washington, DC, Melbourne: Sage.

Der Bundesminister für Bildung und Wissenschaft (1970): Bildungsbericht ›70. Die bildungspolitische Konzeption der Bundesregierung. Bonn: Bonner Universitäts-Buchdruckerei.

Deutscher Bildungsrat (1973): Empfehlungen der Bildungskommission. Strukturplan für das Bildungswesen. Stuttgart: Klett.

Deutsches Jugendinstitut (Hg.) (1974): Vorschulische Erziehung in der Bundesrepublik. Eine Bestandsaufnahme zur Curriculumentwicklung. München: Juventa.

Dex, Shirley (2020): Frühe Kindheit und die britisch Millennium Cohort Study. In: Rita Braches-Chyrek, Charlotte Röhner, Heinz Sünker und Michaela Hopf (Hg.): Handbuch Frühe Kindheit. 2., aktualisierte und erweiterte Aufl. Opladen: Barbara Budrich, S. 381–393.

Diskowski, Dieter (2008): Bildungspläne für Kindertagesstätten – ein neues und noch unbegriffenes Steuerungsinstrument. In: *Zeitschrift für Erziehungswissenschaften* (11), S. 47–62.

DJI (2023): ERiK-Forschungsbericht III. Befunde des indikatorengestützten Monitorings zum KiQuTG. München: Deutschen Jugendinstituts e. V.

Dörpinghaus, Andreas; Poenitsch, Andreas; Wigger, Lothar (2009): Eine Einführung in die Theorie der Bildung. 3. Aufl. Darmstadt: Wissenschaftliche Buchgesellschaft.

Drerup, Johannes; Schweiger, Gottfried (Hg.) (2019): Handbuch Philosophie der Kindheit. Berlin: J. B. Metzler Verlag.

Droescher, Lili (2021): Der Kindergarten als Unterbau der Einheitsschule (1919). In: Pestalozzi-Fröbel-Verband (Hg.): Reichsschulkonferenz 1920. Zuordnung des Kindergartens in das System der Fürsorge. Weimar: verlag das netz, S. 8–21.

DUK (Hg.) (2014): Inklusion: Leitlinien für die Bildungspolitik. 3. erweiterte Aufl. Bonn: DUK.

Durkheim, Émile (2012): Erziehung, ihre Natur und ihre Rolle. In: Ullrich Bauer, Uwe H. Bittlingmayer und Albert Scherr (Hg.): Handbuch Bildungs- und Erziehungssoziologie Handbuch Bildungs- und Erziehungssoziologie. Wiesbaden: VS Verlag für Sozialwissenschaften; Springer VS (Bildung und Gesellschaft), S. 69–83.

Eberhard, Otto (1958): Abendländische Erziehungsweisheit. Eine Hilfe für die Not der Gegenwart. Berlin, Boston: De Gruyter. Online verfügbar unter https://doi.org/10.1515/9783110856774-010.

Ecarius, Jutta (2002): Familienerziehung im historischen Wandel. Eine qualitative Studie über Erziehung und Erziehungserfahrungen von drei Generationen. Wiesbaden: VS Verl. für Sozialwiss.

Ecarius, Jutta (2022): Familienerziehung. In: A. Schierbaum und Jutta Ecarius (Hg.): Handbuch Familie. 2. Aufl. Wiesbaden: Springer VS, S. 137–157.

Egloff, Birte (2011): Praxisreflexion. In: Jochen Kade, Werner Helsper, Christian Lüders, Birte Egloff, Frank-Olaf Radtke und Werner Thole (Hg.): Pädagogisches Wissen. Erziehungswissenschaft in Grundbegriffen. Stuttgart: Kohlhammer, S. 211–219.

Einsiedler, Wolfgang (2003): Unterricht in der Grundschule. Erlangen-Nürnberg: Universität.

Fatke, Reinhard (i. V.): Das Spiel und das »unbewusste Seelenleben« des Kindes. In: Diana Franke-Meyer und Anke König (Hg.): Playful Learning und digitale Welten. Lernen im Spiel als Prinzip der Kindergartenidee. Weinheim: Beltz Juventa.

FKB (2014): Fachkräftebarometer Frühe Bildung 2014. Unter Mitarbeit von Autorengruppe Fachkräftebarometer. München: WiFF/DJI.

FKB (2023): Fachkräftebarometer Frühe Bildung 2023. Unter Mitarbeit von Autorengruppe Fachkräftebarometer. München: DJI/WiFF.

Forsell, Hakan (2014). Die großstädtische Kindheit. In: Meike Sophia Baader, Florian Eßer und Wolfgang Schröer (Hg.): Kindheiten in der Moderne. Eine Geschichte der Sorge. Frankfurt/Main, New York: Campus, S. 190–225.

Franke-Meyer, Diana (2018): Frühkindliche Bildung, Erziehung und Betreuung – eine Zeitleiste. Online verfügbar unter https://www.bpb.de/themen/bildung/dossier-bildung/276523/fruehkindliche-bildung-erziehung-und-betreuung-eine-zeitleiste/, zuletzt geprüft am 12.02.2024.

Franke-Meyer, Diana (2020): Zur Geschichte des Kindergartens. In: Rita Braches-Chyrek, Charlotte Röhner, Heinz Sünker und Michaela Hopf (Hg.): Handbuch Frühe Kindheit. 2., aktualisierte und erweiterte Aufl. Opladen: Barbara Budrich, S. 245–254.

Franke-Meyer, Diana (2021): Kita im System der Kinder- und Jugendhilfe. Eine kritische Standortbestimmung. In: Pestalozzi-Fröbel-Verband (Hg.): Reichsschulkonferenz 1920. Zuordnung des Kindergartens in das System der Fürsorge. Weimar: verlag das netz, S. 51–56.

Franzke, Astrid (2016): Hochschulorganisation und Geschlecht in veränderten Bildungswelten. Eine modernisierungstheoretische Verortung. Wiesbaden: VS Verl. für Sozialwiss.

Fried, Lilian (1985): Prävention bei gefährlicher Lautbildung. Eine Untersuchung über Fördermöglichkeiten bei Grundschulkindern. Weinheim: Beltz.

Fried, Lilian (2003): Pädagogische Programme und subjektive Orientierungen. In: Lilian Fried, Barbara Dippelhofer-Stiem, Michael-Sebastian Honig und Ludwig Liegle (Hg.): Einführung in die Pädagogik der frühen Kindheit. Weinheim: Beltz, S. 54–85.

Fried, Lilian; Roßbach, Hans-Günther; Tietze, Wolfgang; Wolf, Bernhard (1992): Elementarpädagogik. In: Karlheinz Ingenkamp (Hg.): Empirische Pädagogik. 1970–1990 eine Bestandsaufnahme der Forschung in der Bundesrepublik Deutschland. Weinheim: Dt. Studien-Verl., S. 197–263.

Frugoni, Chiara (2004): Das Mittelalter auf der Nase. Brillen, Bücher, Bankgeschäfte und andere Erfindungen des Mittelalters. 2. Aufl. München: Beck.

Fthenakis, Wassilios E.; Gisbert, Kristin; Griebel, Wilfried; Kunze, Hans-Rainer; Niesel, Renate; Wustmann, Corina (2007): Auf den Anfang kommt es an. Perspektiven für eine Neuorientierung frühkindlicher Bildung. Berlin: BMBF (Bildungsforschung Band 16).

Fthenakis, Wassilios E.; Textor, Martin R. (Hg.) (2000): Pädagogische Ansätze im Kindergarten. Weinheim: Beltz.

Fuchs, Britta (2019): Geschichte des pädagogischen Denkens. Opladen: Barbara Budrich.

Funk, Leberecht; Scheidecker, Gabriel; Chapin, Bambi L.; Schmidt, Wiebke J.; El Ouardani, Christine; Chaudhary, Nandita (2023): Feeding, Bonding, and the Formation of Social Relationships. Ethnographic Challenges to Attachment Theory and Early Childhood Interventions. Cambridge: Cambridge University Press.

Gheaus, Anca (forthcoming): Children's human rights. In: Routledge Handbook for the Philosophy of Human Rights (Hg.). New York: Routledge.

Gheaus, Anca; Calder, Gideon; Wispelaere, Jurgen de (Hg.) (2019): The Routledge Handbook of the Philosophy of Childhood and Children. New York: Routledge.

Giesinger, Johannes (2019): Paternalismus und die normative Eigenstruktur des Pädagogischen. Zur Ethik des pädagogischen Handelns. In: *Zeitschrift für Pädagogik* 65 (2), S. 250–265.

Graf, Gunter (2015): Conceptions of Childhood, Agency and the Well- Being of Children. In: Gottfried Schweiger und Gunter Graf (Hg.): The Well-Being of Children. Philosophical and Social Scientific Approaches. Warschau: De Gruyter Open Ltd, S. 20–33.

Grell, Frithjof (2021): Theoretische Grundlagen und Grundprobleme der Montessoripädagogik. In: Thilo Schmidt, Ulf Sauerbrey und Wilfried Smidt (Hg.): Frühpädagogische Handlungskonzepte. Eine wissenschaftliche Bestandsaufnahme. Münster, New York: Waxmann (utb Pädagogik, 5685), S. 43–63.

Haberkorn, Rita (2009): Der Situationsansatz ist eine Einladung, sich mit Kindern auf das Leben einzulassen. In: Michael Bock und Karin Sanders (Hg.): Kundenorientierung – Partizipation – Respekt. Neue Ansätze in der Sozialen Arbeit. Wiesbaden: Springer VS, S. 75–100.

Hansen-Schaberg, Inge (2003): Rede zur Eröffnung der Ausstellung »Clara Grunwald – ein Leben für die Montessori-Pädagogik«. In: *Mitteilungsblatt des Förderkreises Bibliothek für Bildungsgeschichtliche Forschung e. V.* 14 (1), S. 12–18.

Hechler, Daniel; Hykel, Theresa; Pasternack, Peer (2021): Disziplinentwicklung der Kindheitspädagogik. Eine empirische Bestandsaufnahme anderthalb Jahrzehnte nach Einrichtung der neuen Studiengänge. München: DJI/WiFF.

Heiland, Helmut (1989): Die Pädagogik Rousseaus. In: *Gesamtschul-Informationen* 20 (1–2), S. 74–96. DOI: 10.25656/01:1581.

Heiland, Helmut (1996): Die Fröbelforscherin Erika Hoffmann. In: Sigrid Ebert und Christine Lost (Hg.): bilden – erziehen – betreuen. In Erinnerung an Erika Hoffmann. Regensburg: Typoscript, S. 39–68.

Heiland, Helmut (2010): Friedrich Fröbel (1782–1852). In: Heinz-Elmar Tenorth (Hg.): Klassiker der Pädagogik. Erster Band. Von Erasmus bis Helene Lange. 2., durchgesehene Aufl. 1 Band. München: Beck (Beck'sche Reihe Bd. 1521), S. 181–187.

Heimlich, Ulrich (2013): Kinder mit Behinderungen. Anforderungen an eine inklusive Frühpädagogik. Expertise. München: DJI/WiFF.

Heimlich, Ulrich (2015): Einführung in die Spielpädagogik. 3. Aufl. Bad Heilbrunn: UTB.

Heinzel, Friederike (Hg.) (2012): Methoden der Kindheitsforschung. 2. Aufl. Weinheim: Juventa.

Heinzel, Friederike (2022): Kindheit und Grundschule. In: Heinz-Hermann Krüger, Cathleen Grunert und Katja Ludwig (Hg.): Handbuch Kindheits- und Jugendforschung. Wiesbaden: Springer Nature, S. 751–780.

Helsper, Werner (2021): Professionalität und Professionalisierung pädagogischen Handelns. Eine Einführung. Opladen, Toronto: Verlag Barbara Budrich (utb Pädagogik, 5460).

Herrmann, Ulrich (1991): Historische Bildungsforschung und Sozialgeschichte der Bildung. Programme – Analysen – Ergebnisse. Weinheim: Deutscher Studien Verlag.

Hickmann, Helen; Koneberg, Filiz (2022): Die Berufe mit den aktuell größten Fachkräftelücken. IW-Kurzbericht, Nr. 67. Köln.

Hiemesch, Wiebke (2014): Kinder und Kindheiten in nationalsozialistischen Konzentrationslagern. In: Meike Sophia Baader, Florian Eßer und Wolfgang Schröer (Hg.): Kindheiten in der Moderne. Eine Geschichte der Sorge. Frankfurt/Main, New York: Campus, S. 319–359.

Hildebrandt, Frauke; Walter-Laager, Catherine; Flöter, Manja; Pergande, Bianka (2021): Abschlussbericht zur BiKA-Studie (Beteiligung von Kindern im Kita-Alltag). Fachhochschule Potsdam/Entwicklungsinstitut PädQUIS/An-Institut der Alice Salomon Hochschule/Kooperationsinstitut der Universität Graz. Potsdam, Berlin, Graz: Hochschulen. Online verfügbar unter https://www.kompetenznetzwerk-deki.de/fileadmin/user_upload/BiKA_Kurzbericht.pdf.

Hillgärtner, Jan (2013): Die Entstehung der periodischen Presse. Organisationen und Gestalt der ersten Zeitungen in Deutschland und den Niederlanden (1605–1620). Alles Buch. Studien der Erlanger Buchwissenschaft XLVII. Unter Mitarbeit von Hrsg. Ursula Rautenberg und Axel Kuhn. Erlangen-Nürnberg: Universität.

Hofmann, Matthias (2018): Alexander S. Neills pädagogischer Reformimpuls und die Alternativschulen der Gegenwart. In: Heiner Barz (Hg.): Handbuch Bildungsreform und Reformpädagogik. Wiesbaden: Springer VS, 217–228.

Hogrebe, Nina; Mierendorff, Johanna; Nebe, Gesine; Schulder, Stefan (2021): Platzvergabeprozesse in Kindertageseinrichtungen. Aufnahmekriterien aus Sicht pädagogischer Fachkräfte unter Berücksichtigung der Trägerorganisationen. In: Lilo Brockmann, Carmen Hack, Anna Pomykaj und Wolfgang Böttcher (Hg.): Soziale Ungleichheit im Sozial- und Bildungswesen. Reproduktion und Legitimierung. Weinheim: Beltz Juventa, S. 90–113.

Hojer, Ernst (1997): Nationalsozialismus und Pädagogik. Umfeld und Entwicklung der Pädagogik Ernst Kriecks. Würzburg: Königshausen & Neumann.

Højholt, Charlotte (2018): Introducing Reflections. In: Marilyn Fleer und Bert van Oers (Hg.): International Handbook of Early Childhood Education. Dordrecht: Springer Netherlands (Springer international handbooks of education), S. 1471–1482.

Honig, Michael-Sebastian; Lange, Andreas; Leu, Hans-Rudolf (1999): Aus der Perspektive von Kindern. Zur Methodologie der Kindheitsforschung. Weinheim: Juventa.

Honneth, Axel (2020): Untiefen der Anerkennung. Das sozialphilosophische Erbe Jean-Jacques Rousseaus. In: Axel Honneth (Hg.): Die Armut unserer Freiheit. Aufsätze 2012–2019. Berlin: Suhrkamp, S. 13–37.

Horkheimer, Max; Adorno, Theodor W. (1998): Dialektik der Aufklärung. Philosophische Fragmente. Frankfurt/Main: Fischer Verlag.

Hössl, Alfred (1999): Entwicklung integrativer Erziehung. In: Hans Eberwein (Hg.): Handbuch Integrationspädagogik. Weinheim: Beltz, S. 147–155.

Huebener, Mathias; Schmitz, Sophia; Spieß, Katharina und Binger, Lina (2023): Frühe Ungleichheiten. Zugang zu Kindertagesbetreuung aus bildungs- und gleichstellungspolitischer Perspektive. Bonn: FES diskurs. Online verfügbar unter https://www.bib.bund.de/Publikation/2023/pdf/Fruehe-Ungleichheiten-Zugang-zu-Kindertagesbetreuung-aus-bildungs-und-gleichstellungspolitischer-Perspektive.pdf?__blob=publicationFile&v=1, zuletzt geprüft am 31.03.2024.

Hungerland, Beatrice (2018): Kindheit. In: Johannes Kopp und Anja Steinbach (Hg.): Grundbegriffe der Soziologie. 12. Aufl. Wiesbaden: VS, S. 221–224.

Hungerland, Beatrice; Kelle, Helga (2014): Kinder als Akteure – Agency und Kindheit. Einführung in den Themenschwerpunkt. In: *ZSE Zeitschrift für Soziologie der Erziehung und Sozialisation* 34 (3), S. 227–231.

Iben, Gerd (1974): Kompensatorische Erziehung. Analysen amerikanischer Programme. Weinheim: Juventa.

Inter-Agency Commission (1990): World Conference on Education for All. Meeting Basic Learning Needs: UNICEF. Online verfügbar unter https://unesdoc.unesco.org/ark:/48223/pf0000097551, zuletzt geprüft am 31.03.2024.

Jacobi, Juliane (2011): Juan Luis Vives' »De institutione feminae Christianae«. Eine humanistische Schrift zur Mädchenerziehung für Europa. In: *Themenportal Europäische Geschichte; Themenschwerpunkt »Europäische Geschichte – Geschlechtergeschichte«*. Online verfügbar unter www.europa.clio-online.de/essay/id/fdae-1542, zuletzt geprüft am 12.12.2023.

Jacobi, Juliane (2014): Versorgte und unversorgte Kinder. In: Meike Sophia Baader, Florian Eßer und Wolfgang Schröer (Hg.): Kindheiten in der Moderne. Eine Geschichte der Sorge. Frankfurt/Main, New York: Campus, S. 21–41.

James, Allison; Prout, Alan (2015a): A new paradigm for the sociology of childhood? In: Allison James und Alan Prout (Hg.): Constructing and Reconstructing Childhood. Contemporary issues in the sociological study of childhood. 3. Aufl. London: Routledge, S. 6–28.

James, Allison; Prout, Alan (Hg.) (2015b): Constructing and Reconstructing Childhood. Contemporary issues in the sociological study of childhood. 3. Aufl. London: Routledge.

Jenkins, Elizabeth (1930): How the Kindergarten Found Its Way to America. In: *The Wisconsin Magazine of History* 14 (1), S. 48–62.

Jugend- und Kultusministerkonferenz (2004, i.d.F. 2022): Gemeinsamer Rahmen der Länder für die frühe Bildung in Kindertageseinrichtungen. Beschluss der JMK vom 13./14.05.2004 und Beschluss der KMK vom 03./04.06.2004 i.d.F. vom 06.05.2021 (JFMK) und 24.03.2022 (KMK). Online verfügbar unter https://www.kmk.org/fileadmin/veroeffentlichungen_beschluesse/2004/2004_06_03-Fruehe-Bildung-Kindertageseinrichtungen.pdf, zuletzt geprüft am 31.03.2024.

Kant, Immanuel (2004): Was ist Aufklärung? In: *UTOPIE kreativ* (159), S. 5–10.
Kasüschke, Dagmar (Hg.) (2010): Didaktik in der Pädagogik der frühen Kindheit. Kronach: Wolters Kluwer.
Katz, Lilian (1996): Qualität der Früherziehung in Betreuungseinrichtungen. Fünf Perspektiven. In: Wolfgang Tietze (Hg.): Früherziehung. Trends, internationale Forschungsergebnisse, Praxisorientierungen. Berlin: Luchterhand, S. 226–239.
Kaul, Ina; Cloos, Peter; Stephanie Simon; Thole, Werner (2023): Fachwissenschaftliche Expertise. Stärken und Schwächen der Trias »Erziehung, Bildung und Betreuung«. In: Pestalozzi-Fröbel-Verband e. V. (Hg.): Rethinking frühkindliche Erziehung, Bildung und Betreuung. Fachwissenschaftliche und rechtliche Vermessungen zum Bildungsanspruch in der Kindertagesbetreuung. Weinheim: Beltz Juventa, S. 17–96.
Kelle, Helga (2018): Generationale Ordnung als Proprium von Erziehungswissenschaft und Kindheitssoziologie. In: Tanja Betz, Sabine Bollig, Magdalena Joos und Sascha Neumann (Hg.): Institutionalisierungen von Kindheit. Childhood Studies zwischen Soziologie und Erziehungswissenschaft. Weinheim, Basel: Beltz Juventa (Kindheiten – Neue Folge), S. 38–52.
Kirchner, Michael; Andresen, Sabine; Schierbaum, Kristina (Hg.) (2018): Janusz Korczaks ›schöpferisches Nichtwissen‹ vom Kind. Kinder, Kindheiten und Kindheitsforschung. Wiesbaden: Springer VS.
Klager, Christian (2016): Spiel als Weltzugang. Philosophische Dimensionen des Spiels. Weinheim; Basel: Beltz Juventa.
Klafki, Wolfgang (2022): Geisteswissenschaftliche Pädagogik. Fünf Studienbriefe für die FernUniversität in Hagen. 2. Aufl. Wiesbaden: Springer Nature.
Klafki, Wolfgang; Rückriem, Georg M.; Wolf, Willi; Freudenstein, Reinhold; Beckmann, Hans-Karl; Lingelbach, Karl-Christoph et al. (1977): Erziehungswissenschaft 2. Eine Einführung. Weinheim: Fischer Verlag.
Knoll, Michael (1996): John Dewey über Maria Montessori. Ein unbekannter Brief. In: *Pädagogische Rundschau* 50, S. 209–219.
Koller, Hans-Christoph (2018): Bildung anders denken. Einführung in die Theorie Transformatorischer Bildungsprozesse. 2., aktualisierte Aufl. Stuttgart: Kohlhammer.
KomDat (2024). Kommentierte Daten der Kinder- und Jugendhilfe, Heft 2, Jahrgang 27. ISSN 1436–1450.
König, Anke (2005): Bildung durch Bilder, Musik, Phantasie oder Wissen? Online verfügbar unter https://www.kindergartenpaedagogik.de/fachartikel/bildung-erziehung-betreuung/1408/, zuletzt geprüft am 31.03.2024.
König, Anke (2007): Dialogisch-entwickelnde Interaktionsprozesse als Ausgangspunkt für die Bildungsarbeit im Kindergarten. In: *bildungsforschung* 4 (1).
König, Anke (2009): Interaktionsprozesse zwischen ErzieherInnen und Kindern. Eine Videostudie aus dem Kindergartenalltag. Wiesbaden: VS Verlag für Sozialwissenschaften.

König, Anke (2010): Interaktion als didaktische Prinzip. Erziehungs- und Bildungsprozesse bewusst begleiten und unterstützen. Troisdorf: Bildung eins.

König, Anke (2013): Frühe Bildung als Thema der Bildungsforschung. Entwicklung und Perspektiven. In: Sektion Sozialpädagogik und Pädagogik der frühen Kindheit (Hg.): Konsens und Kontroversen. Weinheim: Beltz Juventa, S. 228–239.

König, Anke (2019): »Bildung ist mehr als Schule …«. In: Institut für soziale Arbeit e. V. (Hg.): ISA-Jahrbuch zur Sozialen Arbeit 2018/2019. Zum 40-jährigen Jubiläum des ISA. Münster: Waxmann, S. 61–74.

König, Anke (2020): Pädagogik der frühen Kindheit. In: Petra Bollweg, Jennifer Buchna, Thomas Coelen und Hans-Uwe Otto (Hg.): Handbuch Ganztagsbildung. Wiesbaden: VS Verl. für Sozialwiss, S. 577–588.

König, Anke (2021a): Instruktion und Konstruktion. Reduktionistische Erziehungsvorstellungen oder Impulse für eine veränderte pädagogische Praxis? Eine erziehungswissenschaftliche Reflexion. In: Alexandra Zaugg, Petra Chivaro-Jörg, Thomas Dütsch, Lucia Amberg, Karin Fasseing Heim, Ruth Lehner et al. (Hg.): Individualisierung im Spannungsfeld von Instruktion und Konstruktion. Münster: Waxmann, S. 15–35.

König, Anke (2021b): Qualifikation für inklusive Kindertageseinrichtungen. Umgang mit Ambiguitäten in einer pluralen Welt. In: Kathrin Wilfert und Tatjana Eckerlein (Hg.): Inklusion und Qualifikation. Stuttgart: Kohlhammer, S. 19–31.

König, Anke (2022): Steuerung und Qualität in der Kindheitspädagogik. In: Norbert Neuß und Samuel Kähler (Hg.): Grundwissen Kindheitspädagogik. Eine Einführung in Perspektiven, Begriffe und Handlungsfelder. Mühlheim an der Ruhr: Cornelsen, S. 264–276.

König, Anke (2023): Was kann eine Ethik pädagogischer Beziehungen in der Praxis leisten? In: nifbe (Hg.): Hör auf damit. Zwischen verletzendem und achtsamen Verhalten in der der KiTa. Freiburg: Herder, S. 147–159.

König, Anke (2024): Die unterschiedlichen Karrieren von Erziehung und Bildung. Möglichkeiten eines erweiterten Bildungsverständnisses aus Sicht der Frühpädagogik. In: Anke König und Diana Franke-Meyer (Hg.): Kindergarten revisited. Weichenstellung Reichsschulkonferenz 1920. Weinheim: Beltz Juventa, S. 85–100.

König, Anke; Friederich, Tina (2014): Inklusion durch Sprachliche Bildung. Schlüssel für gesellschaftliche Teilhabe von Anfang an. In: Anke König und Tina Friederich (Hg.): Inklusion durch Sprachliche Bildung. Neue Herausforderungen im Bildungssystem. Weinheim: Beltz Juventa, S. 9–15.

König, Anke; Hellfritsch, Magdalena (2023): Aufstieg und Fall der Kita-Leitung. Kritische Reflexionen zur jüngsten Novellierung der bayerischen Kinderbildungsordnung. In: *KiTa aktuell BY* 10, 24–26.

König, Anke; Prengel, Annedore (2024): Pädagogikethik und Kindheitspädagogik. In: Corinna Schmude und Michael Brodowski (Hg.): Handbuch Kindheitspädagogik. Grundlagen – Forschungsmethoden – Professionelles Handeln. Hürth: Carl Link, S. 307–321.

Konrad, Franz-Michael (2022): Der Fröbel-Montessori-Streit. In: Diana Franke-Meyer (Hg.): Geschichte der Pädagogik der frühen Kindheit. Vergessene Zusammenhänge. Opladen: Barbara Budrich, S. 131–145.

Kontos, Susan; Dunn, Loraine (1997): Caregiver Practices and Beliefs in Child Care Varying in Developmental Appropriateness and Quality. Perspectives in Developmentally Practice. In: Stuart Reifel (Hg.): Advances in early education and day care. Vol. 5. Perspectives on developmentally appropriate practice. Greenwich: JAI Press (5), S. 53–74.

Köster, Till (2014): Die faschistische Kindheit. In: Meike Sophia Baader, Florian Eßer und Wolfgang Schröer (Hg.): Kindheiten in der Moderne. Eine Geschichte der Sorge. Frankfurt/Main, New York: Campus, S. 284–318.

Kowalski, Marlene (2020): Nähe, Distanz und Anerkennung in pädagogischen Beziehungen. Rekonstruktionen zum Lehrerhabitus und Möglichkeiten der Professionalisierung. Wiesbaden: Springer VS.

Krämer, Felicitas; Bagattini, Alexander (2015): Pädagogikethik – Ein blinder Fleck der angewandten Ethik in: In: *Netzpublikationen der Rochow-Akademie*. Online verfügbar unter https://reckahner-museen.byseum.de/de/rochow-museum/arbeitskreis-menschenrechtsbildung/netzpublikationen-des-ak-mrb.

Krappmann, Lothar (2019): Kinderrechte und Menschenrechte. In: Johannes Drerup und Gottfried Schweiger (Hg.): Handbuch Philosophie der Kindheit. Berlin: J. B. Metzler Verlag, S. 307.

Kultusministerkonferenz (2020): RAHMENLEHRPLAN für die Fachschule für Sozialpädagogik. Beschluss der Kultusministerkonferenz vom 18.06.2020.

Kupfer, Antonia (2011): Bildungssoziologie. Theorien – Institutionen – Debatten. Wiesbaden: VS Verl. für Sozialwiss.

La Paro, Karen M.; Gloeckler, Lissy (2016): The Context of Child Care for Toddlers: The »Experience Expectable Environment«. In: *Early Childhood Education* (44), S. 147–153. DOI: 10.1007/s10643-015-0699-0.

Labede, Julia (2015): Aufmerksamkeit als Praxis. Pädagogische Beobachtungen Maria Montessoris. In: Sabine Reh, Kathrin Berdelmann und Jörg Dinkelacker (Hg.): Aufmerksamkeit. Geschichte – Theorie – Empirie. Wiesbaden: Springer VS, S. 95–114.

Laewen, Hans Joachim; Andres, Beate (2002): Bildung und Erziehung in der frühen Kindheit. Weinheim: Beltz.

Leavers, Ferre (2007): Die Leuvener Engagiertheits-Skala für Knder LES-K. Oderwijs: VZW.

Leenders, Helene (2001): Der Fall Montessori. Die Geschichte einer reformpädagogischen Erziehungskonzeption im italienischen Faschismus. Bad Heilbrunn: Klinkhardt.

Lengyel, Drorit; Montanari, Elke G.; Salem, Tanja; Graßer, Barbara (2023): Interaktionsqualität in Kindertageseinrichtungen und die Bedeutung des migrationsgesellschaftlichen und organisationalen Kontexts. In: Regina Schelle, Kristine Blatter, Stefan Michl und Bernhard Kalicki (Hg.): Qualitätsentwicklung in der Frühen Bildung. Akteure – Organisationen – Systeme. Weinheim: Beltz Juventa, S. 228–254.

Lenzen, Dieter (1985): Mythologie der Kindheit. Die Verewigung des Kindlichen in der Erwachsenenkultur. Versteckte Bilder und vergessene Geschichten. Hamburg: rororo.

Leu, Hans Rudolf; Flämig, Katja; Frankenstein, Yvonne; Koch, Sandra; Pack, Irene; Schneider, Kornelia; Schweiger, Martina (2007): Bildungs- und Lerngeschichten. Bildungsprozesse in früher Kindheit beobachten, dokumentieren und unterstützen. Weimar/Berlin: verlag das netz.

Liebenwein, Sylva (2008): Erziehung und soziale Milieus. Elterliche Erziehungsstile in milieuspezifischer Differenzierung. Wiesbaden: VS Verlag für Sozialwissenschaften.

Liegle, Ludwig (2017): Beziehungspädagogik. Erziehung, Lehren und Lernen als Beziehungspraxis. Stuttgart: Kohlhammer.

Locke, John (1993): Gedanken über Erziehung. In: Albert Reble (Hg.): Geschichte der Pädagogik. 3. Aufl. (Dokumentationsband). Stuttgart: Klett-Cotta, S. 151–160.

Mahoney, Gerald; Wheeden, C. Abigail (1999): The Effect of Teacher Style on Interactive Engagement of Preschool-Aged Children with Special Learning Needs. In: *Early Childhood Research Quarterly*, 14 (1), S. 1–68.

Marsico, Giuseppina; Dazzani, Maria Virginia Machado (2022): Cultural psychology of education: approaches and strategies. In: *Cultural psychology of education: approaches and strategies*. DOI: 10.1007/s12124–022–09707–2.

Mayer, Christine (1999): Entstehung und Stellung des Berufs im Ausbildungssystem. Beiheft Beruf und Berufsbildung. Situation, Reformperspektiven, Gestaltungsmöglichkeiten. In: *Zeitschrift für Pädagogik* 40, S. 35–60.

Mayer, Christine (2001): Mädchenerziehung in Rochows Pädagogik. In: Hanno Schmitt und Frank Tosch (Hg.): Vernunft fürs Volk. Friedrich Eberhard von Rochow im Aufbruch Preußens. Leipzig: Henschel, S. 139–144.

Melhuish, Edward; Ereky-Stevens, Katharina; Petrogiannis, Konstantinos; Leseman, Paul (2015): A review of research on the effects of Early Childhood Education and Care (ECEC) upon child development. Oxford.

Merkle, Tanja; Wippermann, Carsten (2008): Eltern unter Druck: Selbstverständnisse, Befindlichkeiten und Bedürfnisse von Eltern in verschiedenen Lebenswelten. Eine sozialwissenschaftliche Untersuchung von Sinus Sociovision im Auftrag der Konrad-Adenauer-Stiftung e.V. Stuttgart: LUCIUS & LUCIUS.

Mertens, Hans (Hg.) (2006): Erziehungswissenschaft und Bildungsforschung. Wiesbaden: VS.

Mey, Günter (2013): »Aus der Perspektive der Kinder«: Ansprüche und Herausforderungen einer programmatischen Konzeption in der Kindheitsforschung. In: *Psychologie und Gesellschaftskritik* 37 (3/4), S. 53–71.

Mierendorff, Johanna (2014): Die wohlfahrtsstaatliche Kindheit. In: Meike Sophia Baader, Florian Eßer und Wolfgang Schröer (Hg.): Kindheiten in der Moderne. Eine Geschichte der Sorge. Frankfurt/Main, New York: Campus, S. 257–283.
Miller, Rudolf (2011): Martha Muchow. Die Entwicklung der Lebenswelt des Kindes. In: Sibylle Volkmann-Raue und Helmut E. Lück (Hg.): Bedeutende Psychologinnen des 20. Jahrhunderts. Wiesbaden: VS Verlag für Sozialwissenschaften, S. 141–151.
Moran-Ellis, Jo (2013): Kinder als soziale Akteure. Agency und soziale Kompetenz: Soziologische Reflexionen zur Frühen Kindheit. In: *Neue Praxis* 13 (4), 304–321.
Moss, Peter; Pence, Alan (Hg.) (1994): Valuing Quality in Early Childhood Services. New Approaches to Defining Quality. London: SAGE Publications Ltd.
Muchow, Martha (1929): Psychologische Probleme der frühen Erziehung. Erfurt: Stenger.
Muchow, Martha (1932): Das kindliche Spiel und die Organisation des Spiels im Kindergarten unter psychologischen Gesichtspunkt betrachtet. In: *Kindergarten* 73 (4), S. 88–99.
Muchow, Martha; Muchow, Hans Heinrich (2012): Der Lebensraum des Großstadtkindes. Weinheim: Beltz Juventa.
Müller, C. Wolfgang (2010): Jane Addams (1869–1935). In: Heinz-Elmar Tenorth (Hg.): Klassiker der Pädagogik. Erster Band. Von Erasmus bis Helene Lange. 2., durchgesehene Aufl. 1 Band. München: Beck (Beck'sche Reihe Bd. 1521), S. 216–223.
Münchow, Katja (2002): Amalie Krüger. Mitinitiatorin und Ausbilderin an der Hochschule für Frauen in Hamburg. In: Johanna Ludwig (Hg.): Frauenbildung, Bildungsfrauen. Wie wurde begonnen, was wurde gewonnen? Berichte vom 9. Louise-Otto-Peters-Tag 2001. Leipzig, Fritz-Siemon-Str. 26/011: J. Ludwig (Louiseum, 16), S. 67–82.
Münchow, Katja; Otto-Peters, Louise (2007): Emanzipation und Kindergarten. Die Wechselbeziehung zwischen Kindergartenbewegung, Demokratiebewegung und früher Frauenbewegung in der Revolution 1848/49 im Spiegel der »Frauen-Zeitung« von Louise Otto (1849–1852). Textsammlung. Leipzig: Engelsdorfer Verlag.
Münder, Johannes (2023): Rechtsexpertise. Ein erweiterter Bildungsbegriff im SGB VIII. In: Pestalozzi-Fröbel-Verband e. V. (Hg.): Rethinking frühkindliche Erziehung, Bildung und Betreuung. Fachwissenschaftliche und rechtliche Vermessungen zum Bildungsanspruch in der Kindertagesbetreuung. Weinheim: Beltz Juventa, S. 97–110.
Musolff, Hans-Ulrich (2010): Pädagogik in Renaissance und Reformation. Piero Paolo Vergerio, Desiderius Erasmus, Philipp Melanchthon, Johannes Sturm, Juan de Maldonado, Michel de Montaigne. In: Heinz-Elmar Tenorth (Hg.): Klassiker der Pädagogik. Erster Band. Von Erasmus bis Helene Lange. 2., durchgesehene Aufl. 1 Band. München: Beck (Beck'sche Reihe Bd. 1521), S. 21–44.
Mutua, Makau (2008): Human Rights. A Political and Cultural Critique.

National Coalition Deutschland (2019): Der Zweite Kinderrechtereport. Online verfügbar unter https://www.kinderrechtereport.de/fileadmin/media/krr/down loads/Kinderrechtereport.pdf.

National Scientific Council on the Developing Child (2024): A World of Differences. The Science of Human Variation Can Drive Early Childhood Policies and Programs to Bigger Impacts. Working Paper No. 17. Harvard: HARVARD UNIVERSITY. Online verfügbar unter https://developingchild.harvard.edu/resour ces/working-paper/a-world-of-differences-the-science-of-human-variation/.

Nave-Herz, Rosemarie (1997): Die Geschichte der Frauenbewegung in Deutschland. Herausgegeben von der Niedersächsischen Landeszentrale für politische Bildung. Hameln: Niemeyer Druck. Online verfügbar unter https://www.politische-bil dung.de/niedersachsen/frauenbewegung.pdf, zuletzt geprüft am 28.03.2024.

Neill, Alexander Sutherland (1969): Theorie und Praxis der antiautoritären Erziehung. Das Beispiel Summerhill. Hamburg: rororo.

Neill, Alexander Sutherland (1982): Neill, Neill, Birnenstil! Erinnerungen des großen Erziehers N. S. Neill. Hamburg: rororo.

Nesbitt, Kimberly T.; Blinkoff, Elias; Golinkoff, Roberta Michnick; Hirsh-Pasek, Kathy (2023): Making schools work: An equation for active playful learning. In: *Theory Into Practice* 62 (2), S. 141–154.

Netz, Tilmann (1998): Erzieherinnen auf dem Weg zur Professionalität. Bern: Lang.

Neumann, Karl (1993): Zum Wandel der Kindheit vom Ausgang des Mittelalters bis an die Schwelle des 20. Jahrhunderts. In: Manfred Markefka und Bernhard Nauck (Hg.): Handbuch der Kindheitsforschung. München: Luchterhand, S. 191–205.

New, Rebecca S. (2004): Kultur und Curriculum. Reflexionen über »entwicklungsangemessene Praxis« in den USA und Italien. In: Wassilios E. Fthenakis und Pamela Oberhuemer (Hg.): Frühpädagogik international. Bildungsqualität im Blickpunkt. Wiesbaden: VS, S. 31–56.

New, Rebecca S.; Mahoney, Gerald (1994): Introduction. Ethics of inclusion. In: Bruce L. Mallory und Rebecca S. New (Hg.): Diversity and Developmentally Appropriate Practices: Challenges for Early Childhood Education. New York: Teachers College Press, S. 1–13.

Niemi, Mikael (2004): Populärmusik aus Vittula. München: btb.

Nittel, Dieter; Schütz, Julia; Tippelt, Rudolf (Hg.) (2014): Pädagogische Arbeit im System des lebenslangen Lernens. Ergebnisse komparativer Berufsgruppenforschung. Weinheim: Beltz Juventa.

Noddings, Nel (2013): Caring. A Relational Approach to Ethics and Moral Education. Berkeley: University of California Press.

Nohl, Herman (1961): Die pädagogische Bewegung in Deutschland und ihre Theorie. Frankfurt/Main: Schulte-Bulmke.

Nürnberg, Carola (2018): Kita-Alltag zwischen Belastung und Erfüllung. Ergebnisse einer explorativen Interviewstudie mit Gruppenkräften und Kita-Leitungen. WiFF Studien Band 31. München: WiFF/DJI.

Nutbrown, Cathy (2006): Key Concepts in Early Childhood Education and Care. London: SAGE Key Concepts.

OECD (2006): Starting Strong II. Early Childhood Education and Care: OECD.

Oelkers, Jürgen (1998): Kinderbilder. Zur Geschichte und Wirksamkeit eines Erziehungsmediums. In: *Zeitschrift für Pädagogik* 44 (5), S. 639–660.

Oelkers, Jürgen (2005): Reformpädagogik: Eine kritische Dogmengeschichte. 4. Aufl. Weinheim: Beltz Juventa.

Oelkers, Jürgen (2009): John Dewey und die Pädagogik. Originalausgabe. Weinheim: Julius Beltz.

Oelkers, Jürgen (2010): Krise der Moderne und Reformer der Erziehung. In: Heinz-Elmar Tenorth (Hg.): Klassiker der Pädagogik. Von John Dewey bis Paulo Freire. 2., durchgesehene Aufl., Originalausgabe. 2 Bände. München: Beck (Beck'sche Reihe), S. 7–31.

Oelkers, Jürgen (2013): Geschichte der Erziehung. In: Sabine Andresen, Christine Hunner-Kreisel und Stefan Fries (Hg.): Erziehung. Ein interdisziplinäres Handbuch. Stuttgart, Weimar: Verlag J. B. Metzler, S. 3–9.

Oelkers, Jürgen (2018): Ideologiekritik der Reformpädagogik. In: Heiner Barz (Hg.): Handbuch Bildungsreform und Reformpädagogik. Wiesbaden: Springer VS, S. 43–54.

Ohde, Deniz (2021): Streulicht. Roman. Frankfurt: Suhrkamp.

Ortmeyer, Benjamin (2008): Herman Nohl und die NS-Zeit. Forschungsbericht. Frankfurter Beiträge zur Erziehungswissenschaft. Frankfurt/Main: Johann Wolfgang Goethe-Universität.

Osterwalder, Fritz (2010): Johann Heinrich Pestalozzi (1746–1827). In: Heinz-Elmar Tenorth (Hg.): Klassiker der Pädagogik. Erster Band. Von Erasmus bis Helene Lange. 2., durchgesehene Aufl. München: Beck (Beck'sche Reihe Bd. 1521), S. 101–118.

Otting, Paul (2022): »Morgen wirst du vielleicht sterben.«. Zum Umgang mit hoher Kindersterblichkeit in der römischen Kaiserzeit (1.–3. Jh. n.Chr.). In: *Stadtforschung und Statistik : Zeitschrift des Verbandes Deutscher Städtestatistiker* 35 (1), S. 112–117.

Parr, Katharina (2005): Das Kindeswohl in 100 Jahren BGB. Würzburg: Julius – Maximilians Universität. Online verfügbar unter https://d-nb.info/980587883/34.

Pasternack, Peer (2015): Die Teilakademisierung der Frühpädagogik. Eine Zehnjahresbeobachtung. Leipzig: Akademische Verlagsanstalt.

Peeters, Jan-Niclas (2023): Über Stock und über Steine. Neu-Materialistische Perspektiven auf Agency und Partizipation. In: *ElFo – Elementarpädagogische Forschungsbeiträge* 5 (2), S. 15–25. DOI: 10.25364/18.5:2023.2.2.

Pestalozzi-Fröbel-Verband e.V. (Hg.) (2023): Rethinking frühkindliche Erziehung, Bildung und Betreuung. Fachwissenschaftliche und rechtliche Vermessungen zum Bildungsanspruch in der Kindertagesbetreuung. Weinheim: Beltz Juventa.

Pettinger, Rudolf; Süßmuth, Rita (1983): Programme zur frühkindlichen Förderung in den USA und in der Bundesrepublik Deutschland. In: *Zeitschrift für Pädagogik* 29 (3), S. 391–405.

Pico della Mirandola, Giovanni (2022). Über die Würde des Menschen. Leipzig: Evangelische Verlagsgesellschaft.

Platon (2005): Platons Höhlengleichnis. Das Siebte Buch der Politeia. Übersetzung Rudolf Rehn. Mainz: Dieterich'sche Verlagsbuchhandlung.

Prengel, Annedore (2014): Inklusion in der Frühpädagogik. Bildungstheoretische, empirische und pädagogische Grundlagen. WiFF Expertisen, Bd. 5. 2. Aufl. München: WiFF/DJI.

Prengel, Annedore (2016): Bildungsteilhabe und Partizipation in Kindertagesinrichtungen. Eine Expertise der Weiterbildungsinitiative Frühpädagogische Fachkräfte (WiFF). München: Deutsches Jugendinstitut e. V (Inklusion, Band 47).

Prengel, Annedore (2019): Pädagogische Beziehungen zwischen Anerkennung, Verletzung und Ambivalenz. 2. Aufl. Opladen: Barbara Budrich.

Prengel, Annedore (2020): Ethische Pädagogik in Kitas und Schulen. Weinheim: Beltz.

Priebe, Michael; Wolf, Bernhard (2003): Autonomie. In: Bernhard Wolf, Andrea Stuck und Gisela Hippchen (Hg.): Der Situationsansatz im Zeitvergleich. Einschätzungen von Erzieherinnen, Untersuchungsleiterinnen, Lehrern, Kindern und Eltern. Aachen: Shaker, S. 157–188.

Qvortrup, Jens (2009): Childhood as a Structural Form. In: Jens Qvortrup, William A. Corsaro und Michael-Sebastian Honig (Hg.): The Palgrave Handbook of Childhood Studies. London: Palgrave Macmillan, S. 21–33.

Qvortrup, Jens; Bardy, Marjatta; Sgritta, Giovanni; Wintersberger, Helmut (Hg.) (1994): Childhood Matters: Social Theory, Practice and Politics. Aldershot: Avebury Press.

Rabe-Kleberg, Ursula (2006): Mütterlichkeit und Profession – oder: Mütterlichkeit, eine Achillesferse der Fachlichkeit? In: Angelika Diller und Thomas Rauschenbach (Hg.): Reform oder Ende der Erzieherinnenausbildung? Beiträge zu einer kontroversen Fachdebatte. München: DLI, S. 95–110.

Raithel, Jürgen; Dollinger, Bernd; Hörmann, Georg (2009): Einführung Pädagogik. Begriffe, Strömungen, Klassiker, Fachrichtungen. 3. Aufl. Wiesbaden: VS Verl. für Sozialwiss (Lehrbuch).

Rathmayr, Bernhard (2007): Kindheit. In: Heinz-Elmar Tenorth und Rudolf Tippelt (Hg.): BELTZ Lexikon Pädagogik. Weinheim: Beltz, S. 398–401.

Rauschenbach, Thomas (2018): Plötzlich wird was anderes normal. Die großen politischen Debatten der jüngsten Kita-Geschichte. In: *Theorie und Praxis der Sozialpädagogik* (1), S. 6–9.

Read, Jane (2022): Taking Froebel abroad. Transnational travel by Froebelian teachers in the 1910 s and 2010 s: India and South Africa. In: *Early Years* 38/2, S. 156–170.

Reble, Albert (Hg.) (1993): Geschichte der Pädagogik. 3. Aufl. (Dokumentationsband). Stuttgart: Klett-Cotta.

Reble, Albert (1995): Geschichte der Pädagogik. 18. Aufl. Stuttgart: Klett-Cotta.

Regierung der Deutschen Demokratischen Republik (1969): Bildungs- und Erziehungsplan für den Kindergarten. Unter Mitarbeit von Ministerium für Volksbildung. Berlin: Volk und Wissen.

Rerrich, Maria S. (1983): Veränderte Elternschaft: Entwicklungen in der familialen Arbeit mit Kindern seit 1950. In: *Soziale Welt* 34 (4), S. 420–449. Online verfügbar unter https://www.jstor.org/stable/40877397, zuletzt geprüft am 27.03.2024.

Reyer, Jürgen (2006): Eine Einführung in die Geschichte des Kindergartens und der Grundschule. Bad Heilbrunn: Klinkhardt.

Reyer, Jürgen (2015): Die Bildungsaufträge des Kindergartens. Geschichte und aktueller Stand. Weinheim: Beltz Juventa.

Reyer, Jürgen; Franke-Meyer, Diana (2021): Die Kindergärtnerin. Zur Geschichte der Semi-Professionalisierung. Weinheim: Beltz Juventa.

Ritter, Paul; Ritter, Jean (1959): The Free Family. A Creative Experiment in Self-Regulation for Children. London: Victor.

Robinsohn, Saul B. (1967): Bildungsreform als Revision des Curriculum. Neuwied: Luchterhand.

Rochow-Akademie (2017): Reckahner Reflexionen zur Ethik pädagogischer Beziehungen. Reckahn. Online verfügbar unter www.paedagogische-beziehungen.eu/, zuletzt geprüft am 20.04.2024.

Rogoff, Barbara (2003): The Cultural Nature of Human Development. Oxford: University Press.

Rost, Detlef H.; Staudte, Adelheid; Vietzke, Eva (1973): Über Probleme des vorschulischen Lesenlernens – eine vergleichende Darstellung deutscher Untersuchungen. In: Kurt Meiers (Hg.): Vorschulerziehung. Bad Heilbrunn: Klinkhardt, S. 89–115.

Rousseau, Jean-Jaques (1995): Emil oder Über die Erziehung. 12. Aufl. Paderborn: UTB.

Sanders, Kay; Farago, Flora (2018): Developmentally Appropriate Practice in the Twenty-First Century. In: Marilyn Fleer und Bert van Oers (Hg.): International Handbook of Early Childhood Education. Dordrecht: Springer Netherlands (Springer international handbooks of education), S. 1379–1400.

Schäfer, Gerd E. (2005): Bildungsprozesse im Kindesalter. Selbstbildung, Erfahrung und Lernen in der frühen Kindheit. 3. Aufl. Weinheim: Juventa.

Schaller, Klaus (1995): Die Didaktik des Johann Amos Comenius zwischen Unterrichtstechnologie und Bildungstheorie. Beiheft 33. In: *Zeitschrift für Pädagogik*, S. 47–60.

Schmidt, Thilo; Sauerbrey, Ulf; Smidt, Wilfried (Hg.) (2021): Frühpädagogische Handlungskonzepte. Eine wissenschaftliche Bestandsaufnahme. Uni-Taschenbücher GmbH; Waxmann Verlag. Münster, New York: Waxmann (utb Pädagogik, 5685).

Schmidt-Denter, Ulrich (1987): Kognitive und sprachliche Entwicklungsförderung im Vorschulalter. In: Rolf Oerter und Leo Montada (Hg.): Entwicklungspsychologie. 5. Aufl. Weinheim: Beltz, S. 814–853.

Schmitt, Hanno (2001): Der sanfte Modernisierer Friedrich Eberhard von Rochow. Eine Neuinterpretation. In: Hanno Schmitt und Frank Tosch (Hg.): Vernunft fürs Volk. Friedrich Eberhard von Rochow im Aufbruch Preußens. Leipzig: Henschel, S. 11–33.

Scholz, Joachim (2001): Das Besucherbuch der Reckahner Schule (1772–1805). In: Hanno Schmitt und Frank Tosch (Hg.): Vernunft fürs Volk. Friedrich Eberhard von Rochow im Aufbruch Preußens. Leipzig: Henschel, S. 193–196.

Schweinhardt, Lawrance J.; Weikart, David P. (1997): The High/Scope Preschool Curssiculum Comparison Stuy Through Age 23. In: *Early Childhood Research Quarterly* 12 (2), S. 117–143. DOI: 10.1016/S0885-2006(97)90009-0.

Seichter, Sabine (2023): Das »normale« Kind. Einblicke in die Geschichte der schwarzen Pädagogik. 2. Aufl. Weinheim: Beltz.

Siegler, Robert; Eisenberg, Nancy; DeLoache, Judy; Saffran, Jenny; Pauen, Sabina (2016): Entwicklungspsychologie im Kindes- und Jugendalter. Berlin, Heidelberg: Springer Berlin Heidelberg.

Siraj, Iram; Melhuish, Edward; Howard, Steven; Neilsen-Hewett, Cathrine; Kingston, Denise; Rosnay, Marc de et al. (2016): Fostering Effective Early Learning. Wolongong. Online verfügbar unter https://ro.uow.edu.au/sspapers/4287/, zuletzt geprüft am 30.04.2024.

Siraj-Blatchford, Iram (1999): Early Childhood Pedagogy. Practice, Principles and Research. In: Peter Mortimore (Hg.): Understanding Pedagogy and its Impact on Learning. London: SAGE Publications Ltd, S. 20–45.

Siraj-Blatchford, Iram (2002): Reseraching Effective Effective Pedagogy in Early Years. Reserach Report No 356.

Skolnick Weisberg, Deena; Hirsh-Pasek, Kathy; Michnick Golinkoff, Roberta; Kittredge, Audrey K.; Klahr, David (2016): Guided play: Principles and practice. In: *Current Directions in Psychological Science* 25 (3), S. 177–182.

Slot, Pauline (2018): Structural characteristics and process quality in early childhood education and care. A literature review. Working Paper No. 176. Utrecht: University.

Smidt, Wilfried; Roßbach, Hans-Günther (2021): Situationsansatz. In: Thilo Schmidt, Ulf Sauerbrey und Wilfried Smidt (Hg.): Frühpädagogische Handlungskonzepte. Eine wissenschaftliche Bestandsaufnahme. Münster, New York: Waxmann (utb Pädagogik, 5685), S. 175–193.

Sommer, Anja; Sechtig, Jutta (2016): Sozio-emotionale Interaktionsqualität vor dem Hintergrund einer erweiterten Altersmischung im Kindergarten. In: *Frühe Bildung* 5 (1), S. 13–21.

Sorokina, A. I. (1955): Lehrbuch der Vorschulpädagogik. Berlin: Volk und Wissen.

Souto-Manning, Mariana; Rabadi-Raol, Ayesha (2018): (Re)Centering Quality in Early Childhood Education. Toward Intersectional Justice for Minoritized

Children. In: *Review of Research in Education* (42), 203–225. Online verfügbar unter DOI: 10.3102/0091732X18759550.

Speck, Otto (1991): System Heilpädagogik. Eine ökologisch reflexive Grundlegung. 2. Aufl. München: Reinhardt.

Spieß, C. Katharina (2014): Was sind die Kosten versäumter Bildungschancen? In: Birgit Spinath (Hg.): Empirische Bildungsforschung. Berlin, Heidelberg: Springer, S. 109–122.

Spyrou, Spyros (2018): What Kind of Agency for Children? In: Spyros Spyrou (Hg.): Disclosing Childhoods, Studies in Childhood and Youth. London: Palgrave Macmillan, S. 117–156.

Stadtmüller, Rebecca (2023): Elementarpädagogische Wendepunkte. Eine qualitative Studie über den Wandel von kultureller Fremdheit im ostdeutschen Erfahrungsraum. Rostock: Universität.

Sünker, Heinz; Bühler-Niederberger, Doris (2020): Kindheit und Gesellschaft. In: Rita Braches-Chyrek, Charlotte Röhner, Heinz Sünker und Michaela Hopf (Hg.): Handbuch Frühe Kindheit. 2., aktualisierte und erweiterte Aufl. Opladen: Barbara Budrich, S. 43–54.

Sylva, Kathy; Melhuish, Edward; Sammons, Pam; Siraj-Blatchford, Iram; Taggart, Brenda (2004): The Effective Provision of Pre-School Education Project. Findings from the Pre-school Period. London: University London.

Sylva, Kathy; Sammons, Pam; Melhuish, Edward; Siraj, Iram; Taggart, Brenda (2020): Developing 21st century skills in early childhood: the contribution of process quality to self-regulation and pro-social behaviour. In: *Zeitschrift für Empirische Pädagogik* 3 (465–484).

Tausch, Anne-Marie (1968): Variablen und Zusammenhänge der sozialen Interaktion in Kindergärten. In: *Psychologische Rundschau* (19), S. 267–279.

Tausch, Reinhard; Tausch, Anne-Marie (1998): Erziehungspsychologie. Begegnungen von Person zu Person. 11. Aufl. Göttingen: Hogrefe.

Tellisch, Christin; Prengel, Annedore (2019): Pädagogische Beziehungen im Kindergarten. Wie inklusive Prozesse gestärkt und geschwächt werden. In: nifbe, Peter Cloos und Editha Jung (Hg.): Inklusive Haltung und Beziehungsgestaltung, S. 35–52.

Tenorth, Heinz-Elmar (2008): Geschichte der Erziehung. Einführung in die Grundzüge ihrer neuzeitlichen Entwicklung. 4. Aufl. Weinheim: Juventa.

Tenorth, Heinz-Elmar (2010): Schulmänner, Volkslehrer und Unterreichtsbeamten. Friedrich Adolph Diesterweg, Friedrich Wilhelm Dörpfeld, Friedrich Dittes. In: Heinz-Elmar Tenorth (Hg.): Klassiker der Pädagogik. Erster Band. Von Erasmus bis Helene Lange. 2., durchgesehene Aufl. 1 Band. München: Beck (Beck'sche Reihe Bd. 1521), S. 224–244.

Textor, Martin R. (1992): Die Mutterschule. Zum 400. Geburtstag von J. A. Comenius. In: *Kita-Handbuch*. Online verfügbar unter https://www.kindergartenpaedagogik.de/fachartikel/geschichte-der-kinderbetreuung/weitere-historische-beitraege/407/.

Tietze, Wolfgang (1998): Wie gut sind unsere Kindergärten? Neuwied: Luchterhand.
Tietze, Wolfgang (2020): Qualitätsmanagement in Kindertageseinrichtungen. In: Jeanette Roos und Susanna Roux (Hg.): Das große Handbuch Frühe Bildung. Hürth: Wolters Kluwer, S. 465–478.
Tietze, Wolfgang; Becker-Stoll, Fabienne; Bensel, Joachim; Eckhardt, Andrea G.; Haug-Schnabel, Gabriele; Kalicki, Bernhard et al. (2013): Nationale Untersuchung zur Bildung, Betreuung und Erziehung in der frühen Kindheit (NUBBEK). Weimar: Verl. das Netz.
Tietze, Wolfgang; Viernickel, Susanne (2002): Ein Nationaler Kriterienkatalog. Weinheim: Beltz.
Tomasello, Michael (2020): Mensch werden. Eine Theorie der Ontogenese. Frankfurt: Suhrkamp.
Treibel, Annette (2008): Die Soziologie von Norbert Elias. Wiesbaden: VS.
Ulbricht, Otto (1992): Der Einstellungswandel zur Kindheit in Deutschland am Ende des Spätmittelalters (ca. 1470 bis ca. 1520). In: *Zeitschrift für Historische Forschung* 19 (2), S. 159–187. Online verfügbar unter https://www.jstor.org/stable/43571676.
Ullrich, Heiner (2021): Der Waldorfkindergarten: anthroposophische Elementarpädagogik. In: Thilo Schmidt, Ulf Sauerbrey und Wilfried Smidt (Hg.): Frühpädagogische Handlungskonzepte. Eine wissenschaftliche Bestandsaufnahme. Münster, New York: Waxmann (utb Pädagogik, 5685), S. 85–105.
United Nations (2006): Übereinkommen über die Rechte von Menschen mit Behinderungen. Online verfügbar unter https://www.bmas.de/SharedDocs/Downloads/DE/uebereinkommen-ueber-die-rechte-behinderter-menschen.pdf.
United Nations Committee on the Rights of the Child (2005): Implementing Childs Rights in Early Childhood. General Comment No. 7. Online verfügbar unter https://www.refworld.org/docid/460bc5a62.html.
Vandenbroeck, Michel (2020): Early Childhood Care and Education Policies that Make a Difference. In: Rense Nieuwenhuis und Wim van Lancker (Hg.): The Palgrave Handbook of Family Policy. London: Springer Nature, S. 169–192.
Viernickel, Susanne; Edelmann, Doris; Hoffmann, Hilmar; König, Anke (Hg.) (2012): Krippenforschung. Methoden, Konzepte, Beispiele. München: Ernst Reinhardt.
Viernickel, Susanne; Nentwig-Gesemann, Iris; Nicolai, Katharina; Schwarz, Stefanie; Zenker, Luise (2013): Schlüssel zu guter Bildung, Erziehung und Betreuung. Bildungsaufgaben, Zeitkontingente und strukturelle Rahmenbedingungen in Kindertageseinrichtungen. Expertise. Berlin: ASH.
Waller, Tim; Davis, Geraldine (Hg.) (2014): An introduction to early childhood. Third edition. Los Angeles, London, New Delhi, Singapors, Washington DC: Sage.
Wapler, Frederike (2019): Kinderrechte. In: Johannes Drerup und Gottfried Schweiger (Hg.): Handbuch Philosophie der Kindheit. Berlin: J. B. Metzler Verlag, S. 121–127.

Weikart, David P. (1975): Über die Wirksamkeit vorschulischer Erziehung. In: *Zeitschrift für Pädagogik* 21 (4), S. 489–510.
Weinert, Franz E. (1983): Die Beeinflussbarkeit der kindlichen Entwicklung durch die Elementarschule. In: Ariane Garlichs, Doris Knab und Franz E. Weinert (Hg.): CIEL II. Fallstudie zu einem Förderprogramm der Volkswagenstiftung. Göttingen: Vandenhoeck & Ruprecht, S. 46–57.
Weiß, Hans (2020): Kinder in Armut und sozialer Benachteiligung. Konsequenzen für inklusive Kindertageseinrichtungen. In: Anke König und Ulrich Heimlich (Hg.): Inklusion in Kindertageseinrichtungen. Eine Pädagogik der Vielfalt. Stuttgart: Kohlhammer, S. 90–117.
Wellmeyer, Linda (2022): Die Berufskultur der Frühen Bildung – Perspektiven zu Wandel und Professionalisierung im Handlungsfeld der Kindertageseinrichtungen. Dissertationsschrift. Vechta: Universität. Online verfügbar unter https://voado.uni-vechta.de/handle/21.11106/418, zuletzt geprüft am 22.03.2024.
Welzer, Harald; Moller, Sabine; Tschuggnall, Karoline (2002): »Opa war kein Nazi«. Nationalsozialismus und Holocaust im Familiengedächtnis. Frankfurt/Main: Fischer Verlag.
Werder, Lutz von (2020): Kinderladenbewegung und politische Psychoanalyse. In: Karin Bock, Nina Göddertz, Franziska Heyden und Miriam Mauritz (Hg.): Zugänge zur Kinderladenbewegung. Wiesbaden: Springer VS, S. 43–70.
Werner, Micha H. (2021a): Bereichsethiken im Überblick. In: Micha H. Werner (Hg.): Einführung in die Ethik. Stuttgart: Springer Nature, S. 263–302.
Werner, Micha H. (Hg.) (2021b): Einführung in die Ethik. Stuttgart: Springer Nature.
Wilcox-Herzog, Amanda; Ward, Sharon L. (2004): Measuring Teachers' Perceived Interactions with Children. A Tool for Assessing Beliefs and Intentions. In: *Early Childhood Research & Practice* 6 (2). Online verfügbar unter https://files.eric.ed.gov/fulltext/EJ1084876.pdf.
Wild, Irene (1910): Aus der Kinderwelt. In: *Schweizerische Lehrerinnen-Zeitung* 15 (2), S. 27.
Willekens, Harry; Scheiwe, Kirsten (2020): LOOKING BACK. Kindergarten and preschool in Europe since the late 18th century. A short comparative study of pioneers and laggards. Hildesheim: Universitätsverlag Hildesheim. Online verfügbar unter file:///C:/Users/akoenig/Downloads/Scheiwe_Preschool.pdf.
Williams, Leslie R. (1994): Developmentally Appropriate Practice and Cultural Values: A Case in Point. In: Bruce L. Mallory und Rebecca S. New (Hg.): Diversity and Developmentally Appropriate Practices: Challenges for Early Childhood Education. New York: Teachers College Press, S. 137–165.
Winkelmann, Wolfgang; Holländer, Antje; Schmerkotte, Hans; Schmalohr, Hans (1977): Kognitive Entwicklung und Förderung von Kindergarten- und Vorklassenkindern. Kronberg/Ts: Scriptor-Verlag.
Winkler, Martina (2017): Kindheitsgeschichte. Eine Einführung. Göttingen, Bristol, CT, U.S.A.: Vandenhoeck & Ruprecht (V&R Academic).

Winkler, Michael (2009): Menschenerziehung – lernen das Leben zu lesen. In: Margitta Rockstein (Hg.): Fröbels Erbe: »Kommt, lasst uns unsern Kindern leben!«. Bad Blankenburg: Friedrich Fröbel-Museum, S. 57–87.

Winsler, Adam; Carlton Latorre, Martha P. (2003): Observations of Children's Task Activities and Social Interactions in Relation to Teacher Perceptions in a Child-Centered Preschool. Are We Leaving Too Much to Chance? In: *Early Education and Development* 14 (2), S. 155–178.

Wolf, Bernhard; Becker, Petra; Conrad, Susanna (Hg.) (1999): Der Situationsansatz in der Evaluation. Ergebnisse der Externen Empirischen Evaluation des Modellvorhabens »Kinderstationen«. Landau: Empirische Pädagogik.

Yelin, Barbara; Arbel, Emmie (2023): Emmie Arbel. Die Farbe der Erinnerung. Berlin: REPRODUKT.

Yousefi, Hamid Reza; Seubert, Harald (Hg.) (2014): Ethik im Weltkontext. Geschichten – Erscheinungsformen – Neuere Konzepte.

Zelizer, Viviana (1985): Pricing the priceless child. The changing social value of children. Princeton: University Press.

Zimmer, Jürgen (1973): Ein Bezugsrahmen vorschulischer Curriculumentwicklung. In: Jürgen Zimmer (Hg.): Curriculumentwicklung im Vorschulbereich (1), S. 9–60.

Zimmer, Jürgen (2000): Der Situationsansatz in der Diskussion und Weiterentwicklung. In: Wassilios E. Fthenakis und Martin R. Textor (Hg.): Pädagogische Ansätze im Kindergarten. Weinheim: Beltz, S. 94–114.

Zimmer, Jürgen (2013): Der Situationsansatz wird erwachsen. Vom Kindergarten bis zur Hochschuldidaktik. Online verfügbar unter https://www.kindergartenpaedagogik.de/fachartikel/paedagogische-ansaetze/moderne-paedagogische-ansaetze/1665/, zuletzt geprüft am 24.03.2024.

Zosh, Jennifer M.; Hopkins, Emily J.; Jensen, Hanne; Liu, Claire; Neale, Dave (2017): Learning through play. A review of the evidence. (white paper).

Weitere Materialien:

Podcast

Die Kindergartenbewegung weltweit

Spotify: https://open.spotify.com/episode/60Iz0g8uGZF4G3wQXmvucR?si=dyGg08YNRoSBpzKtCXyZcg

6 Literaturverzeichnis

Apple: https://podcasts.apple.com/us/podcast/die-kindergartenbewegung-weltweit-mit-anke-k%C3%5e%B6nig/id1627198164?i=1000661170597

7 Abbildungsverzeichnis

Abb. 1: Trias der Erziehung (eigene Darstellung) 16
Abb. 2: Spektrum der Kindheit (eigene Darstellung) 17
Abb. 3: Hans Baldung, Markgraf Christoph I. von Baden mit seiner Familie in Anbetung vor der Heiligen Anna Selbdritt, Tannenholz/Mischtechnik, 1510, 67,4 x 219,2 cm, Kunsthalle Karlsruhe 25
Abb. 4: Zeitstrahl, Epochen und philosophische Kernideen (Entwicklungslinien und Dissonanzen) (eigene Darstellung) 40
Abb. 5: Reliefblock eines Grabmals mit Schulszene, um 180 n. Chr, Sandstein, 60 x 193 cm, © GDKE/Rheinisches Landesmuseum Trier, Foto: Th. Zühmer 46
Abb. 6: Gabriël Metsu, Das kranke Kind, ca. 1660, Öl auf Leinwand, 32,2 × 27,2 cm, Niederlande Rijksmuseum 58
Abb. 7: Abraham Bosse, Der Schulmeister, ca. 1638 61
Abb. 8: Abraham Bosse, Die Schulmeisterin, 1638 62
Abb. 9: Pieter Bruegel der Ältere, Kinderspiele, 1560, Öl auf Holz, 118 x 161 cm, Kunsthistorisches Museum Wien 64
Abb. 10: Gerard Terborch, Ein Knabe flöht seinen Hund, um 1655, Leinwand auf Holz, 34,4 x 27,1 cm, Alte Pinakothek München 66
Abb. 11: Daniel Chodowiecki, Bettelweib mit zwei Kindern, 1764, Radierung, 64 x 51 mm, © Wredow Kunstsammlung 70
Abb. 12: W. Irmisch und G. G. Endner, Denklehrzimmer, Kupferstich. C. H. Wolke (1805): Anweisung für Mütter und Kinderlehrer, die es sind oder werden können, zur Mittheilung der allerersten Sprachkenntnisse und Begriffe, von

	der Geburt des Kindes an bis zur Zeit des Lesenlernens, pictura paedagogica online	78
Abb. 13:	Joshua Reynolds, The Age of Innocence, um 1788, Öl auf Leinwand, 76,5 x 63,8 cm, Tate London	82
Abb. 14:	Philipp Otto Runge, Die Hülsenbeckschen Kinder, 1805/6, Öl auf Leinwand, 131,5 x 143,5 cm, Kunsthalle Hamburg	84
Abb. 15:	Spielgabe 3 nach Friedrich Fröbel (eigenes Foto)	88
Abb. 16:	Erkenntnisform: 1 großer Würfel = 8 kleine Würfel (eigenes Foto)	88
Abb. 17:	Schönheitsform: 8 Würfel im Muster angeordnet (eigenes Foto)	89
Abb. 18:	Lebensformen: 8 Würfel als Lounge, Esstisch, Torbogen oder Treppe (eigenes Foto)	89
Abb. 19:	H. Bürckner, Im Kindergarten, Lithographie, um 1865 . . .	93
Abb. 20:	Max Liebermann, Kleinkinderschule Amsterdam, 1880, Öl auf Holztafel, 68 x 98 cm, Staatliche Museen Berlin	97
Abb. 21:	Jozef Israëls, Children of the Sea, 1872, Öl auf Leinwand, 48,5 x 93,5 cm, Rijksmuseum Amsterdam	103
Abb. 22:	Paula Modersohn-Becker, Sitzendes Mädchen mit verschränkten Armen, 1903, Öl auf Leinwand, 54,2 x 43 cm, private Sammlung	106
Abb. 23:	Käthe Kollwitz, Plakat »Deutschlands Kinder hungern!«, 1923, Kreidelithographie (Umdruck), Kn 202 B, Kölner Kollwitz Sammlung © Käthe Kollwitz Museum Köln	128
Abb. 24:	Barbara Yelin, Emmie Arbel. Die Farbe der Erinnerung, 2023, S. 28	137
Abb. 25:	Kernelemente Pädagogik der frühen Kindheit (eigene Darstellung)	140
Abb. 26:	Phasen kritisch-reflexiver Pädagogik der frühen Kindheit (eigene Darstellung)	198

8 Personenregister[86]

A

Addams   101, 102
Adelaar-Fürth   121
Aden-Großmann   102
Adorno   151, 153
Alt   29
Anders   183
Andres   184, 189
Arbel   138
Arendt   9, 150
Ariès   38, 49, 50
Arnold   52

B

Baader   149
Barres   206
Basedow   76
Benner   186
Berger   133
Bernfeld   11, 95
Bernstein   161
Bilstein   81, 82
Bloom   159

C

Campe   76
Carr   188
Celtis   52
Chaodowiecki   71
Cloos   189, 194, 196
Cohen   137
Comenius   67, 68, 92, 141
Coram   71
Correll   160

D

d'Alembert   65
de Giovanni   114
Dewey   117, 119, 122–124
Dichans   191
Dickens   80
Diderot   65
Diesterweg   96, 98
Domans   160
Droescher   126, 127, 132
Durkheim   12

---

[86] Das Personenregister greift nicht alle Personen, auf die im Text Bezug genommen wurde, es versteht sich als Ergänzung zum Literaturverzeichnis.

Bosse   61
Bronfenbrenner   13, 163
Bruegel   64
Brumlik   112, 141
Bühler-Niederberger   20, 99

E

Ecarius   28
Elias   41
Erasmus von Rotterdam   63, 141

F

Farago   13
Fatke   157
Franke-Meyer   91, 96, 125
Freud   157
Fried   160
Friedrich der Große   75
Fröbel   35, 86, 87, 90, 92, 99, 100, 119, 130, 141, 145, 179, 190
– Karl   94, 96
Fthenakis   186
Funk   151
Fürstin zur Lippe-Detmold   86

G

Glaukon   44, 45
Goldschmidt
– Henriette   92, 125
– Johanna   98
Grunelius   108
Grunwald   120
Gutenberg   54

H

Haarer   147
Haberkorn   173
Hall   101
Heimlich   49, 191
Helsper   10, 12, 202
Hiemesch   135, 138
Holländer   159

Horkheimer   151
Humboldt   146, 184

I

Iben   165
Isokrates   46
Itards   116

J

Jacobi   57, 59
James   20
Jaspers   186

K

Kant   72
Katz   165, 175
Key   109, 119
Klafki   151
Klostermann   98, 108, 121
Koller   12
König
– Alexandra   23
– Anke   35, 158, 179, 182, 184, 188, 190, 204, 206, 210
Konrad   87
Kopernikus   55
Korb   136
Korczak   135
Köster   133
Krieck   133
Krüger   94

L

Laewen   184, 186, 189
Langbehns   109
Lange
– Andreas   19, 20, 29

243

– Helene 100
Latter 98
Lawson 145
Lenzen 49, 86
Lewin 151
Lichtenstein 43
Liebermann 97
Liegle 185
Locke 69, 71–73, 79
Lombroso 114
Lückert 160
Luther 54, 56

M

Mahoney 177
Manutius 54
Marenholtz-Bülow 95
Matsuno 99
McVicker Hunt 160
Mead 122, 123
Melanchthon 56
Melhuish 183
Metsu 57
Meyer-Schurz 98
Mierendorff 23, 108
Modersohn-Becker 106
Moller 150
Montaigne 65, 71
Montessori 108, 113, 114, 119, 123, 190
Muchow 117, 119
Münchow 95
Mutua 32

N

Neill 153, 155
Nentwig-Gesemann 196
New 177, 178
Nohl 107, 108, 110

Novalis 91
Nutbrown 176

O

Oberlin 86
Oelkers 141
Oevermann 203
Ohde 11, 26
Osterwalder 76
Otto 108

P

Paulsen 110
Pestalozzi 76, 87, 145
Pico Della Mirandola 55
Platon 43–45, 52
Prengel 190, 209, 212
Prout 20

Q

Quételet 114

R

Rathmayr 48
Ratke 67
Read 98
Reble 42, 49, 56, 65, 71, 72, 90
Reich 153, 155, 157
Reyer 91
Reynolds 81
Rhyn 71
Robinsohn 167, 171
Rochow 75, 76
Rogoff 15
Ronge 98
Roßbach 173
Roth 160

Rousseau 21, 69, 71, 73–75, 83, 87, 90, 96, 104, 145
Runge 83

S

Salzmann 76
Sander 156
Sanders 13
Schäfer 184, 186
Scheiwe 33, 86
Schelling 87
Schleiermacher 87
Schmalohr 159
Schmaus 122
Schmerkotte 159
Schmidt 157
Schmitt 76
Schrader-Breymann 92, 99, 110, 126
Schulz 126
Séguins 116
Seichter 116
Seifert-Mitscherlich 155
Sergi 114
Siraj 183
Slot 183
Smidt 173
Sokrates 43, 45, 46
Spieß 183
Steiner 108, 129
Stenger 185
Stern 117, 120
Stieve 185
Sünker 20, 99
Sylva 166

T

Tenorth 81, 86, 98, 107, 134
Terborch 67
Trapp 70
Tschuggnall 150

V

Vygotsky 175, 203

W

Wapler 199
Warburg 130
Welzer 150
Wheeden 177
Wilczyńska 136
Willekens 33, 86
William 177
Winkler 59, 81, 104
Winsler 177
Wolffheim 157
Wolke 77

Y

Yelin 137

Z

Zelizer 102, 103
Zimmer 169, 171
Zitelmann 99